方 磊◎著

『一带一路』背景下海铁联运对制造业转移及集聚影响研究

"YIDAI-YILU"BEIJINGXIA HAITIE LIANYUN DUI ZHIZAOYE ZHUANYI JI JIJU YINGXIANG YANJIU

U0113385

中国经济出版社
CHINA ECONOMIC PUBLISHING HOUSE
北 京

图书在版编目（CIP）数据

"一带一路"背景下海铁联运对制造业转移及集聚影响研究／方磊著．—北京：中国经济出版社，2021.8（2023.8 重印）
　　ISBN 978-7-5136-6103-4

　　Ⅰ.①—… Ⅱ.①方… Ⅲ.①水陆联运-影响-制造工业-经济发展-研究-中国 Ⅳ.①F426.4

中国版本图书馆 CIP 数据核字（2020）第 045731 号

责任编辑　杨　莹　郑潇伟
责任印制　巢新强
封面设计　久品轩

出版发行　中国经济出版社
印 刷 者　北京建宏印刷有限公司
经 销 者　各地新华书店
开　　本　710mm×1000mm　1/16
印　　张　16.25
字　　数　240 千字
版　　次　2021 年 8 月第 1 版
印　　次　2023 年 8 月第 2 次
定　　价　98.00 元

广告经营许可证　京西工商广字第 8179 号

中国经济出版社 网址 www.economyph.com **社址** 北京市东城区安定门外大街 58 号 **邮编** 100011
本版图书如存在印装质量问题，请与本社销售中心联系调换（联系电话：010-57512564）

前　言

近年来，我国东部地区的资源承载力不断提高，东南沿海制造业生产要素投入在不断增长的同时，资源配置效率却出现下降的趋势，因此，制造业的产业疏导势在必行。2013 年，国家主席习近平在出访中亚和东南亚国家期间，先后提出共建"一带一路"的倡议。这是在"新亚欧大陆桥"政策基础上绘制的更加美好的宏伟蓝图，加强东中西部制造业协同合作，创造新的可能性。因此，"一带一路"倡议框架下的新亚欧大陆桥沿线各区域制造业集聚和转移等方面的理论与实证研究，是值得深入研究的经济课题。本书以交通运输方式为突破口，重点研究和度量海铁联运影响下的制造业集聚与转移，提出合理进行产业布局的政策建议，响应"新亚欧大陆桥"的号召和国家的"一带一路"倡议，以推动我国制造业整体发展再上一个新台阶。

在理论研究方面，本书将探讨交通运输方式对推动制造业转移、促使制造业集聚的动因和机理，特别是海铁联运方式对制造业集聚与转移的影响过程。在实证研究方面，本书通过新亚欧大陆桥国内沿线省份制造业细分行业的各类重要经济指标，建立时间序列经济学模型来测度集聚、转移趋势，得出沿线各省有关制造业集聚和转移的代表性行业；然后结合海铁联运的影响因素，建立计量经济学模型，测度海铁联运方式对促使制造业集聚、推动制造业转移的具体影响。在方法推广方面，从基础资料和数据的收集、计算、整理和预测，到发掘规律，希望将已经建立的计量经济学模型推广到我国其他重要的铁路和港口，为其他省域的相关课题提供实证研究框架。

本书研究的主要内容安排如下：第 1 章为绪论，主要阐述本书研究的背景、目的、意义、内容和思路。第 2 章为文献综述，主要从理论、实证及行业角度对产业集聚、转移进行综述，以及对海铁联运的网络布局和效益等方面进行文献综述。第3章为海铁联运与制造业转移，首先对国内外产业转移现状进行分析，其次对区域制造业转移的现实基础和内在机理进行探讨，再次就海铁联运发展影响制造业布局的动力机制及其对区域经济辐射效应进行研究，最后探索制造业转移的海铁联运路径。第4章为海铁联运与制造业集聚，首先对我国制造业集聚的现实基础和动因进行梳理，其次在前述基础上探讨海铁联运发展促使制造业产业集聚的机理及其对经济发展的吸引作用，最后探索制造业集聚的海铁联运路径。第5章为海铁联运与制造业的转移及集聚，对海铁联运与制造业集聚、转移的关系进行综合分析，首先就海铁联运对区域制造业集聚与转移的作用机理、影响规律进行分析，其次对海铁联运引导的制造业集聚发展和扩散效应进行研究，最后探讨海铁联运方式下制造业转移与制造业集聚的互动关系、机理及实现过程。第6章为新亚欧大陆桥国内沿线制造业转移及集聚测试，以新亚欧大陆桥国内沿线省域制造业为视角，进行制造业地区划分和行业细分，然后从行业细分、区域两个层面对制造业集聚进行测度，从转移梯度量、方向两层面对制造业细分行业转移进行测度。第7章为海铁联运在新亚欧大陆桥国内沿线制造业转移及集聚的影响，对海铁联运方式影响制造业集聚与转移进行研究。基于新亚欧大陆桥国内沿线省域制造业的视角，首先利用计算机算法，EUREQA 软件对制造业细分行业时间序列数据进行拟合，实现集聚与转移度量的预测，其次结合 GIS（地理信息系统）技术将经济数据转化地理信息数据，对制造业集聚与转移趋势进行分析，然后利用解释结构模型对海铁联运影响因素进行挖掘，以运输成本为突破口，建立海铁联运下制造业集聚、转移选择模型；最后将制造业集聚与转移态势测度与海铁联运影响因素的收集数据结合，利用计量经济学模型，探讨海铁联运方式对制造业集聚与转移的影响。第8章为结论与展望。

通过本书的全面回顾与概括，得出如下结论：第一，利用解释结构模型（ISM）对影响因素进行分析，得出外贸进出口额、港口集装箱吞吐量、港口城市及腹地 GDP（国内生产总值）、运输时间及费用等，是海铁联运的主要影响因素；第二，通过收集新亚欧大陆桥国内沿线省域运输里程等数据，根据随机效用函数，计算得出新亚欧大陆桥国内沿线各省域选择连云港出口产品的概率最大；第三，从综合划分区域、细分行业的集聚和转移测度结果可以看出，化学纤维制造业、仪器仪表制造业的集聚优势明显；第四，在海铁联运方式的影响下，制造业集聚优势明显的化学纤维制造业、仪器仪表制造业，以及金属制品、机械和设备修理业，开始集中在东中部，然后转移到中西部，最终形成东中西部都存在的格局，说明制造业集聚和转移并存，其他集聚优势不明显的制造业细分行业转移趋势较明显，其生产要素的流动便利性程度高。

目　录

第1章　绪论

1.1　问题的提出

制造业是一个国家国民经济的重要支柱，制造能力是一个国家工业国际竞争力的核心和重要体现。自 1978 年改革开放以来，经过 40 多年的发展，中国已经由昔日的初级工业经济国家转变为高级工业经济国家，成为名副其实的工业大国、世界的制造业工厂。随着"十三五"规划的出台，以及中国"一带一路"倡议的陆续推进，在经济全球化和一体化不断深入的大背景下，中国制造业凭借规模经济，抢占中端市场，随着高端制造能力的稳步提升和较强的产业配套能力，引来大批跨国公司的制造业订单，国际制造业生产重心不断向中国转移，中国制造业水平得到了突飞猛进的发展，并逐步抢占国际高端市场。

纵观国内制造业的经济地理格局，中国制造业的飞速发展和取得的重要成就，在一定程度上要归功于制造业在东部沿海地区高度集聚带来的极化效应和溢出效应，这促使制造业自主创新能力大幅提升。东部沿海地区凭借较强的区位优势、资本和人力禀赋优势，以及国家支持东部地区率先发展的相关政策，呈现出"极度东倾"的空间集聚态势[①]。一方面，不断吸引大量的国际资本和先进技术，推动制造能力和产业配套设施的快速发展；另一方面，吸引了国内资本和大量劳动力的不断涌入，由此产生的极化效应又进一步强化了资源禀赋优势。同时，产业的前后关联效应和溢出效应，也自然带动了

---

① 罗勇，曹丽莉. 中国制造业集聚程度变动趋势实证研究 [J]. 经济研究，2005 (8)：106-127.

相关产业的快速跟进，制造业在总体上呈现出东部地区高度集聚的特征①。这种"极度东倾"的制造业空间集聚所造成的"东密西疏"的生产要素配置格局，是一般发展中国家在经济发展初期的必经阶段。但是随着东部土地利用率的逐步饱和、资源承载力和人力资本边际成本的提高，东部经济生产的总供给曲线将承受越来越多向左移动的压力。东南沿海制造业的过度集聚，使得一些制造业产业生产要素投入在不断增长的同时，资源配置效率却出现下降的现象②。市场是决定资源配置的决定性因素，制造业的产业疏导势在必行。

中国东部、中部、西部地区之间的经济阶梯状发展落差是中国经济的基本现状，也是关系到中国经济社会健康有序可持续发展的重要问题。2000 年，国务院提出了实施"西部大开发"战略。2011 年，国家"十二五"规划要求"全面实施区域发展总体战略，推进新一轮的西部大开发"。2013 年 9 月和 10 月，国家主席习近平在出访中亚和东南亚国家期间，先后提出共建"丝绸之路经济带"和"21 世纪海上丝绸之路"的倡议，即"一带一路"倡议。这是在"新亚欧大陆桥"政策基础上，绘制出的更加美好的宏伟蓝图。因此，中西部地区可以创造出新的经济增长点。东部与中西部的互补特征，决定了东中西部地区间加强协同合作的必要性和可能性。

制造业是国强民富的基石，对中国这样仍处于发展中的国家而言，制造业的持续健康快速发展，不仅关系到经济增长、收入增加、出口创汇，以及区域协调等经济问题，而且关系到居民就业、环境保护，以及可持续发展等社会问题，直接影响着我国提出的"两个一百年"的目标能否顺利完成。因此，分析研究中国制造业的未来转移发展和集聚态势，研究判断集聚过程中生产要素配置效率、区域制造业集聚的合理性，以及如何引导国家层面制造业的梯度转移和制造业结构优化，促进"一带一路"倡议框架下的新亚欧大陆桥沿线各区域制造业协调发展等方面的理论指导，是一个有待深入研究的课题。

---

① 席艳玲. 产业集聚、区域转移与技术升级——理论探讨与基于我国制造业发展的经验证据 [M]. 天津：天津南开大学，2014.

② 汪彩君. 过度集聚、要素拥挤与产业转移研究 [M]. 北京：中国社会科学出版社，2013.

1.2 研究目的和意义

1.2.1 研究目的

基于制造业发展对交通运输基础设施发展的需求，本书以海铁联运的交通运输方式，将省域制造业集聚、转移发展的作用关系作为研究对象，利用经济地理学和产业经济学的相关理论和研究方法，研究分析海铁联运对中国制造业集聚和转移的影响程度和作用方式，以求实现一定的理论创新和方法创新。

在理论研究上，本书在交通运输方式对推动制造业转移、促使制造业集聚的动因和机理基础上，探讨海铁联运方式对中国制造业集聚和转移影响的独特性；在实证研究上，通过对新亚欧大陆桥国内沿线省份制造业细分行业各种经济指标（2000—2013 年）的时间序列数据，测度集聚、转移的程度和趋势，结合分析制造业集聚和转移方向得出有关代表性行业，再结合对海铁联运影响因素的挖掘，建立计量经济学模型，测度海铁联运运输方式对促使制造业集聚、推动制造业转移的影响，并做出产业经济学解释；在方法推广方面，从基础资料和数据的收集、计算、整理及预测，发掘规律，希望将已经建立的计量经济学模型推广到中国其他重要的铁路和港口，为其他省域的相关课题提供实证研究框架。

通过研究海铁联运对制造业集聚和转移作用，并进行理论规律性的总结和提升，综合运用演绎和归纳的方法，对二者之间的相互关系进行概括和提炼，从而较好地从时间和空间两个维度上、理论和实践两个方向上，把握海铁联运对制造业集聚、转移发展的程度和作用。

1.2.2 研究意义

在顺应经济发展和世界经济浪潮的同时，我国逐渐成为国际产业转移的较大承接地，一方面承接国际产业转移，另一方面推进国内阶梯式转移，在新常态下，更以深化国内产业转移为主。由于国内产业转移的主体是制造业，制造业转移易受空间大小、距离、运输费用和生产成本等因素的影响，而海铁联运具有运输距离长、范围广和运费低等特点，因此，在海铁联运方式影响下的制造业集聚与转移具有重要研究价值。

1.3 研究内容与拟解决的关键问题

1.3.1 研究内容

本书以区域经济地理学、区域经济学、产业经济学等学科理论为指导，选择海铁联运与产业集聚、转移的关系作为研究对象，探讨海铁联运方式对产业集聚、转移的独特影响，并在理论研究的基础上选择新亚欧大陆桥国内沿线省域视角进行实证分析。

本书研究的主要内容安排如下：

第1章为绪论。主要阐述本书研究的背景、目的、意义、内容和思路。

第2章为文献综述。首先对产业集聚、转移方面进行研究，从理论、实证及制造业角度进行综述，其次从海铁联运网络布局及效益等方面分别进行研究。

第3章为海铁联运与制造业转移。首先对我国国内外产业转移现状进行分析，其次对区域制造业转移的现实基础和内在机理进行探讨，再次就海铁联运发展影响制造业布局的动力机制及其对区域经济辐射效应进行研究，最后探索制造业转移的海铁联运路径。

第4章为海铁联运与制造业集聚。首先对我国制造业集聚的现实基础和动因进行梳理，其次在前述基础上，探讨海铁联运发展促使制造业产业集聚的机理及其对经济发展的吸引作用，最后探索制造业集聚的海铁联运路径。

第5章为海铁联运与制造业的转移及集聚。对海铁联运与制造业集聚、转移的关系进行综合分析。首先就海铁联运对区域制造业集聚与转移的作用机理、影响规律进行分析，其次对海铁联运引导的制造业集聚发展和扩散效应进行研究，最后探讨海铁联运方式下制造业转移与制造业集聚的互动关系、机理及实现过程。

第6章为新亚欧大陆桥国内沿线制造业转移及集聚测度。以新亚欧大陆桥国内沿线省域制造业为视角，进行制造业地区和细分行业划分，从细分行业、区域两层面对制造业集聚进行测度，从转移梯度量、方向两层面对制造业细分行业转移进行测度。

第 7 章为海铁联运在新亚欧大陆桥国内沿线制造业转移及集聚的影响。对海铁联运方式影响制造业集聚与转移进行研究。基于新亚欧大陆桥国内沿线省域制造业的视角，首先利用计算机算法，通过 EURRQA 软件对制造业细分行业时间序列数据进行拟合，实现集聚与转移度量的预测，其次结合 GIS 技术将经济数据转化为地理信息数据，对制造业集聚与转移趋势进行分析，然后利用解释结构模型对海铁联运影响因素进行挖掘，以运输成本为突破口，建立海铁联运下制造业集聚、转移选择模型，最后将制造业集聚与转移态势测度与海铁联运影响因素的收集数据结合，利用计量经济学模型，探讨海铁联运方式对制造业集聚与转移的影响。

第 8 章是结论与展望。通过对本书的全面回顾与逻辑概括，提炼总结出本书的结论，并对未来的研究进行展望分析。

1.3.2 拟解决的关键问题

（1）在理论上分析海铁联运方式在制造业集聚、转移之间的桥梁关系。在已有的交通运输对产业集聚、转移发展的作用及影响的基础上，挖掘海铁联运方式所特有的作用机理。

（2）对制造业产业集聚及发展的未来趋势进行研判。基于计算机软件 EURRQA 的算法，利用统计数据进行预测并结合 GIS 技术进行可视化处理。

（3）在挖掘海铁联运影响因素的基础上，研究海铁联运促使制造业集聚、推动转移态势的深层次原因。

1.4　研究思路与研究框架

1.4.1　研究思路

本书研究的目的在于探讨海铁联运对产业集聚、转移发展作用的一般规律和机理，在理论研究的基础上，对新亚欧大陆桥国内沿线省域制造业具体实证进行分析并提出具体的对策建议。因此，从总体上看，本书首先对相关理论研究进行梳理和阐述，并力图对海铁联运推动产业转移、促进产业集聚理论进行创新性的补充，构建海铁联运与产业集聚、转移发展关系的理论框架；其次，结合新亚欧大陆桥国内沿线省域制造业的产业集聚与转移发展态势的实证，在海铁联运影响因素研究的基础上，探讨海铁联运在制造业集聚与转移的关系，以及影响发展态势的原因；最后，针对海铁联运发展对制造业集聚与转移发展趋势影响，提出具体的对策建议。

1.4.2　研究框架

研究框架如图 1-1 所示。

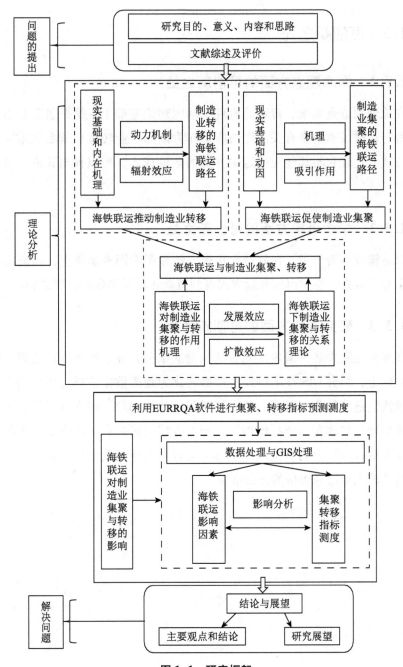

图 1-1 研究框架

1.5　可创新之处

1.5.1　学术观点方面的可创新之处

在梳理制造业集聚、转移的机理和动因理论基础上，挖掘制造业集聚与转移都与运输成本费率有关。海铁联运作为国际产业转移和贸易的重要交通运输方式，比较它与其他交通运输方式的运输成本，可以得出其成本低的显著特性。

1.5.2　学术思想方面的可创新之处

以运输成本为纽带，在制造业集聚、转移影响因素基础上，剥离出与海铁联运有关因素，探讨海铁联运方式对制造业转移及集聚的独特影响。

1.5.3　研究方法方面的可创新之处

在对新亚欧大陆桥国内沿线省域制造业细分行业、区域进行集聚、转移测度基础上，结合 GIS 技术将经济数据转化为地理数据进行可视化研究，研判和预测制造业集聚、转移趋势。利用随机效用函数，建立考虑运输成本的制造业集聚与转移布局选择模型，结合六省域到国内有关沿海港口里程、运输费率及港口竞争力的有关数据，得出各省域选择有关港口的概率、制造业细分行业转入地选择省份的分布格局。

第2章 文献综述

2.1 产业集聚研究

产业集聚形式多种多样，对产业集聚现象的解释涉及经济学、管理学和地理学等多个学科，目前，学术界尚缺乏统一的概念和研究范式。产业集聚就其范围来说，有广义和狭义之分。广义的产业集聚，指不同层面的经济主体在某空间点上的集中及其过程（如小到一条餐馆林立的街道，大到一个城市的核心区域，甚至一个国家的产业带）；狭义的产业集聚，指某种特定形态的集聚及其演进过程①。

不同学科背景和不同时期的学者，对产业空间集中现象所描述的概念各不相同。经济学，特别是在区域经济学中，一般多用"产业集聚"概念；管理学科中多用"产业簇群""产业集群""地方企业集群"等概念；经济地理学中还使用"产业区""新产业区""区域集群"等概念②。史忠良等给出的产业集聚涵义是"产业集聚是产业发展演化过程中的一种地缘现象"③。

本书主要采用产业集聚的概念，并以省域制造业为研究对象，在此基础上，将产业集聚的概念界定为：性质相同或相似的制造业企业的生产性活动，在空间上形成明显产业地理集中倾向的现象和过程。

---

① ［日］藤田昌久，［美］保罗·克鲁格曼，安东尼·J. 维纳布尔斯. 空间经济学：城市、区域与国际贸易 ［M］. 梁琦，译. 北京：中国人民大学出版社，2005.

② 江激宇. 产业集聚与区域经济增长 ［M］. 北京：经济科学出版社，2006.

③ 史忠良，沈红兵. 中国总部经济的形成及其发展研究 ［J］. 中国工业经济，2005，206（5）：58-65.

2.1.1 产业集聚理论研究

与产业集聚相关的理论，可以追溯到 19 世纪出现的古典区位理论，之后出现了诸多流派，到 20 世纪后期，逐渐融入主流经济学。产业集聚理论发展历程大体可以概括为早期探索、理论体系形成和理论体系创新发展三个阶段。

2.1.1.1 早期探索阶段

产业集聚问题的探索最早可追溯到 J. H. Thunen 提出的农业生产区位模型①，后被称为"农业区位论"。该理论既是古典区位理论的代表，也可以看作是从区位布局视角研究产业集聚问题的萌芽。J. H. Thunen 研究认为，在自然、交通、技术等因素相同的假定条件下，与中心城市的距离远近、所产生的运费差，决定着不同地方农产品的纯收益，在此基础上，J. H. Thunen 研究了农业布局问题。J. H. Thunen 的农业区位论阐述了市场距离对农业类型和农业生产集约程度的影响，首次揭示了农业区位分布的规律。尽管他的研究尚没有直接触及产业集聚问题，但其以城市为中心来研究农业布局，这对研究其他产业的集聚现象具有借鉴意义。

2.1.1.2 理论体系形成阶段

产业集聚理论体系的形成，首先从微观层面的不同视角对产业集聚问题进行阐述，研究涉及产业集聚的概念、动因、影响因素、分类和适度规模等问题，后来发展到宏观层面，用产业集聚来解释区域经济增长的研究，这两个层面的研究共同形成了产业集聚的理论体系。

1. 微观层面的研究

新古典经济学的奠基人 A. Marshall，最早对产业集聚现象做了较为系统的研究，接着以 A. Weber、A. Losch、E. M. Hoover 和 W. Isard 为代表的经济学家进行了后续研究。

A. Marshall 对工业专门集中于特定地方的现象作出详细阐释，他对规模经济的类型进行划分，并阐述外部经济与产业集聚的内在关系，在此基础上研

---

① ［德］约翰·冯·杜能. 孤立国同农业和国民经济的关系 ［M］. 吴衡康，译. 北京：商务印书馆，1986.

究产业集聚的原因。除自然条件外，A. Marshall 主要从产业集聚产生的三个方面利益论述了产业集聚的动因，被后来的研究者概括为劳动力市场共享、中间品投入和知识溢出效应。劳动力市场共享方面，A. Marshall 尤其强调技能人才市场的共享；中间品投入方面，强调辅助工业的功能作用①。

　　A. Weber 作为近代工业区位理论的奠基人，从工业区位选择角度对产业集聚进行了深入研究，并首次提出了集聚经济的概念。在他看来，集聚可以分为两个阶段，第一阶段是简单地通过企业扩张使工业集中化，第二阶段是每个大企业以其完善的组织使地方集中化。在此基础上，A. Weber 首先在劳动力成本不变且不存在集聚因素的假设条件下，考察了运输成本与区位之间的关系，得出企业应该在原料和成品二者总运输费用最小的地方选址；其次，他将劳动力成本纳入进来，考察了劳动力成本对区位的影响，认为在新地点劳动力成本可能产生的节约比追加的运输成本大的情况下，工业企业会转移到有利的劳动力区位；最后，引入集聚因素，考察了运输指向中的集聚，接着将集聚力对劳动力区位的影响考虑进来。可见，A. Weber 对工业集聚的分析建立在"成本最小化"原则基础上，且在整体上劳动力成本对集聚的影响大于运输成本，并首次将集聚和扩散纳入统一的研究框架中，并强调了土地、劳动力等要素成本对产业集聚和扩散所产生的重要影响②。

　　A. Losch 在 J. H. Thunen、A. Weber 等研究的基础上，以市场需求作为空间变量，对市场区位体系进行解释，将区位理论从静态的、单方面的农业区位论和工业区位论，拓展为动态的、综合的、成体系的空间经济理论，因此，其理论通常被称为市场区位论③。与 A. Weber 不同的是，A. Losch 以最大利润原则为基础来分析区位问题，并将这一原则和消费者对产品的需求结合起来。在其市场区位论中，研究了产业点状集聚和区域集聚问题，并将区域产业集聚划分为产业区和产业地带。在他看来，产业区是彼此相互分离的市场范围，

---

① ［英］阿尔弗雷德·马歇尔. 经济学原理（上卷）［M］. 朱志泰，译. 北京：商务印书馆，2005.

② ［德］阿尔弗雷德·韦伯. 工业区位论［M］. 李刚剑等，译. 北京：商务印书馆，1997.

③ ［德］奥古斯特·勒施. 经济空间秩序：经济财货与地理间的关系［M］. 王守礼，译. 北京：商务印书馆，1995.

产业地带则是同类产业区的集聚。A. Losch 的这些观点，为后来的学者研究区域产业问题，奠定了理论基础。

E. M. Hoover 在 A. Weber 提出的集聚经济基础上，提出了把集聚经济分为三种类型：内部规模经济、地方化经济和城市化经济①。此外，他还考察了产业集聚的自动强化作用和自动限制作用。在他看来，一个区域内各企业或产业的纵向联系和互补联系具有自动强化作用。E. M. Hoover 对自动限制作用的阐述，可以看作是解释为什么产业集聚存在一个最佳规模。正由于他提出了产业集聚存在一个最佳规模，研究具有开创性，他的理论又通常被称为"产业集聚最佳规模论"②。

W. Isard 在 A. Weber 和 E. M. Hoover 相关研究的基础上，提出了一般区位理论框架，并将区位理论纳入更大范围的区域科学的研究中。他从规模经济、市场化经济和城市化经济三个层面，对集聚理论进行公式化，将其与替代分析和正统生产理论进行集成③。此外，他还考察了集聚和反集聚经济，并认为，规模经济、区位经济及城市化经济会一起对一个城市和区域的各种经济和非经济活动的规模和结构产生影响④。

2. 宏观层面的研究

随着区域经济增长理论的发展，微观层面的产业集聚理论不断拓展，以 F. Perroux 和 K. G. Myrdal 为代表，开始尝试将产业集聚理论运用到区域经济增长框架中，从而在宏观层面用产业集聚来解释区域经济增长。

F. Perroux 提出了"增长极"的概念，认为"增长极"是由规模经济效应显著的先驱部门或企业在某些地区集聚发展而形成的经济中心，其形成后会以不同的渠道向外扩散，并对整个经济产生不同影响⑤。之后，J. B. Boudeville 将"增长极"概念移植到了区位理论中，把"增长极"定义为位于都市

---

① ［美］埃德加·胡佛. 区域经济学导论 ［M］. 王翼龙，译. 北京：商务印书馆，1990.

② 黄曼慧，黄燕. 产业集聚理论研究述评 ［N］. 汕头大学学报（人文社会科学版），2003（1）：49-53.

③ ［美］沃尔特·艾萨德. 区位与空间经济——关于产业区位、市场区、土地利用、贸易和城市结构的一般理论 ［M］. 杨开忠等，译. 北京：北京大学出版社，2011.

④ ［美］沃尔特·艾萨德. 区域科学导论 ［M］. 陈宗兴等，译. 北京：高等教育出版社，1991.

⑤ F. PERROUX. Economic space：Theory and application ［C］. Quarterly Journal of Economics，64-89.

内的、正在扩大的一组产业，它通过自身对周边的影响而诱导区域经济活动进一步发展，此后以 J. B. Boudevill 为代表的一批经济学家，就把"增长极"理解为相关产业的空间集聚①。

K. G. Myrdal 提出了区域发展的循环积累因果理论，且认为循环积累因果理论是双向的，既可以是正向的循环积累，也可以是负向的循环积累②。他认为，工业在空间的集中性增长具有一系列的连锁效应，新的行业一旦在某地区成长起来，就会促使本地就业机会增加、个人收入提高、外地移民进入、人口和外来投资增加、产品和服务需求扩大、企业和产品及服务种类增多、政府财政收入增加、基础设施供给或公共产品增加，会促进该行业成长并吸引更多工业进入，形成一个可以累积的循环因果过程③。

2.1.1.3　理论体系创新发展阶段

尽管在 A. Marshall 提出集聚现象之后，区位理论与新古典经济学方法和区域经济增长理论相结合，促使产业集聚相关理论研究有了新进展。但从 20 世纪 30 年代起，在 J. Hicks 和 P. A. Samuelson 等经济学家的带动下，西方主流经济学日益呈现出"数学化"的特征。产业集聚理论则主要研究的是产业空间布局问题，而这却与主流经济理论渐行渐远，因此在相当长的时期内，一直游离于主流经济学之外，甚至一度进入研究低潮。直到 20 世纪 90 年代，以 P. R. Krugman 为代表的经济学家提出的新经济地理学，不仅成功将空间因素纳入西方主流经济学一般均衡理论的分析框架中，还引发经济学界对产业集聚问题研究的新热潮，于是产业集聚理论从竞争优势视角、经济地理学和"新"经济地理学阶段，逐渐进入创新发展阶段。

1. 竞争优势视角的产业集聚研究

M. E. Porter 独树一帜地从竞争优势的角度考察了产业集聚问题，首次引入"集群"概念，并详细地阐述了产业集群的形成、产生的效应及集群的解

---

① 王缉慈. 创新的空间：企业集群与区域发展［M］. 北京：北京大学出版社，2001.

② ［瑞典］冈纳·缪尔达尔. 亚洲的戏剧——对一些国家贫困问题的研究［M］. 北京：北京经济学院出版社，1992.

③ 殷广卫. 新经济地理学视角下的产业集聚机制研究——兼论近十多年我国区域经济差异的原因［M］. 上海：上海人民出版社，2001.

体。M. E. Porter 认为，由国家产业竞争力关键要素组成的系统，是形成产业集聚的主要原因。在 M. E. Porter 看来，决定一个国家产业竞争力的关键要素有四项：生产要素、需求条件、相关产业和支持产业的表现，以及企业战略、结构和竞争对手，这通常被称为"钻石理论"或"钻石模型"①。

2. 经济地理学框架下的产业集聚研究

以 P. R. Krugman 和 M. Fujita 为代表的新经济地理学派，将空间因素纳入经济增长的理论框架中，对集聚形态和集聚形成机制进行分析，并进一步探讨产业集聚与经济增长之间的内在联系。

P. R. Krugman 构建了一个"中心—外围"模型（CP 模型），奠定了对经济活动进行区位分析和空间分析的微观基础，被普遍认为是经济地理学的开端。在此基础上，阐述了经济集聚的机制，在他看来，需求关联和成本关联的循环积累，其因果效应是集聚力，集中在一个区域内的企业彼此之间争夺消费者的竞争会产生一种分散力，经济的集聚或分散，将取决于集聚力和分散力的大小②。E. Englmam 和 C. Walz 在 P. R. Krugman 的 CP 模型的基础上，首次将新经济地理学与内生经济增长理论融合，实现了集聚与经济增长关系的动态化研究③。R. E. Baldwin 和 R. Forslid 将 P. R. Krugman 的 CP 模型和 P. M. Romer 的内生增长模型④相结合⑤，之后从资本流动和技术溢出两个方面考察了集聚和增长的关系，认为增长和集聚的关系在很大程度上由区域间的资本流动决定，并认为本地化技术溢出效应的存在，意味着空间集聚有利于增长⑥。国内学者王洪光在整合 P. R. Krugman 的劳动流动性及内生增长的基础上，构建了一个由两个地区（R 地区和 S 地区）、两种要素（非熟练劳动 L 与熟练劳动 H）和四个部

---

① ［美］迈克尔·波特. 国家竞争优势［M］. 李明轩等，译. 北京：华夏出版社，2002.

② P. R. KRUGMAN. Increasing returns and economy geography［J］. Journal of Political Economy, 1991, 99（3）：483-499.

③ E. ENGLMANN, C. WALZ. Industrial centers and regional growth in the presence of local inputs［J］. Journal of Regional Science, 1995, 35（1）：3-27.

④ 罗勇，曹丽莉. 中国制造业集聚程度变动趋势实证研究［J］. 经济研究，2005（8）：106-127.

⑤ R. E. BALDWIN, R. FORSLID. The core-periphery model and endogenous growth: stabilizing and de-stabilizing integration［J］. Economic, 2000（67）：307-324.

⑥ R. E. BALDWIN, P. MARTIN. Agglomeration and regional growth, in J. V. Henderson& J. F. Thisse（ed.）, Handbook of regional and urban economics: Cities and Geography［M］. Elsevier Press, 2004, 4：2671-2711.

门（农产品、制成品、中间产品、R&D 部门）组成的模型，论证了产业集聚与经济增长间的正向关系及产业集聚的福利效应①。

M. Fujita 从一般性的角度研究了集聚行为，并提出了一个普遍适用的分析框架，解释了在不同形式的规模报酬递增和不同类型的运输成本之间的权衡问题，还专门阐述了 A. Marshall 外部性下的产业集聚和垄断竞争下的产业集聚。此外，他还构建了集聚与经济增长的理论模型，并在自由生产条件下和存在创新流动障碍条件下，探讨了集聚与经济增长的关系，用两区域内生增长模型进一步分析了集聚与经济增长的关系，并得出集聚与经济增长彼此相互促进的结论②。

3. "新"经济地理学的产业集聚研究

"新"经济地理学理论模型抽象掉了不同企业生产效率或成本的差异，使得理论模型自身更加严谨、精致。在经济地理学研究的基础上，针对企业同质性假设的局限，R. E. Baldwin 将企业异质性贸易模型纳入新经济地理学的自由资本模型中，以企业异质性与集聚经济关系为切入点，从企业生产成本、贸易成本和效率差异的视角，分析异质性企业的区位选择机制以及集聚经济的微观机理③。

综上所述，产业集聚理论之所以能够创新发展，得益于诸多流派经济学家的大量理论文献、观点和突出贡献，如表 2-1 所示。

表 2-1　产业集聚理论体系主要发展简表

阶段	层次视角	代表人物	所做工作	突出贡献
探索阶段	—	J. H. Thunen	阐述了市场距离对农业类型和农业生产集约程度的影响，首次揭示了农业区位分布的规律	提出"农业区位论"

---

① 王洪光. 产业集聚与经济增长：一个含有移民和中间产品革新的模型 [J]. 南方经济, 2007 (5)：22-31.

② ［日］藤田昌久，［比］雅克-弗朗科斯·蒂斯. 集聚经济学：城市、产业区位与区域增长 [M]. 刘峰等，译. 成都：西南财经大学出版社，2004.

③ R. E. BALDWIN, P. MARTIN. Agglomeration and regional growth, in J. V. Henderson& J. F. Thisse (ed.), Handbook of regional and urban economics：Cities and Geography [M]. Elsevier Press, 2004 (4)：2671-2711.

阶段	层次视角	代表人物	所做工作	突出贡献
形成阶段	微观层面	A. Marshall	对规模经济的类型进行划分，并阐述外部经济与产业集聚的内在关系，在此基础上研究产业集聚的原因	最早对产业集聚现象做了较为系统的研究
		A. Weber	从工业区位选择角度对产业集聚进行了深入研究	首次提出集聚经济的概念；将集聚和扩散纳入统一的研究框架；提出"工业区位论"
		A. Losch	以市场需求作为空间变量对市场区位体系进行解释，将区位理论从静态的单方面的农业区位和工业区位论，拓展为动态的综合的成体系的空间经济理论	首次提出"市场区位论"，为后来研究区域产业问题奠定了理论基础
		E. M. Hoover	提出了可把集聚经济分为三种类型：内部规模经济、地方化经济和城市化经济；还考察了产业集聚的自动强化作用和自动限制作用	首次提出"产业集聚最佳规模论"
	宏观层面	F. Perroux	将产业集聚理论运用到区域经济增长分析框架中	提出了"增长极"概念
		K. G. Myrdal	认为循环积累因果理论是双向的，既可以是正向的循环积累，也可以是负向的循环积累	提出了"区域发展的循环积累因果理论"
创新发展阶段	竞争优势视角	M. E. Porter	详细阐述了产业集群的形成、产生的效应以及集群的解体	首次引入"集群"概念，提出"钻石理论"或"钻石模型"
	经济地理学框架	P. R. Krugman	构建了一个"中心—外围"模型，阐述了经济集聚的机制	经济地理学研究开端
		M. Fujita	从一般性的角度研究了集聚行为并提出了一个普遍适用的分析框架	解释了在不同形式的规模报酬递增和不同类型的运输成本之间的权衡问题
	"新"经济地理学框架	R. E. Baldwin	将企业异质性贸易模型纳入新经济地理学的自由资本模型中	

2.1.2　产业集聚实证研究

随着产业集聚理论的日臻完善，越来越多的学者在理论研究的基础上，利用经济数据开展实证层面的研究，主要集中在产业集聚对劳动生产率和经济增长等的影响上。

2.1.2.1　产业集聚对劳动生产率的影响的研究

关于产业集聚对生产率的影响，代表性研究有：A. Ciccone 和 R. E. Hall 用就业密度来反映经济集聚程度，并利用美国各州的数据研究经济集聚与劳动生产率的关系。他们还指出，人均劳动生产率的差异，一半以上可以由经济活动密度的差异来解释[1]。随后，A. Ciccone 估算了法国、德国、意大利、西班牙和英国五个国家产业集聚对劳动生产率的影响效果[2]。M. Brülhart 对 A. Ciccone 的研究进行了拓展，他们利用系统 GMM 方法和 20 个欧洲国家的相关数据，检验了产业空间集聚对生产率的影响[3]。范剑勇从产业集聚与地区劳动生产率差异的联系出发，认为非农产业规模报酬递增地方化是产业集聚的源泉，并通过提高该区域劳动生产率，对地区差距产生了持久影响[4]。A. Mitra 和 H. Sato 利用日本县级层面两位数代码行业数据，分析了产业集聚与技术效率之间的关系[5]。童馨乐、杨向阳等学者考察了服务业集聚对服务业劳动生产率的影响[6]。原毅军、宋洋则将产业集聚分为专业化集聚和多样化集聚两类，并利用 1996—2008 年各省数据考察了服务业集聚对劳动生产率的影

① A CICCONE, R. E HALL. Productivity and the density of economic activity [J]. The American Economic Review, 1996, 86 (1): 54-70.

② A. CICCONE. Agglomeration effects in Europe [J]. European Economic Review, 2002 (4): 213-227.

③ M. BRÜULHART . Sectoral agglomeration economics in a panel of European regions [J]. Regional Science &Urban Economics, 2008, 38 (4): 348-362.

④ 范剑勇. 产业集聚与地区间劳动生产率差异 [J]. 经济研究, 2006 (11): 72-81.

⑤ A. MITRA, H. SATO. Agglomeration economies in Japan: technical efficiency, growth and unemployment [J]. Review of Urban and Regional Development Studies, 2007, 19 (3): 197-209.

⑥ 童馨乐，杨向阳等. 中国服务业集聚的经济效应分析：基于劳动生产率视角 [J]. 产业经济研究, 2009 (6): 30-37.

响①。赵婷对产业集聚的地区生产率增进效应进行了较为系统的理论和实证分析②。

2.1.2.2　产业集聚对经济增长的影响的研究

1. 集聚与区域经济增长之间的正相关关系

集聚与区域经济增长之间的正相关关系，代表性研究有：M. Brülhart 和 F. Sbergami 同时利用全球样本（105 个国家在 1960—2000 年的数据）和欧盟样本（16 个国家在 1975—2000 年的数据）来分析集聚与经济增长的关系③。M. Brülhart 使用欧洲各地区 1920—2003 年的面板数据分析了就业密度对经济增长的效应④。M. Crozet 和 P. Koenig 利用欧盟 1980—2000 年的地区数据，研究了经济活动空间集聚对经济增长的影响⑤。周兵和蒲勇健基于西部交通运输设备制造业的数据，用定量研究方法分析了西部产业集聚与西部经济增长的关系⑥。罗勇和曹丽莉利用 20 个制造行业的数据，测度了我国制造业的集聚程度，并通过建立制造业工业总产值与地理集中指数的回归模型，对制造业集聚程度与工业增长作了相关性研究⑦。

2. 集聚与经济增长之间关系不明显

集聚与经济增长之间并非简单的、确定的正相关关系，或两者之间关系不明显，代表性研究有：K. Futagami 和 T. Nakajima 认为，人口数量衡量的市场规模与经济增长率之间存在 U 型关系，较大或较小规模的市场都不利于经

---

① 原毅军，宋洋. 服务业产业集聚与劳动生产率增长——基于中国省级面板数据的实证研究 [J]. 产业经济评论，2011 (6)：50-61.

② 赵婷. 产业集聚与地区生产率增进：理论分析及中国经验实证 [D]. 杭州：浙江大学，2012.

③ M. BRÜLHART , F. SBERGAMI. Agglomeration and growth：cross-country evidence [J]. Journal of urban economics, 2009 (65)：48-63.

④ M. BRÜLHART . Sectoral agglomeration economics in a panel of European regions [J]. Regional Science &Urban Economics, 2008, 38 (4)：348-362.

⑤ M. CROZET, P. KOENIG, V. Rebeyrol. Exporting to risky markets：A firm Level analysis [R]. BIS：Working papers, 2007.

⑥ 周兵，蒲勇健. 一个基于产业集聚的西部经济增长实证分析 [J]. 数量经济技术经济研究，2003 (8)：143-147.

⑦ 罗勇，曹丽莉. 中国制造业集聚程度变动趋势实证研究 [J]. 经济研究，2005 (8)：106-115.

济增长①。

P. Rice 和 A. Venables、C. Midelfar 分别对 20 世纪 90 年代后期英国地区间数据和挪威地区间数据进行分析，得出人口密度与劳动生产率之间没有明显正相关关系的结论。M. Brülhart 和 F. Sbergami 用不同集聚指标和计量方法得出结论——集聚对增长的作用是有限的②。陈得文、苗建军分析了中国省域空间集聚和经济增长的内生关系，指出空间集聚对我国区域经济增长的作用存在 U 型关系，区域集聚是产生区域差距的重要因素，经济增长对区域的空间集聚存在门槛效应③。

2.1.3　制造业产业集聚研究

制造业集聚研究视角的层面有所不同，有的从产业地理集中入手，有的从地区专业化水平展开，有的同时从这两个方面展开，有的文献还进行了国与国之间的比较研究。

2.1.3.1　从地区专业化视角展开研究

S. Kim 研究了美国制造业产业集聚的变化趋势④。M. Brülhart 研究了欧盟 13 个国家产业集聚的变化趋势⑤。A. Young、白重恩、梁琦、樊福卓、苗长青、童牧、何奕、蒋媛媛和 Chang Hong 等研究了我国制造业集聚的变化趋势。

2.1.3.2　从产业地理集中视角展开研究

G. Elliso 和 E. Glaeser 研究了美国制造业产业集聚的情况。F. Maurel 和 B. Sédillot、M. P. Devereuxa 等分别研究了法国、英国产业集聚的变化情况。

---

①　K. FUTAGAMI，T. NAKAJIMA．Population aging and economic growth［J］. Journal of macroeconomics，2001，23（01）：31-44.

②　M. BRÜLHART，F. SBERGAMI. Agglomeration and growth：cross-country evidence［J］. Journal of urban economics，2009（65）：48-63.

③　陈得文，苗建军. 空间集聚与区域经济增长内生性研究——基于 1995—2008 年中国省域面板数据分析［J］. 数量经济技术经济研究，2010（9）：82-93.

④　S. KIM. Economic integration and convergence：U. S. regions，1840—1987［J］. The journal of economic history，1998，58（3）：659-683.

⑤　M. BRÜLHART．Growing alike or growing apart? Industrial specialisation of EU countries［C］. The impact of EMU on Europe and the developing countries，London：Oxford university press，2001.

S. Barrios 等研究了比利时、爱尔兰和葡萄牙制造业的空间分布①。A. Leahy 等研究了澳大利亚产业集聚的变化趋势②。国内外学者从产业地理集中视角研究产业集聚，依据研究范围大小的不同，可以分为三类：第一类是研究全国范围的产业集聚，研究学者有 M. Fujita、Hu Dapen、文玫、罗勇、曹丽莉、路江涌、陶志刚、王业强、魏后凯、张卉、赵伟、张萃、薄文广、吴三忙、李善同、王非暗、贺灿飞、潘峰华等；第二类研究某一区域范围的产业集聚，研究学者有吕国庆、汤茂林，对我国东部沿海 12 个省的制造业产业集聚变动情况进行了研究③，潘峰华、贺灿飞对江苏和浙江两省制造业的地理集聚进行了对比研究④；第三类主要研究我国制造业集聚情况，高新才、王科研究了我国装备制造业的集聚程度及其变动情况⑤，赵玉林、魏芳研究了我国高新技术产业总体及各行业的产业地理集中变动情况⑥，贺灿飞、朱彦刚研究了我国资源密集型产业的地理集中情况⑦，陈景新使用 1980—2011 年时间序列数据，同时选择制造业地区专业化和产业地理集中两类指标，研究了我国制造业产业集聚的长期走势，并将我国制造业的地区专业化水平与美国、欧盟进行比较⑧。

从上述产业集聚的研究成果可以看出，其理论研究多是从空间经济学和区位角度进行理论探讨，然而并不是只有空间经济学和区位理论才能解释产业集聚。如何解决理论在解释产业集聚和机理方面所面临的困境，有待于对

---

① S. BARRIOS, L. BERTINELLI, E. STROBL, et al. Spatial distribution of manufacturing activity and its determinants: a comparison of three small European countries [J]. Regional studies, 2009, 43 (5): 721-738.

② A. LEAHY, K. A. PALANG, J. YONG. Geographical agglomeration in Australian manufacturing [J]. Regional Studies, 2010, 44 (3): 299-314.

③ 吕国庆，汤茂林. 我国沿海省市制造业集聚变动的实证分析 [J]. 城市发展研究，2008 (6): 108-112, 69.

④ 潘峰华，贺灿飞. 江苏和浙江制造地理集聚对比研究 [J]. 世界地理研究，2010 (2): 102-110.

⑤ 高新才，王科. 中国装备制造业空间集聚的实证研究 [J]. 经济问题，2008 (7): 36-39.

⑥ 赵玉林，魏芳. 基于熵指数和行业集中度的我国高技术产业集聚度研究 [J]. 科学学与科学技术管理，2008 (11): 122-126, 180.

⑦ 贺灿飞，朱彦刚. 中国资源密集型产业地理分布研究——以石油加工业和黑色金属产业为例 [J]. 自然资源学报，2010 (3): 488-501.

⑧ 陈景新. 制造业产业集聚理论的实证研究 [D]. 天津：河北工业大学，2014.

现有理论进行拓展或融合创新。实证方面研究较多关注产业集聚对劳动生产率的影响和区域经济增长的推动作用，多数认为产业集聚与它们的正相关关系不明显，而对是否存在负相关关系研究较少。制造业产业集聚的实证研究，从地区专业化和地理集中度视角展开，在测度方法和行业层次选择上较粗，多数与国家层面省域尺度较粗的行业集聚对比，针对某一具体地域空间尺度（或行业）分区域、细分行业分别展开测度较薄弱。

2.2　产业转移研究

在产业集聚和产业分散的动态过程中，伴随着产业转移，目前学术界关于产业转移的概念并没有形成一致的表述。陈建军认为，产业区域转移是指因资源供给或产品需求条件发生变化，而引发某些产业从一个国家或地区转移到另一个国家或地区的经济过程①。陈刚、刘珊珊则将理论界对产业转移的表述分为狭义和广义，狭义指产业生产设施的空间扩张或迁移，广义上将单纯的产品市场在不同地域的扩张或迁移也视为产业转移②。冯根福等认为，产业转移是指产业的空间移动或迁移，包括资本、技术和劳动力等生产要素的综合流动，它不仅涵盖整个产业生产的转移，还包括同一产业内部各生产阶段的转移③。张公嵬、梁琦认为，产业转移包括产业在地理位置上的部分或整体迁移以及产业区位的变化两种情形④。其实质是产业在空间上的重新布局，理解分析产业转移可以从两个形式、三个层面入手。两种形式指产业绝对转移和产业相对转移：产业绝对转移指在产业集聚的过程中，伴随着企业在空间上的部分或者整体转移；相对转移指在产业集聚的过程中，虽然没有企业在空间上的转移，但是伴随着地区之间产业份额的相对变化，某一地区由于企业竞争力提高导致产能扩大，其他地区由于企业竞争力下降导致产业衰退。这三个层面即宏观层面的国际转移，中观层面的一个国家内不同区域间的转

① 陈建军. 中国现阶段的产业区域转移及其动力机制［J］. 中国工业经济，2002（8）：37-44.
② 陈刚，刘珊珊. 产业转移理论研究：现状与展望［J］. 当代财经，2006（10）：91-96.
③ 冯根福，刘志勇，蒋文定. 我国东中西部地区间工业产业转移的趋势、特征及形成原因分析［J］. 当代经济科学，2010（2）：1-11.
④ 张公嵬，梁琦. 产业转移与资源的空间配置效应研究［J］. 产业经济评论，2010（9）：1-21.

移，微观层面的企业迁移。此外，从新经济地理学的视角看，产业转移是产业集聚发展到一定阶段的产物，产业集聚到一定程度后产生的集聚区内的非贸易品价格居高不下，同时造成土地租金上涨、环境污染、交通拥挤等成本，造成产业扩散的离心力，促使某些相关产业脱离该产业集聚区，转移到新的地理区位①。本书对产业转移的研究着眼于中观层面，即关注产业在省域层面发生的转移，并将产业转移的内涵界定如下：由于要素成本差异、地理差异及区域政策性差异，致使某些产业从一个国家或地区转移到另一个国家或地区的过程。

国内外关于产业转移的研究成果主要是从产业转移理论方面、影响因素，以及动因方面、效应方面和实证层面进行研究和分析，现将这些研究成果梳理如下。

2.2.1 产业转移理论研究

2.2.1.1 产业转移基本理论学派

对于基本理论方面的研究，代表人物主要有 K. Akamatsu、R. Vernon、W. A. Lewis、P. Roal、L. J. Wells、S. Lall、J. Cantwell 和 B. Andersen，其理论及观点概括如表 2-2 所示。

从新经济地理学的理论视角看，产业区位演变是空间经济系统的内生变化的表现之一。M. Fujita 等建立了中间投入品模型，并分析了产业区位演变的内生机制。他们认为，在这种机制作用下，中心和边缘地区的产业结构变化显现出一个一般规律：先进地区先发展某些产业，然后把这些产业让渡给紧随其后的地区，而自身向"高级产业"转移。

2.2.1.2 主体及模式方面研究

对产业转移主体方面的研究，主要从国家、区际间和跨国公司的角度进行，有助于发挥不同主体在推进产业转移中的作用，主要代表人物有卢根鑫、魏后凯、朱华友、刘辉煌、吴伟萍，如表 2-3 所示。对产业转移模式方面的研究，代表人物有翟松天、徐建龙、蒋文军、曹荣庆、曹慧平，如表 2-4 所示。

---

① 耿文才. 新经济地理学视角下中国纺织业区际转移的粘性分析 [J]. 地理研究，2015，34（2）：259-269.

表 2-2　产业转移基本理论概括

代表人物	理论	主要观点或贡献
K. Akamatsu	雁行发展模式理论	按照一定次序动态承接发达国家转移出来的产业，分阶段实现本国的产业结构升级
R. Vernon	产品生命周期理论	从技术扩散的角度来阐述地区间产业转移的动因和规律，得出从高至低的产业转移的最终结果是使各区域的产业类型和水平与本地区的资源禀赋、要素价格和经济发展总体水平相适应
W. A. Lewis	劳动密集转移理论	产业转移与比较优势的演变相结合，解释了劳动密集型产业的转移规律
P. Roal	发展中国家视角论	在一定程度上解释了国际产业转移对发展中国家的负面影响
L. J. Wells	小规模技术理论	发展中国家适于利用小规模技术来发展小规模的制造业
S. Lall	技术地方化理论	发展中国家应根据当地实际适时作出技术调整以满足当地需求，顺利实现对外产业转移
J. Cantwell 和 B. Andersen	技术创新产业升级理论	从局部创新的角度解释了国际产业转移

表 2-3　产业转移主体研究概括

产业转移主体	代表人物
国家产业转移	卢根鑫、刘辉煌、吴伟萍
区际间产业转移	魏后凯
跨国公司产业转移	朱华友

表 2-4　产业转移模式研究概括

提出的模式	针对对象或角度	代表人物
提出了产业结构联动升级的三种产业对接模式	中国东西部	翟松天、徐建龙
提出了整体移入式、要素嫁接式和存量激活式模式	欠发达地区应对转移角度	蒋文军
提出整体迁移型、商品输出型、市场拓展型、资本输出型、产业关联型和人才联合型模式	区域间产业转移和结构优化角度	曹荣庆
探讨了承接国际产业转移的模式选择问题	发展中国家	曹慧平

2.2.2 产业转移实证研究

2.2.2.1 区域产业转移研究

对产业转移的实证研究，大多数研究的是区域产业转移，代表人物有张公嵬、冯根福、刘红光、贺曲夫、刘友金、李娅、伏润民，周正柱、孙明贵，刘洪光等，如表2-5所示。

表2-5 产业转移实证研究概况

方法或手段	研究视角	代表人物
运用赫芬达尔指数、区位熵与产业的绝对份额指标，测度产业的转移程度	国家层面	张公嵬等
利用区域间投入产出模型和区域间投入产出表，测算区域间产业转移		刘红光等
利用截面数据对区间工业产业转移的趋势和特征进行动态考察		冯根福等
对区间工业产业转移的趋势和特征进行系统分析	我国东中西部地区	贺曲夫、刘友金
构建了不对称的资源禀赋优势系数，并借助数据模拟手段尝试解释		李娅、伏润民
在区域间投入产出模型基础上，进一步定量分析了省区间的产业转移	各省区间	刘洪光
探讨产业转移与区域商务成本变动的相关关系		周正柱、孙明贵

2.2.2.2 影响因素研究

一些学者对我国产业转移的影响因素进行了研究，代表人物有陈建军、李淑香、江霈、苏炜、赵祥、张少军、刘志彪、许葳、魏攀、张建升、袁静、王思文、祁继鹏，如表2-6所示。

表2-6 产业转移影响因素概括表

研究对象或视角	影响因素	代表人物
浙江省企业对外直接投资	行为方式、区域选择	陈建军
河南省承接产业转移	政府的效率及规范性、市场化程度、开放水平、人力资本状况、城市化水平与经济发展等	李淑香
国家层面	内部动力机制、外部影响因素	江霈

研究对象或视角	影响因素	代表人物
江苏区际产业转移	产业演进、人力流动、集聚效应、科技水平和政府政策	苏炜
广东产业转移区位选择	投资软环境、原材料与市场、区域政策、集体行动与社会特征、产业关联与知识外溢、区位与基础设施等	赵祥
国际分工体系	全球价值链	张少军、刘志彪
产业转移及区位选择	生产要素禀赋、市场规模、产业结构、产业集聚等、政府行为、制度安排、环境保护、投资环境等	许藏、魏攀
我国东西部产业转移	物流费用、集聚程度	张建升
吸引产业转移	资源价格、交易成本和劳动力素质	袁静
区际间产业转移	劳动力成本、地区外商投资的集聚效应、基础设施和人力资本水平	王思文、祁继鹏

2.2.2.3 动因方面研究

产业转移动因方面研究，代表人物有陈刚、石奇、王礼茂、陈建军、臧旭恒、何青松、郑文智、陈耀、张纯记、张继焦、刘新争、刘友金、胡黎明、金祥荣、谭立力、孙久文、彭薇，如表2-7所示。

表 2-7 产业转移动因方面研究

动因分类		代表人物
发展水平梯度差异		陈刚
边际生产力要素差异		石奇、王礼茂
生产成本方面	产业租金和地理租金耗散生产要素成本费用上升	臧旭恒、何青松郑文智、陈耀
产业结构调整		陈建军、张纯记、张继焦
产品内分工		刘友金、胡黎明
环境政策的地区差异		金祥荣、谭立力
比较优势		刘新争、孙久文、彭薇

2.2.3 制造业产业转移研究

关于制造业产业转移的研究，主要有我国制造业受国外产业转移的影响、制造业转移演化及具体测度两个方面。制造业受国外产业转移的影响：张为付就世界产业转移与南京制造业发展之间的联系进行阐述①；张东辉认为，制造业部门因深受国内劳动力价格高昂和地租高昂的困扰，欲向海外转移以谋求更好的利益机会②；陈蓉芳将我国纺织制造业与英国、美国、日本等发达国家进行对比，然后对其发展阶段进行定位③；戴宏伟认为，我国制造业面临着消费市场变化、资源与要素约束、环境约束、企业约束等一系列新问题，必须采取相应措施以更快、更深地参与国际产业转移④；曲建忠、张战梅运用协整理论和格兰杰因果检验方法，考察国际产业转移对山东省制造业竞争力的影响，认为国际产业转移能够促进山东省制造业竞争力的提升⑤。

　　制造业转移演化及具体测度：何奕、童牧以长江三角洲第二三类制造业为对象，利用时间截面的数据进行研究，得出区域内产业转移的动态演化和具体的路径选择过程⑥；魏玮、毕超运用中西部地区 1998—2007 年 20 个省（市）食品制造业的微观数据，建立面板数据模型，对区际产业转移中企业的区位决策进行了实证分析⑦；周世军、周勤选取我国东中西部 27 个省（市、自治区）2000—2009 年 20 个两位数制造业数据为样本进行的实证研究表明：中西部地区"集聚式"承接了东部的产业转移，总体上并未呈现行政干预过度问题，转移产业劳动生产率的提高，能被产业集聚所解释⑧；覃成林、熊雪如分析了 2000 年以来中国制造业转移的动态演变趋势、相对规模和特征，研究发现影响中国制造业转移差异性和复杂性的因素，包括区域经济规模、区

---

①　张为付. 世界产业转移与南京制造业发展 [J]. 南京社会科学，2003（2）：147-153.

②　张东辉. 日韩产业转移与胶东半岛制造业基地建设 [J]. 东岳论丛，2005（3）：46-50.

③　陈蓉芳. 产业转移理论与国际纺织制造业中心的变迁 [J]. 华东经济管理，2005（12）：56-60.

④　戴宏伟. 中国制造业参与国际产业转移面临的新问题及对策分析 [J]. 中央财经大学学报，2007（7）：69-74.

⑤　曲建忠，张战梅. 国际产业转移对山东省制造业竞争力的影响分析 [J]. 山东大学学报（社科版），2008（5）：51-56.

⑥　何奕，童牧. 产业转移与产业集聚的动态与路径选择——基于长三角第二三类制造业的研究 [J]. 宏观经济研究，2008（7）：50-57.

⑦　魏玮，毕超. 区际产业转移中企业区位决策实证分析——以食品制造业为例 [J]. 产业经济研究，2010（2）：46-54.

⑧　周世军，周勤. 中国中西部地区"集聚式"承接东部产业转移了吗？——来自 20 个两位数制造业的经验证据 [J]. 科学学与科学技术管理，2012（10）：68-79.

域间空间关系与经济联系、产业发展阶段、产业要素结构与要素的流动，以及区域经济政策等①；李新安以中部制造业为样本，用主成分分析法和 Stata 编程软件，基于对中部制造业 20 个具体行业的测度分析，明晰了中部省份各制造业的优势行业，得出了各省如何发挥现有制造业的基础优势，以通过错位竞争、优势互补，来实现高效承接转移产业具体模式路径的结论②。席艳玲从区域和行业层面测度了我国制造业扩散态势。

国内外对产业转移及其相关领域的研究已有较强基础，但在产业转移理论方面的研究，目前缺乏较清晰的分析框架，在系统地分析产业如何转移以及转移机制上很乏力，且没有从影响产业转移因素、企业行为方式、地域空间角度、交通运输方式等方面来探讨产业转移，既缺乏该方面的实证研究，更缺少理论分析层面的构建。实证方面的研究，主要从投入产出、指标增减两个方面来定量测度，方法的局限性造成转移的规模、空间路径和动态演变不能同时获得；影响因素方面研究从参考文献 109～118 中统计发现，主要有行为方式、基础设施导致的区位选择、市场化程度（或规模）、开放水平、城市化水平与经济发展、劳动力成本、科技水平、政府政策、全球价值链、产业结构、产业集聚程度、投资环境、物流费用和资源价格。目前，主要采用经典的计量经济模型，忽略了地理空间格局或者交通运输等所导致的相关性研究。制造业转移方面的研究，理论方面缺乏具体因素对其影响机制的研究，实证方面多是以国家层面省域尺度的制造业数据为样本，进行制造业转移规模度量，而基于某一地域空间角度制造业细分行业的转移态势以及深层次具体因素（如企业行为方式、运输成本、资源价格等）影响的研究薄弱。

2.3　海铁联运研究

海铁联运的研究从主要内容、文献发布时间节点、文献来源、文献研究对象及方法等方面进行总结分析，可以看出对海铁联运网络及布局的研究、

---

① 覃成林，熊雪如. 我国制造业产业转移动态演变及特征分析——基于相对净流量指标的测度 [J]. 产业经济研究，2013（1）：12-21.

② 李新安. 中部制造业承接产业转移实施产业链整合的优势行业选择 [J]. 经济经纬，2013 （2）：77-82.

联运量预测和效益的研究，具备一定基础。

2.3.1 海铁联运网络及布局的研究

海铁联运网络研究从以下几方面展现。国内外部分学者对海铁联运经济运距及运输组织进行了相关研究，其中，国外学者有：W. W. White 和 A. M. Bomberauh 运用运输规划理论；T. L. Friesz 和 F. J. Luque 等基于最优控制理论的动态系统最优模型；N. Pattic 以运输成本最低为目标；A. Ziliaskopoulos 等分别运用多式联运最佳路径算法与顺序算法；H. Mahnludi 等通过综合能量的消耗来考虑铁路和公路运输的合理运距范围；S. Lim-bourg 和 B. Jourquin 基于 P-HUB 方法，解决了"公—铁"联运中公路如何植入铁路网枢纽节点的问题，来分析海铁联运的合理运距和研究运输组织的优化配置。国内学者有：何静等从分担率、黄浚源建立评价体系，以及崔迪建立加权海铁联运复杂网络枢纽，进行研究。

国内外学者将对海铁联运网络抽象为复杂网络并进行研究。其中，国外学者有：W. W. White 等运用运输规划理论；C. F. Daganzo 运用统计学方法；M. Ben-Kava 运用均衡理论；B. Ran 和 T. Shimazaki 基于最优控制理论；B. Michel 基于直接和交叉的需求弹力系数，建立了交通需求分配模型；T. G. Crainie、K. H. Kim、C. Puettmann、L. Fan、W. W. Wilson、D. Tolliver，运用线性规划模型建立海铁联运网络并优化。国内学者有：崔迪等运用复杂网络的相关理论；吴仙丹从定量和定性的角度建立海铁联运网络风险评价指标体系；程朝运用负指数网络配流模型分配大连港至经济腹地沿线各路径网络流量来展开海铁联运网络复杂性研究。综上，对海铁联运网络进行研究，主要体现在引用理论基础和方法模型上，详见表 2-8、表 2-9。

表 2-8　海铁联运网络理论基础总结

理论类型	代表人物
运输规划理论	W. W. White 和 A. M. Bomberau
最优控制理论	F. J. Luque 和 T. L. Friesz、B. Ran 和 T. Shimazaki
均衡理论	M Ben-Kava

表 2-9 海铁联运网络模型与方法总结

模型和方法	代表人物
动态系统最优模型	F. J. Luque 和 T. L. Friesz
交通需求分配模型	B. Michel
线性规划模型	T. G. Crainie、K. H. Kim、C. Puettmann、L. Fan、W. W. Wilson、D. Tolliver
成本最低方法	N. Pattic、H. Mahnludi、S. Lim-bourg、B. Jourquin
分担率方法	何静等
建立评价体系方法	黄浚源、吴仙丹
复杂网络方法	崔迪、程朝
统计方法	C. F. Daganzo

另有相关学者对港口布局进行研究，其中，国外学者有：B. Christian 和 M. Frank 运用启发式算法，建立起重机优化调度模型；P. Legato 等对码头堆场集装箱吊车装船作业建立了优化模型，并进行了仿真测试；G. Froyland 等建立三阶段动态模型来实现港口的布局优化。国内学者有：王玥葳，通过港口铁路进线布局对集装箱港口道路交叉口流量的影响和改变来量化评定。海铁联运港口布局，应该使得港口与铁路实现无缝对接，优化港口内铁路线路，提高口岸换装效率，压缩集装箱在口岸的滞留时间。

2.3.2 海铁联运运量预测及效益研究

在关于海铁联运运量及有关数据的预测，C. Leachman、C. Robert 和 J. Payman Jula 运用排队论的原理研究国际集装箱货流的问题，对亚洲地区至美国的集装箱进口，进行了回归分析预测。张戎提出基于集装箱货值的改进生成系数法，采用多项 Logit 模型建立运输链选择模型。花亚峰运用多因素动态相关系数预测方法，并使用 Logit 模型。孙国卿、林珊仟、黄霏茜采用三次指数平滑法和多变量灰色预测模型。陈燕琴建立 GM（1,1）模型与 BP 神经网络相结合的模型。赵毅利用时间序列 ARMA 预测模型和灰色预测模型相结合的方法。武慧荣等应用系统动力学理论及方法。陈经海用灰色 GM（1,1）预测模型与三次指数平滑预测的组合预测模型。倪湘琴运用多因素动态相关系数的方法与 logit 模型相结合，来预测海铁联运量及有关效益，如表 2-10 所示。

表 2-10　海铁联运运量预测及效益研究方法总结

模型和方法	预测及效益研究方法	代表人物
回归分析预测法	—	C. Robert、C. Leachman、J. Payman Jula
Logit 模型	—	张戎
灰色预测模型	与多因素动态相关系数预测结合	花亚峰、倪湘琴
	与三次指数平滑法结合	孙国卿、林珊仟、黄霏茜、陈经海
	与 BP 神经网络相结合	陈燕琴
	时间序列 ARMA 预测模型结合	赵毅
系统动力学理论及方法	—	武慧荣等

关于海铁联运的研究，主要集中在定性的发展战略、网络布局和运量预测方面。战略研究主要是海铁联运组织协调、通道问题研究（如海铁联运流程设计研究、运输方式的选择等）、网络布局和运量预测方面，主要是基于模糊数学以及动态规划问题。仅有的研究局限于学术领域内，基本都是单项和观点性的，尚未形成系统的理论。从学科方面来看，大多数是从交通运输或信息系统等学科展开，对其网络架构和效益进行分析，尚不多见从区域经济学和产业经济学的视角，来研究海铁联运这种运输方式对区域经济增长、产业布局以及集聚与转移的影响研究。

2.4　文献评述

2.4.1　产业集聚评述

从上述关于产业集聚的研究成果可以看出，其理论研究多是从空间经济学和区位角度进行，然而并不是只有空间经济学和区位理论才能解释产业集聚。如何解决理论在解释产业集聚和机理方面所面临的困境，有待于对现有理论进行拓展或者融合创新。实证方面研究较多关注产业集聚对劳动生产率的影响和区域经济增长的推动作用，多数认为产业集聚与它们存在正相关关系或者关系不明显，而对于是否存在负相关关系的研究较少。制造业产业集聚的研究从地区专业化和地理集中度视角展开，在测度方法和行业层次选择上较粗，多数与国家层面或者省域尺度进行行业集聚对比，针对某一具体地域空间尺度（或行业）分区域、细分行业，分别展开测度较为薄弱。

2.4.2　产业转移评述

国内外对产业转移及其相关领域的研究已有较强的基础，但产业转移理论方面的研究目前缺乏一个较清晰的分析框架。因此，在系统地分析产业如何转移及转移机制上较乏力，且没有从影响产业转移因素、企业行为方式、地域空间角度、交通运输方式等方面来探讨产业转移，既缺乏该方面的实证研究，又缺少理论分析层面的构建。

实证方面的研究，主要从投入产出、指标增减两方面来定量测度，方法的局限性造成转移的规模、空间路径和动态演变不能同时获得；影响因素方面研究从文献统计发现，主要有：行为方式、基础设施引致的区位选择、市场化程度（或规模）、开放水平、城市化水平与经济发展、劳动力成本、科技水平、政府政策、全球价值链、产业结构、产业集聚程度、投资环境、物流费用和资源价格。在方法的采用上，目前主要采用经典的计量经济模型，忽略了地理空间格局或者交通运输等所导致的相关性研究。在制造业转移方面，缺乏具体因素对其影响机制的研究，实证方面多是以国家层面省域尺度的制造业数据为样本，进行制造业转移规模度量，而基于某一地域空间角度制造业细分行业的转移态势，以及深层次具体因素（如企业行为方式、运输成本、资源价格等）影响的研究较为薄弱。

2.4.3　海铁联运研究评述

海铁联运的研究主要集中在定性的发展战略、网络布局和运量预测方面。战略研究主要是海铁联运组织协调、通道问题研究（如海铁联运流程设计研究、运输方式的选择等），网络布局和运量预测方面主要是基于模糊数学以及动态规划问题。仅有的研究局限于学术领域内，基本都是些单项和观点性的，尚未形成系统的理论。从学科上大多数是从交通运输或信息系统等学科展开，对其网络架构和效益进行分析，尚不多见从区域经济学和产业经济学的视角，来研究海铁联运这种运输方式对区域经济增长、产业布局以及集聚与转移的影响研究。

综上所述，从具体影响因素及机理方面研究制造业集聚、转移比较匮乏，且大多数都是分别研究，很少有对制造业集聚与转移的深层次原因进行综合研究。从对制造业集聚、转移的分别研究发现，在一定程度上受交通运输的影响，尤其是运输成本费率高低的影响。因此，以运输成本费率为纽带，研究在运输成本上具有独特性的某一具体交通运输方式（如海铁联运）对制造业集聚与转移的影响，具有一定的研究价值。

第3章　海铁联运与制造业转移

3.1　我国产业转移现状分析

3.1.1　我国国际产业转移现状

3.1.1.1　国际产业转移的主要特点

1. 产业转移规模不断扩大，产业转移层次不断提高

随着经济全球化、生产国际化和投资便利化，国际产业转移的规模也在迅速扩大。2000 年，全球外商直接投资（FDI）总额仅为 3310 亿美元，2013 年已经上升到 1. 45 万亿美元，据初步估计，2014 年将会达到 1. 6 万亿美元，2016 年则进一步增长至 1. 8 万亿美元，14 年间增幅达 483. 38%，平均年增速为 34. 52%。进入 21 世纪以来，发达国家为赢得全球竞争优势，进一步加速了国际产业转移；而发展中国家大力推进赶超战略，加大承接国际产业转移，以此契机，促进本国产业结构升级。

从长期来看，国际产业转移的规模必将继续扩大，且转移的结构呈现高级化趋势。因为从历史上发生的几次大规模国际产业转移来看，转移的层次在不断提高，具体表现如下：由劳动密集型产业逐渐向技术密集型产业转移；由传统工业向新兴工业转移；由低附加值的产业向高附加值的产业转移；由制造业向服务业转移。这也是世界经济发展的必然趋势。

2. 跨国公司主导国际产业转移，且投资方式日益多样化

跨国公司的跨国经营，可直接推动世界产业结构的调整，引导生产要素和生产组织向国际化和全球化的方向发展。大量事实证明，国际产业转移是跨国公司直接投资的必然结果。根据联合国贸易和发展会议统计，跨国公司

控制着全球生产的 40%、国际投资的 90%、国际贸易的 60%、研发活动的 90%和国际技术转让的 80%，分公司和子公司遍布世界各地，其中一部分布在发展中国家，有着遍布全球的营销网络体系。因此，跨国公司已经成为国际产业转移的重要推动力量。

随着国际产业转移方式的创新发展速度的不断加快，跨国公司改变早期的单一投资方式，使投资方式日益多样化，除了采用传统的直接投资和股权收购外，还引用跨国并购、证券投资、合资合作、股权交换、非股权安排等多种投资形式。

3. 产业链条整体转移趋势明显，关联产业协同转移现象增多

随着经济全球化和国际竞争的加剧，考虑到社会化协作程度高和横向联系广的充分优势，跨国公司会主动引导为其配套的生产服务企业和供应商一同到东道国（或地区）投资，带动相关行业的发展。如此，可以实现原材料或零部件生产供应的本土化，在当地就可以配套发展产业，并适度建立关联产业群，从而有可能将整个产业链转移到东道国（或地区）。

此外，为了充分利用当地的各种资源，并使生产出的产品能够适应全球市场的不同需要，跨国公司除了转移传统的制造业外，还会将产业链的上下游（如研发、设计、营销），甚至公司总部等其他生产经营环节向东道国（或地区）转移。

由跨国公司带动的这种产业链条整体转移，并带动关联产业协同转移的新趋势，有利于跨国公司提高全球竞争力和资源配置效率，更重要的是，能够使得国际产业转移的速度、规模和范围都达到前所未有的新水平。

3.1.1.2 国际产业转移的发展态势

外商直接投资占流入中国外资的绝大部分，因此，国际产业转移的主要形式是外商直接投资（FDI）。外商直接投资不但可以直接促进中国的资本形成，而且会带来技术、管理、制度、营销渠道等中国稀缺的要素，并将中国纳入全球产业分工体系中。国际分工由原先的产业间分工向产业内分工深化，随着国际产业转移从价值链整体转移向某一环节（或工序）转移的深化，我国通过产业转移参与国际分工，并融入全球价值链的状态也发生着改变，同时，也促进了市场化改革的推进。

1. 外商直接投资的整体情况

1979 年以后，随着中国对外开放政策的实行，外商直接投资开始进入中国。

1993 年以前，外商直接投资的主体部分还是港澳台华人资本，发达国家对中国的直接投资没有形成太大的规模。1993 年以后，中国确立了建设社会主义市场经济的发展战略。2001 年，中国加入世界贸易组织（WTO）后，吸引的外资占世界国际直接投资（FDI）总流量的比重急速攀升，截至 2014 年年底，在中国的外商直接投资存量已达 1195.6 亿美元。

自改革开放以来，特别是 20 世纪 90 年代初以来，我国通过大规模吸收国际投资与大范围从事国际贸易的方式，积极参与国际产业转移。从 1979—2014 年，中国实际利用外资 11416.22 亿美元，其中，9426.46 亿美元为外商直接投资，占八成多。

20 年间，我国在国际投资与国际贸易等方面所取得的举世瞩目的成就，证明了在承接产业转移方面，我国对跨国公司产生了巨大的吸引力。由于改革开放政策的实行，我国逐步成为国际产业资本投资与商业资本流动的热土。

2. 外商直接投资的特点

（1）承接的国际产业转移的规模呈现持续稳定的增长。我国的经济发展突飞猛进，投资环境不断改善，综合国力逐步增强，对国外投资有着巨大的吸引力。从图 3-1 中可以看出，1994—2014 年的 20 年时间里，我国承接国际产业转移的规模和增长速度均呈现连年快速增长趋势。在实际利用 FDI 方面，我国从 1994 年的 337.67 亿美元增长至 2014 年的 1195.6 亿美元，增长超过 254.07%，平均年增长率接近 12.7%，远远高于同时期 GDP 的平均增长率。

（2）国际产业转移的区域选择不均衡。从吸收 FDI 的地区结构看，中部地区实际利用外资增长较快，东西部地区实际利用外资规模稳定。2014 年，全国实际利用外资 1195.6 亿美元，其中，东部地区实际利用外资 979.44 亿美元，同比增长 1.1%，占全国实际利用外资总额的 81.92%；中部地区实际利用外资 108.58 亿美元，同比上升 7.5%，占全国总额的 9.1%；西部地区实际利用外资 107.8 亿美元，同比上升 1.6%，占全国总额的 9%；如表 3-1 所示。

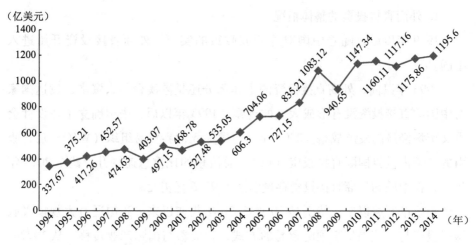

图 3-1　1994—2014 年我国实际利用 FDI 状况

数据来源：商务部网站。

表 3-1　2014 年我国三大区域实际利用外资情况

地区	实际利用外资（亿美元）	同比增长（%）	比重（%）
东部	979.44	1.1	81.92
中部	108.58	7.5	9.1
西部	107.8	1.6	9
总计	1195.6	10.2	100

数据来源：根据商务部网站数据计算所得。

（3）制造业是当前我国承接国际产业转移的主要领域。从外商投资的行业分布来看，外商在我国的投资主要集中在制造业、租赁和商务服务业。据2014 年的数据显示，这两个行业实际吸收外商直接投资金额占我国实际利用外资金额的比重分别为 33.3% 和 55.4%，其比重之和达 88.7%。尽管近年来投向制造业的 FDI 的比重开始降低，但是仍占流入量的较大部分，从先前较集中的轻工业逐步向重工业转变，尤其集中在高耗能产业和加工业。由于制造业属于贸易品行业，而外商直接投资主要集中于制造业，因此，这样既符合世界产业转移的规律，又能更好地促进我国加入世界产业分工体系中。

（4）欧盟、美国和东亚地区是中国产业转移的主要来源地。近年来，日本、欧盟、东盟和美国对中国内地的直接投资金额和投资企业数量，尽管在

2014 年出现不同程度的下降，但其一直处于领先地位，由此表明，他们不但是国际产业向我国转移的重要来源国家和地区，而且显示出在经济全球化浪潮下，我国与欧盟及其他各国和地区的经济联系和贸易结合度已相当密切。

3.1.2　我国国内产业转移现状

3.1.2.1　国内产业转移的阶段

早在中华人民共和国成立初期，考虑到当时的国际形势和战争风险，党中央为了全局备战，就有过大规模面向"三线地区"的产业转移，即将我国分为"一线""二线""三线"三个不同地区，促进全国经济发展和准备备战物资，目的是将其建设成我国军事和经济的战略后方。这时期，内地投资建设达 959.34 亿元，占全国基本建设投资总额的 54.4%，其中，"三线"11 个省、自治区的投资额为 690.98 亿元，占全国基本建设投资总额的 41.1%。这是新中国成立后，政府主导下的第一次产业转移。

20 世纪 90 年代初期，曾经风靡一时的纺织工业经济效益迅速下滑，大部分企业出现亏损，通过实施"压锭技改"和"东锭西移"政策来调节，对纺织工业的产业布局进行调整，使得东部沿海地区和一些发展历史较长的纺织工业基地逐步向原料产地（如河南省）转移。与之前不同的是，此次产业转移是在和平时期进行的，旨在提高纺织行业的经济效益，帮其摆脱困境。此次产业转移的经济决策，推动了纺织产业的发展，具有一定的社会经济效应。

随着经济发展和改革开放的逐步深入，地区间经济发展水平差距逐渐增大，为实现区域经济的协调发展，相继提出了"西部大开发""振兴老东北""中部崛起"的战略和"一带一路"倡议，支持中西部地区的开发建设，实现我国区域经济的协调发展，政策的实施也在很大程度上推动了我国的区域产业转移。

3.1.2.2　国内产业转移的特征

随着当前国际产业转移趋势的加强，使得我国进一步承接国际产业转移的空间和优势日趋明显，同时对我国各地区之间产业结构的演进、区域贸易结构的转化、地域分工都产生了一定的影响。国内各地区之间的产业转移已经不局限于生产制造业的转移，并可能逐步涉及研发、营销和运营方面的转移。生产制造业的转移也不仅拘泥于生产环节，还包括产业的整体转移。

1. 一些地区进入产业转移的加速期

由于比较优势的存在，区域经济发展水平的差异，预示着区域间产业转移发生可能。东部沿海发达地区经过多年的高速发展，劳动力、生产要素价格已经达到了较高水平，面临着产业结构的调整升级压力，一些劳动密集型、能耗高的产业难以承受此压力。因此在一定程度上，该产业客观上已具备向其他地区进行产业扩张和梯次转移的条件。

2. 产业转移的市场化特征日趋明显

产业转移是在市场经济条件下进行的，企业主导下的资产重组，其主导力量是国内外优势企业，特别是沿海的大公司、大集团。它们凭借实力，以联合、兼并处于劣势企业的方式，加快成长步伐。买方市场形成后，这些优势企业利用两极分化特点且抓住此机遇，纷纷实行低成本扩张，到中西部地区建立加工基地或分支机构等。

3. 转移过程中出现一些新兴的较细化产业分工

产业跨地区转移中出现的区域分工和生产功能分工，是发达地区保持竞争力和进行产业结构调整的需要。国际产业转移由过去的延伸至加工制造业，发展到现在延伸至运营中心、市场营销机构，甚至公司总部等产业职能。在此背景的驱动下，来自东部及沿海等地的国内产业转移，更加注重产业链的分工与合作，且呈现产业链分工越来越细化的特征。

3.1.2.3 国内产业转移的趋势

我国产业升级最突出的特点是，产业转移呈梯度推进的态势，大致形成国际产业向我国东部地区转移、东部地区向中西部地区转移的趋势。改革开放初期，我国的非均衡发展战略使东部沿海地区依靠政策、区位与劳动力的相对优势，大规模地承接了新兴工业国家转移而来的劳动密集型产业，以电子、信息、汽车为主导的国外高新技术产业、国际技术密集型和资金密集型产业为主，东部沿海地区经济得到迅速发展，产业结构发生了巨大变化。

历经40多年的发展，东部沿海地区的劳动密集型和低技术产业已经趋于饱和。随着长三角经济圈和环渤海经济圈的兴起，珠三角地区一些技术含量较高的制造业开始向长三角地区转移。同时，随着土地、劳动力、能源等要素成本的上升和环境的恶化，长三角经济圈和环渤海经济圈的劳动密集型产业也面临产业结构调整的问题，大量劳动力、能源、原材料指向型产业，需要低成本优势明显的中西部地区来承接。从 20 世纪末起，珠三角、长三角等区域的部分传统产业开始向河南省、陕西省等中西部地区进行梯度转移。近年来，随着技术和创新水平的提高，交通等基础设施的完善及政策因素的引导，我国制造业逐渐向海外转移。

从总体上来看，劳动密集型产业的国内梯度转移路径。首先，最有可能转移到东部已经具有一定规模但还没有出现过度集聚的地区，以及在地理位置上靠近东部且已经具备一定产业基础的中部地区；其次，是中部较远的其他省份；最后，主要是产业规模不大的西部。一些地区资本密集型产业的转移路径在行业之间存在较大的差距。一是转移地区东中西部的省市都有，且这些地区资本存量相对较高；二是主要集中在中部地区的一些省、市和自治区；三是主要向中部和西部地区集中。技术密集型产业的梯度转移，首选我国东部地区，其次是中部地区。

3.2　我国制造业转移的现实基础和内在机理

3.2.1　区域制造业转移的现实基础

随着经济全球化、区域经济一体化的加速推进，以及我国经济的持续发展，短缺型经济中供不应求的局面已经转为相对过剩的格局，消费需求结构从较低的层次向较高的层次迈进。发达国家以加快产业结构调整升级的步伐保持竞争优势，重点发展具有更高附加值的创新性技术密集型制造业，而将附加值较低的一般劳动、资本和技术密集型制造业，向其他国家和地区大规模转移，从而不断形成新的制造业转移浪潮。发展中国家则通过承接制造业转移，加快制造业结构优化升级，发挥后发优势，大力发展传统加工制造业和重化工业，并以此带动相关配套制造业和服务业的发展。面对人们对更高产品消费需求的增加和强大国际竞争的挑战这种严峻的现实，优势企业应开展技术研发并不断追求创新、降低成本、提高国际竞争力，同时也应加强东部地区制造业向中西部地区转移，通过跨区域的资本运营，实现沿海与内地的优势互补，提高我国制造业的整体水平。

在国家层面转变经济增长方式的号召及其自身转变的客观规律下，东部地区把劳动密集型、高能耗、高物耗等比较劣势的产业向中西部地区适当转移。中西部地区则可持续利用自己丰富的自然资源、优惠政策和廉价劳动力，与东部地区及跨国公司输出的资本、技术和管理经验形成优势互补，推动自身的产业结构调整。同时，改革开放的逐步深化和体制改革的进一步转换，为区际产业转移提供了有利的时机，展示了广阔的前景。

3.2.1.1 东部传统制造业向中西部转移

一个地区制造业结构的选择与当地的自然地理条件和资源状况密切相关。西部地区有着得天独厚的自然资源条件，因此，西部丰富的自然资源推动着东部传统制造业的西移。土地、技术、设备等生产要素的组合，决定着制造业结构的转移和升级。一是东部地区由于土地、劳动力成本上升，传统制造业失去比较优势，企业经济效益下降，生产者主动要求退出该行业，政府调整产业政策，限制和淘汰某些传统制造业。中西部地区正好可以利用自身的土地、劳动力、自然资源优势，发展传统制造业，及时占领东部地区让渡出来的市场空间。二是技术的要求，科学技术进步是经济发展的头等因素，也是提高制造业素质和结构优化的关键所在。高新技术已成为国际竞争的核心和制高点，我国发展高新技术制造业要以创造高附加值、占有较大市场份额为主要目标。东部地区经过新中国成立后几十年的发展，传统制造业已达到一定饱和点，它们急需高技术制造业的输入，带动产业结构的调整与升级。只有通过改造和转移传统制造业，才能使东部原有的劳动密集型和资源加工型制造业向西部地区转移，实现东西联合的优势。三是设备要求，东部地区为适应产业结构的升级和优化，要主动将失去本地发展优势，受能源、原材料制约的传统生产制造业企业搬迁到西部地区，进行二次创业。

3.2.1.2 我国传统制造业向海外转移

世界制造业中心向中国转移已经历时 30 余年，目前，中国制造业已经有了向外转移的迹象。对外投资是制造业国际转移的一种方式，1997 年，中国对外的直接投资额仅为 37.65 亿美元。2013 年，首次突破千亿美元大关，蝉联全球第三大对外投资国，投资额高达 1078.44 亿美元。劳动生产率和工资、创新和技术进步、文化、政策和法律制度、金融体系、基础设施、市场及营销网络、地理条件等方面的差异，促使我国传统制造业向海外转移。

截至 2013 年年底，中国在全球 184 个国家（地区）共有 2.54 万家境外企业，投资覆盖率达 87.68%，其中，除对欧洲地区投资下滑外，对其他地区的投资均呈现不同程度的增长。2013 年对欧洲地区的投资为 59.5 亿美元，同比下降 15.4%；对拉丁美洲、大洋洲、非洲、亚洲分别实现了 132.7%、51.6%、33.9%、16.7%的较快增长；对北美洲投资较 2012 年实现 0.4%的微增长。从 2013 年中国对外直接投资的方向来看，东南亚、南美洲是最为集中的地区，印度直接投资 52.82 亿美元，同比增长 20.1%，在所有投资国家和地区中排名第一。从分析中可以看出，东南亚国家是当前中国制造业，特别是劳动密集型制造业转移的主要方向。南亚和非洲因劳动力储备丰富和劳动力价格较低，只要这些国家能够消除劳动力素质较低、基础设施差和社会问题突出等问题，会使它们在未来成为中国制造业的主要转移方向，此外，欧洲也将会成为中国制造业在海外转移的重点区域。

3.2.2　区域制造业转移的内在机理

如前文所述，当年的"三线"建设和后来的"西部大开发""振兴老东北""中部崛起"战略及当前的"一带一路"倡议，都在一定程度上推动着我国东部地区部分制造业向中西部地区、甚至向东南亚、中东地区转移，但其产业转移的内在机理并不尽一致，其中包括政府政策引导、市场推动、国际环境等因素，还有三者兼而有之的，其实质在于不同区域之间的相对优势动态在互动发展、共赢。

3.2.2.1　政府政策引导

通常情况下，一个国家内部生产要素（如资本、劳动力、技术等）流动难易程度①低于国际之间的流动程度，所以对于控制国内区域间制造业的转移力度来说，一个国家政府更容易控制国际间制造业的转移力度。由于路径依

---

① 资源来源：商务部、国家统计局、国家外汇管理局联合发布的《2013 年中国对外直接投资公报》。

赖效应的存在，以市场调节为主的产业布局引导机制开始逐步形成，此时更需要政府适时、合理、有效的政策引导，发挥政府在制造业转移、发展中的经济运行影响。

3.2.2.2 市场推动

资源决定市场，而市场的力量主导制造业转移，具有较强的自发性。制造业转移最主要的动力来自于企业自身对市场的寻觅，在市场机制的作用下，东部地区大多数企业积极寻找生存、扩张途径，以应对资源环境制约、要素成本逐步攀升的环境。因此，主要的选择方式是在提升自身制造业层次的基础上，利用不同区域生产要素的差异或政策优势，利用中西部得天独厚的自然资源，利用低廉的生产成本等优势，加快传统劳动密集型环节的合理转移，实现更好的发展。

3.2.2.3 国际环境

国际分工的演变总是伴随着国际制造业的转移，只有顺利完成转移，才能维持国际制造业的分工格局并向前推进。由于生产要素禀赋的迅速变化，各国生产要素（如劳动力、资本、技术等）会逐渐影响动态比较利益，因此，在各国制造业转移的过程中，总是循着阻力最小、获利最大的方向移动，这样就会使总体比较优势超过原制造业所在地。从历史上看，制造业转移主要发生在制造业领域，特别是制造业基地的转移给中国区域经济发展带来了巨大变化。

3.2.2.4 政府政策引导+市场推动+国际环境

东部地区制造业向中西部地区转移、"一带一路"背景下向东南亚、中东地区转移，往往是制造业转移升级和转移同步、制造业扩张和制造业转移并存，很少由单一政府主导，或是单一的、某一区域市场推动的，通常是在复杂的国际政治、金融形势下，结合政府主导因素和市场推动因素共同作用。其关键因素在于，东部地区企业和中西部地区及中东地区所具有的投资优势的匹配、耦合和互动发展（见图3-2），通过双方或多方的良性互动，以达到共赢局面。

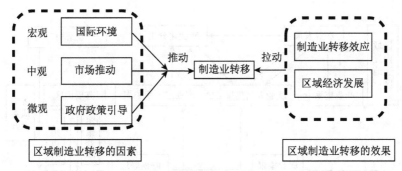

图 3-2 制造业转移的内在机理

3.3 海铁联运发展与制造业转移

区域制造业的空间布局是同一制造业内一定规模的企业，依据区域内自然因素、经济因素、社会因素等影响因素选择企业最优生产区位的过程，区域理论的研究表明，企业的区位选择对交通运输条件具有很大的空间依赖性，进而使得交通运输发展对区域内的制造业空间布局产生重要影响。海铁联运是国际贸易和产业国际间转移中不可或缺的运输方式，具有运距长、成本低、节能的特点，它的发展，势必会影响海铁联运沿线制造业的空间布局。

3.3.1 海铁联运影响制造业布局的动力机制

3.3.1.1 区域要素流动便捷性

由于物质要素在自然地理空间内分布不均匀，通过物质要素在区域间的流动以实现其优化配置成为经济活动的主要内容，交通运输则是物质要素空间流动的主要载体和重要基础。能够方便获得原材料资源及将产成品运往消费市场的区域，往往成为制造业企业布局和空间定位的首选。海铁联运的发展，使经济活动跨越地理空间的阻碍得到缓冲，使得港口及铁路沿线区域内部制造业与外部资源产地和消费市场之间建立了强有力的联系，减弱了制造业分工的自然基础，便利的交通基础条件就成为制造业企业区位选择过程中的重要影响因素。海铁联运发展的滞后，意味着区域选择、获取外部资源地理联系的缺失，但随着社会经济的不断发展，制造业依托交通区位优越的区域进行空间定位和重组，逐步成为发展趋势（见图 3-3）。

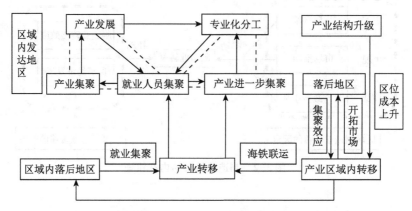

图 3-3　海铁联运、制造业转移与要素流动关系示意图

3.3.1.2　交通运输成本的下降

海铁联运低成本带来的区域要素流动便捷性，使制造业布局克服空间障碍，但是制造业空间定位还取决于能否获得经济效益，企业区位的选择还要考虑运输成本带来的影响，甚至企业的空间选择首先是围绕运输成本开始的。在海铁联运发展水平较高、运输体系较为完善的地区，其运输成本往往相对较低，实现经济活动中物质要素的流动和组合成本较低。海铁联运的发展，能够促使区域间人员、信息、技术等要素的流动更加频繁和便利，并可以降低运输费用、空间成本、交易成本，使区域经济活动的发生和发展成为可能。

3.3.1.3　区域经济空间强化的动力

按照交通运输对区域经济发展机理的分析，交通运输的发展引发了区域经济开发和区域间的劳动地域分工。海铁联运的低成本特点，会通过区域市场规模扩大、强化企业规模经济效益和市场范围经济效益，企业生产的专业化程度日益提高，企业产品的多样性得到扩展，可以在区域内部逐步形成专业化的制造业群，进而通过规模经济和范围经济使得区域内同一制造业的企业，逐渐获得其他地区无法获得的额外经济利益，会进一步吸引同一制造业及相关制造业内的其他企业向该区域迁移，区域制造业的专业化和规模效益会产生良性循环，使区域制造业发展表现出分工和专业化逐渐提升的锁定效应。

3.3.1.4　区域制造业结构转移的动力

制造业结构的转移是经济地域运动的重要内容和实现方式，交通运输的发展则是推动区域制造业转移的重要条件，而海铁联运在推动制造业转移中，起到了显著的作用。海铁联运的发展，使区域间便利的物质交流成为可能，尤其是资本生产要素的流动性会随着交通运输体系的逐步完善而大大加强，进而影响区域制造业梯度转移的规模和速度。落后的交通运输方式将区域制造业转移限制在很小的空间范围内，而且制造业转移的规模小、速度慢，其梯度转移也会是平缓的过程。以海铁联运方式为代表的运能大、运距长、费率低和能耗小的交通运输网络，使得物资资源和资金技术的空间转移扩散空间、规模和速度均大幅度提升，逐渐优化环境并促进投资，吸引外来制造业企业进入，使得基础设施逐步完善，就业和消费增加，推动产业配套和持续引进，加快区域制造业梯度转移的速度，甚至使制造业转移过程出现跳跃式发展（见图3-4）。

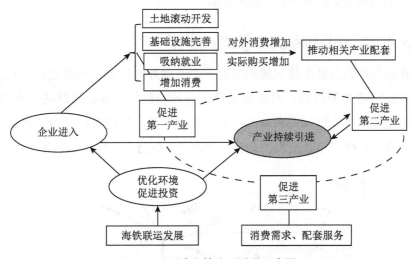

图 3-4　制造业转移至引进示意图

3.3.2　海铁联运的区域经济辐射效应——制造业转移

海铁联运的区域经济发展的辐射效应从空间上看主要有四种形式，即就近辐射、跳跃式辐射、等级辐射和随机辐射。随着区域经济的发展，经济核心地区的"经济势"将会通过海铁联运这种交通运输，从"经济核心"的集聚和海铁联运沿线的集聚向经济腹地扩散。这种扩散包括：向相邻区域扩散；越过相邻区域扩散到其他区域；按照中心地等级体系由上向下阶梯式扩散；无规律随机扩散。通过多种形式扩散，形成"点—线—面—网"共同发展的区域经济，这就是海铁联运交通运输方式对区域经济发展的扩散效应。

海铁联运水平的提高，改变区域之间的时间与空间的关系，加强了经济主体之间、相同制造业之间、不同制造业之间的关联性。这种关联通过点或线集聚的"经济势"，以海铁联运为纽带，拓展沿线地域范围，延长空间联系的距离。

海铁联运规模的发展，提高了各种经济活动在节约物质生产成本、劳动力成本、获取更多信息资源、提高有效竞争力等方面的内在要求，这些不断提高的内在要求在客观上促进了区域经济在交通枢纽、交通沿线、交通网络覆盖区域集聚经济时的不断延伸和拓展。

3.4　制造业转移的海铁联运路径

在众多厂商集聚在某区域的过程中，通过外地厂商不断迁往该区域，制造业厂商间的竞争加剧，不断形成制造业的利益差，基础设施的成本节约，利益也越来越小，市场需求减少，边际收益下降，厂商利润减少，抑制进一步的集聚，产生"市场挤出"效应，逐渐发生制造业转移，如图 3-5 所示。

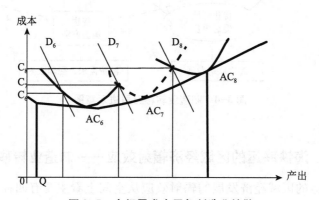

图 3-5　市场需求水平与制造业扩散

图 3-5 中，AC_6、AC_7、AC_8 分别为多个厂商的平均成本曲线，Q 为多个厂商的最佳生产规模，在市场需求为 D_6、D_7、D_8 时，尽管市场里的制造业规模在不断扩大，但均超出了各厂商所在制造业的最佳生产规模，从而形成规模不经济现象，即随着生产规模的不断扩大，厂商生产成本不断增加，必然导致利润逐渐降低，会阻碍厂商（制造业）的进一步集聚。随着运输技术的不断进步，尤其是低成本优势的海铁联运迅速发展，使得运输成本在产品中所占的比重不断下降。由于之前厂商（制造业）集聚导致地价和房价提高，交通拥堵，带来生产用地、厂房和运输等生产成本不断上涨，在海铁联运方式的诱导下，一些厂商制造业出于对要素成本的考虑，会选择转移，从集聚区域迁往海铁联运沿线的低要素成本（非集聚）区域。

3.4.1 海铁联运促使生产要素流动和制造业竞争

生产要素流动和制造业竞争是制造业转移的必要条件。制造业转移的主要形式是企业对外投资，通过投资实现资本、技术、劳动力等生产要素的跨地区流动，生产要素的重新组合会形成新的生产能力和制造业规模，最终促使制造业转移。因此，生产要素能否流动，流动的自由度，决定着制造业转移的阻力大小，而完善的基础设施建设会促使海铁联运方式保证生产要素流动的自由度。假定两地间发生制造业转移，表明制造业移入地和移出地之间生产要素是可以流动的，即便生产要素是从移出地向移入地的单向流动。如果没有流动，就不会发生制造业转移。

制造业竞争是制造业转移的另一个条件。就某一制造业而言，制造业所在区域因技术、政策、自然资源等因素形成垄断，则制造业不会发生转移，制造业会通过垄断来实现高额利润。相反，在不同区域间形成竞争，这竞争可能来自制造业转移的移入地，也可能来自其他区域，只要制造业间的竞争存在，制造业转移才存在可能。总之，海铁联运方式下的区域间生产要素流动和制造业竞争的存在，是制造业转移的必要条件。

3.4.2 海铁联运带来制造业利益差

制造业转移的动力是制造业利益差。在开放式区域经济系统中，制造业转移存在选择，制造业向哪个区域转移，取决于制造业转移相互比较中的利益导向，而这个利益导向来自制造业转移带来的利益差。正如经济学"理性人"假设。企业作为制造业转移的主体，在制造业转移过程中追求自身利益的最大化。而不同的经济体系，由于资源禀赋、市场规模、技术水平等因素不同，制造业成长的利益格局会不一致。制造业的利益差正是通过其转移实现的，主要是比较利益，因为这种不同区域间同一制造业的利益差，实际上只有通过比较才能获得。

3.4.3　海铁联运引发成本压力和市场拉力

成本压力和市场拉力是诱因。制造业利益差是制造业转移的动力，制造业利益差的产生来自两个方面的诱导因素，一方面是成本压力，另一方面是市场拉力。具体来说，第一，作为经济发展水平较好的制造业移出区，随着其制造业的集聚，必然出现土地、劳动力等生产要素成本，基础设施（如水、电）使用成本和环境保护政策成本等制造业的经营成本上升。成本上升会使区域内一些制造业或产品的竞争优势逐渐丧失，这种制造业会逐步走向衰退，面临巨大的调整压力。由于海铁联运方式的快速、成本低等特点，会促使制造业调整。相反，制造业移入地由于经济发展水平较低，生活指数较低，制造业经营成本就相对低，由于成本差异，会形成竞争优势，会出现潜在的制造业利益差。第二，市场拉力。市场需求是制造业形成、发展最根本的动力，追求市场扩张是扩张性制造业转移最主要的原因。制造业的市场需求由于各区域经济发展水平的不同而有差异，取决于区域的人口规模和购买力水平。制造业转移通过高效、运能大的海铁联运方式扩大市场容量，最终会形成制造业利益差。

3.5　本章小结

经济全球化、生产国际化和投资便利化会促使产业转移。我国作为发展中国家，近年来，在国际投资与贸易等方面取得举世瞩目的成就，由此会带来国际间产业转移持续稳定增长。制造业是我国国际间产业转移的重要领域，但由于外商投资和区域选择不均衡，其转移呈梯度推进的态势，形成国际向东部、东部向中西部转移的格局。我国承接制造业等转移已历时 30 多年，但由于近年来技术进步、市场开拓、交通运输水平的提高，以及政策、法律制度的引导，我国制造业已逐步向海外转移。

制造业企业区位的选择对交通运输条件具有很大的空间依赖性。海铁联运是国际贸易和产业转移中不可或缺的交通运输方式，具备运距长、成本低、运能大和能耗少的特点。正是由于海铁联运的低运输成本特性，才带来制造业生产要素流动便捷，使得制造业区域市场规模扩大，形成规模经济效益和范围经济效应，导致不同区域间制造业产生利益差、空间格局发生变化。因此，海铁联运发展势必会影响沿线区域制造业的空间格局，推动制造业转移。

第4章　海铁联运与制造业集聚

4.1　我国制造业集聚的现实基础和动因

4.1.1　区域制造业集聚的现实基础

我国制造业分布十分不均衡，各地依据自身特点的不同，分布情况也有所不同，同时制造业本身所具有的特点也会导致产业集聚情况出现较大的差别。由于内陆地区的制造业基础较差，运输系统相对不发达，从山区运输产品的成本很高，故制造业主要集中分布在东部沿海地区，如浙江嵊州的服饰制造、永康的五金、温州的皮鞋，广东东莞的电子制造、顺德的家具制造、中山沙溪的服装制造等。制造业分布从东至西呈现明显的阶梯式分布，就业人数从东至西逐渐减少，然而，在东部沿海地区，制造业的分布也并非均衡的，在一些县、市集聚较高，说明制造业会由于交通基础设施的便利程度及低成本运输优势形成集聚。这种指导思想下的制造业布局违背了地理经济学的基本原理，逐渐暴露出建设不配套、生产效率低、生产运输成本高及生产能力不能充分发挥等问题。

4.1.2　区域制造业集聚的动因

4.1.2.1　地理因素动因

依据文献综述，20世纪90年代以来，研究者们分别从不同角度对制造业集聚动因进行研究，并取得了一定的成果。许多研究者认为，制造业集聚首先是由于地理因素的作用，因为许多企业决策者基于运输成本的考虑而选择在某一区域集中，从而推动制造业集聚。

地理因素决定的运输成本节约，体现在物流时间的缩短和运输费用的减少两个方面，它们实质上是流通理论中一个问题的两个方面。流通时间的缩短意味着生产性流通费用的减少，对于企业而言，流通时间缩短与生产地点和市场（销售市场或购买市场）的距离有关。原料的保管费用和运输费用越高，企业就会越靠近原材料和生产材料地（购买市场）。与此相反，若原料的保管和运输费用差异不大，企业就会越靠近消费地（销售市场）择址。因此，许多企业就会基于以上考虑，集聚区域不是靠近原材料产地就是靠近有大量需求的市场。企业在集聚区域从事生产活动，流通时间会大为缩短，即保管费用和运输费用会大大减少，会提高企业的经济效益，这也就成为推动制造业集聚的初始动因。

随着交通运输方式的发展，尤其是"一带一路"倡议的提出，海铁联运运输事业突飞猛进。同时，受国家层面的战略性政策驱动、交通运输工具的革新升级、省域之间发展联动等各种因素的影响，首先，缩短商品在生产地点和市场之间的流通时间；其次，单位距离上的运输费用也会有所减少，由此会对制造业集聚产生两个方面的影响，一是交通运输发展水平越高的地区越容易形成制造业集聚，二是运输时间和费用对制造业集聚的影响逐渐增大。因此，集聚区域一旦形成，企业选择集聚区域不仅是为了缩短流通时间和运输费用，追求与共享集聚区域的其他优势会成为选择集聚区域的主要原因。

4.1.2.2　非地理因素动因

1. 市场需求

（1）地区实体经济规模不断壮大，水平不断提高，制造业细分行业增加值不断增多，是制造业集聚的经济根源。工业发展为制造业集聚创造了基础。首先，随着工业劳动生产率的提高，一些不属于劳动密集型制造业的劳动者被分离出来，为有关制造业的集聚发展提供了丰富的劳动力资源；其次，随着工业的快速发展，物质产品丰富，促使社会化生产对专业化生产提出了更高要求。

专业化生产使得劳动者在分工机构中按比例分组和结合，企业之间进行垂直分工或职能分工，这样不同的企业可以各自在产品链上的某个环节中进行专业化生产，然后提供给其他企业。专业化社会分工的不断深化，会促使企业或者机构的业务分工不断细化。市场需求在制造业集聚形成的过程中起到关键作用，它的发展状况很大程度上决定了制造业的发展和集聚。发展进度越快，制造业内企业集聚的数量就越多，质量就越高。就市场规模而言，P. Krugman 认为规模经济使制造业在特定区域内集聚，市场规模越大越容易吸引企业进入，其规模会随着企业的增加而扩大，进而增强区域制造业在特定空间范围内的集聚程度。S. Sassen 认为市场规模越大，专业化程度就越高，成本就越低，集聚就成为必然。就市场效应而言，贸易和分工理论中着重论述了前后向关联中的本地市场效应，也就是本地需求对制造业集聚的作用。因此，在特定的地理空间范围内，消费者购买力的强弱决定了该空间范围内产品的需求规模，从而决定了该地区有关制造业的集聚水平。

（2）信息和现代交通、物流技术的发展，为制造业集聚提供了技术支撑。市场需求出现并不断放大的原因比较复杂，创新网络是技术动因。对于制造业需求市场集聚来讲，要保持集聚区持续的创新能力和竞争优势，就必须要依托创新网络。一个发育完善的集聚区创新网络会具备知识创新功能、生产学习功能、交流扩散功能及优化选择功能。从知识创新来讲，区域创新网络改变了传统的知识创新形式，一方面增强了交流，加速了知识创新；另一方面是生产实践的需要，使科学技术探索活动得以广泛和深入的进行。从生产学习角度来讲，集聚区各制造业内企业自身生产学习能力提高，通过竞争与协同使这种分散的创新能力有机集聚，从而形成区域整体对知识、技术的学习、使用和创新能力提高。从交流扩散角度来讲，集聚区某一制造业企业以创新或开发所获得的新知识，会通过正式或非正式的交通运输流外溢出去。从优化选择角度来讲，创新网络中存在着竞争机制，尤其是交通运输费用高低带来的成本竞争。部分制造业内企业不能适应环境变化和成本竞争的需要，要么在竞争中被淘汰，要么进行优化变革。

（3）企业不断集聚与相互之间的发展竞争，促进更多的企业加入。企业之间应该共赢合作来满足复杂、多样化的市场需求。合作的根本原因是，单一的市场竞争力很难满足需求，也很难获取更大的利益。因此，企业应该以合作取代竞争，倡导良性竞争。从新经济地理学的角度来看，企业最初为节省运输费用会倾向于在市场需求大的区域布局，吸引上下游企业进入该区域，考虑规模报酬递增所产生的累积循环作用，集聚企业越来越多，集聚规模越来越大，最终该区域会逐步成为具有显著优势的集聚区。需求是企业集聚形成和发展的原动力，因此，需求条件对于企业在特定地域空间范围内集聚的形成是十分必要的。企业从最初因为生产的需求在购买者所在的某个区域内相对集聚，然后随着生活需求的巩固和扩大，促使区域内外来企业不断进入，形成了企业在该区域内的集聚。

2. 市场供给

虽然制造业集聚的市场需求的存在构成了制造业发展、集聚的首要基础，但是不一定能形成强有力的制造业集聚，因此，人才与配套设施的出现和集聚才是决定因素。

（1）支撑制造业集聚形成和发展的人才条件。制造业的集聚受自然资源、普通劳动力等初级要素的影响越来越小，而对知识、专业人才、专业研究与教育机构、交通设施等高级要素的依赖性越来越大。当前，我国有关制造业初级要素比较充裕，但都不同程度地缺乏高级要素。特定地理空间范围内要素禀赋优势越显著，其制造业内产品的生产成本相对就越低，就越容易吸引企业进入，从而形成优势积累，进而推动其制造业集聚的自我良性循环机制。特定地理空间范围内作为知识和技术载体的人力资源水平越高，制造业内企业越容易获得合适的人才，其交易成本也就越低，制造业集聚水平越高，而且高素质的人才在一定程度上反映了该地区的区域创新能力，能为企业发展带来一定的技术外溢效应。

（2）制造业集聚所需的区域基础设施、商务设施、生活设施的供给条件。制造业内企业集聚形成的供给因素包括基础设施水平、生产者水平、竞争环境等。①基础设施水平。一个地区制造业的发展水平在很大程度上取决于交通、信息技术等基础设施水平的高低。便利的交通会促进有关制造业发展，高效率的现代化通信基础设施推动信息网络化，大大降低了信息传递过程中的成本和失真，是制造业内企业集聚发展的前提条件。②社会分工。制造业的形成是社会分工不断深化的必然结果。随着生产力的发展，生产分工越来越细，专业化水平越来越高，科技水平不断进步，交易成本大大降低，从而促进了生产和生活过程中的服务业快速发展。社会专业化和协作化的程度越高，与此相应的制造业也发展得越迅速。

完善可靠的交通及通信基础设施是制造业集聚、发展的最基本因素。基于技术的制造业决定了其发展高度依赖于交通、通信网络基础设施及应用服务平台。当前各类交通工具和通信手段因为各自领域技术进步和效率提升导致的成本降低，对制造业发展具有重要的推动作用。以海铁联运为例，其运输成本大幅下降，使得购买、销售双方的交流与沟通更便利，对有关制造业集聚和发展具有重要的推动作用。因此，远距离信息交流成本、交通运输费用的快速降低，为制造业发展提供了物质技术基础。

3. 政府政策

政府主要通过优化地区制造业市场环境，制定相应的制造业发展促进政策，制定相应的发展规划和标准，促进制造业规模扩大及整体水平的提高。

（1）政府设立区域经济区及制造业园区。政府干预是制造业内企业集聚的关键因素。在集聚初期多是路径依赖，政府干预少，一旦集聚成规模，政府的支持和规划就显得非常重要。比如，政府的税收优惠、降低企业房租及新常态下的内陆自由贸易区的申报建设。政府在制造业集聚区的形成和发展中扮演着重要的角色，制造业空间集聚尤为需要当地政府的政策引导，特别是制造业导向政策。在制造业内企业集聚过程中，地方政府根据具体情况制定和实施的相关制造业集聚政策、税收优惠和财政补贴等，有效引导制造业内企业集聚。政府还可以与集聚区内各中介服务机构建立联系，建立专业化、社会化的集聚区内制造业服务网络。

制造业内相关联的企业与机构在特定的地域空间内集聚，如新亚欧大陆桥国内沿线区域企业之间就有广泛的联系，使得制造业集聚和发展在一系列的经济活动中相互影响。随着经济联系的加强，企业间的相互模仿和创新也随之加强，并从中获得模仿效应和创新效应，进而提高企业的经济效益和竞争力。

（2）政府的政策支持是制造业集聚、发展的有力保障。制造业集聚无论是自发形成的，还是由政府规划的，政府的支持都必不可少。自发形成的高新技术制造业集聚虽然在起始阶段是民间行为，但是如果没有政府在土地规划、制造业政策、市场管理等方面的扶持，以及必要的基础设施投入，甚至直接的科技投入、教育投入等，集聚的发展将会非常缓慢，集聚也就难以形成。在制造业集聚的发展过程中，各承接省域都积极制定政策促进有关制造业的发展。这些扶持政策包括减免税费、财政补贴、投融资优惠等。

4.2　海铁联运发展与制造业集聚

4.2.1　海铁联运促使制造业集聚的机理

从4.1节分析可知，运输成本、市场需求、市场供给及政府政策是影响制造业集聚的主要动因，而经济地理学的研究成果已经把运输方式提高到制造业集聚影响因素的重要高度，成本推动、效益拉动和深化分工，会进一步产生集聚，因此，制造业的空间集聚与海铁联运（交通运输提高的代表性方式）存在一定相关性。基于此，从以下几个方面对制造业空间集聚机理进行深入分析（见图4-1）。

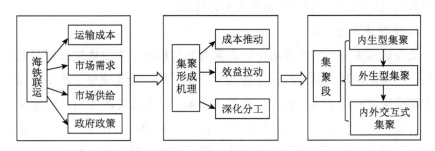

图4-1　海铁联运导致制造业集聚过程图

4.2.1.1　海铁联运推动成本降低

1. 生产成本的降低

制造业集聚的最初现象是充分利用地区自然资源优势来发展区域经济，同时也构成制造业集聚的原始动力。由于各地在自然资源（原材料、地理位置等）及劳动力资源方面的差异，加上农业经济和工业经济时代交通运输及其他相关交易成本的存在，使得企业或相关制造业在选址问题上首先要考虑资源供应的便利性，从而使得早期制造业或企业集聚得益。直到现在，对这个问题的考虑仍是企业或制造业集聚的重要原因。例如，海铁联运方式能带来便捷的交通网络，使得沿线各省域具有特殊的区位优势，容易获得生产初期所需要的原材料等。

此外，一个企业的需求是多方面的，而自己的供给能力是有限的，因此，在需求大于供给的情况下，企业靠自己去降低成本很难实现。如果若干个具有相同生产性质或者生产相同产品的企业集聚在一起，即使需求急剧增长，也会激发相应的供应商出现，从而使得成本大幅降低。制造业集聚不但给集聚企业带来降低成本的收益，而且有利于衍生与之相关的制造业。如此一来，企业集聚规模会迅速扩大，使得生产链上的各个环节受益，市场功能、规模得到升级或者可能形成新的市场，反过来将进一步降低生产成本。

集聚区外的企业由于生产成本高于集聚区内企业，竞争压力下使得其要么迁入区内，从而获得集聚区低成本的优势，要么转产，相应使得区内企业获益。从本质上来说，生产规模的扩大会带来生产成本降低，但是从制造业集聚形成来说，是靠众多小企业集聚成一个"联合型大企业"而获得"准规模优势"，从而最终达到降低生产成本的目的。

2. 交易成本的降低

交易成本主要产生于市场交易关系及其过程中，主要体现因素是资产专用性、不确定性和交易次数，是提高生产率、提高专业化分工水平，以及制造业集聚形成的市场决定因素。O. E. Williamson 在对资产专用性的定义中指出，它衡量的是已经投入生产的资产进行再配置的难易程度。随着制造业集聚程度的提高，内部企业资产专用性程度也随之增强，资产挪作他用的难度加大，即使挪作他用，也将引起或大或小的损失，这时集聚区内交易关系具有高度依赖的性质。

交易次数的专用性。企业的原材料、供应商、资金的专用性与否以及专用性程度的高低，决定着买者或卖者在市场上找到可替代伙伴的便利性。如果交易的产品数量很大，且要求保持连续性，那么，保证供应和销售的连续性及稳定性就非常有意义，若此时能有效地安排和协调，相关交易成本或费用就会明显降低。反之，如果产品销售和供应的数量、质量及渠道不连续和不稳定，相关厂商可能会增加有关方面的费用支出，从而影响企业收益和竞争优势。对于一些生产规模较大的企业来说，虽然所交易产品的非专用性使得它们能够在市场上购买同类产品的企业或寻找到新的供应商，但并不容易找到完全满足需要的大批量、连续性和质量稳定性强的交易伙伴。因此，它们搜寻合适交易对象的成本或费用可能远高于那些小批量、非连续的交易者，同样由于大批量、高频率交易的特点，若已有的交易渠道不稳定或中断，生产规模较大的企业承受的损失会相对大得多。而寻找新交易伙伴又要付出新的成本，如此一来，这样的损失会继续扩大，所以产生了交易规模及交易率上的专用性。

地理位置的专用性。由于在一定地理范围内存在不可替代的交易对象，如果与处在其他地理位置上的企业进行交易，使得搜寻成本大幅度提高，这就是地理位置上的专用性，因此，海铁联运沿线区域的制造业企业就具备一定的地理位置专用性特点。一些看似通用性的产品，随着进入某一有限空间的企业集聚，其专用性程度就明显加强，这就说明，制造业集聚内部对这些产品的替代成本高于市场上的替代成本。集聚区内企业之间的信息成本、搜寻成本、执行成本等会随着有形的、地理上的集中而逐步降低。因此，客观地说，那些内部成本高的企业越发具有动力和愿望去形成一个经济活动中心，企业在空间上的集聚就具备了必要性。

4.2.1.2　海铁联运的拉动效益

1. 规模经济和范围经济效应

企业在集聚区内发展到一定程度，会逐渐获得两种规模经济效益。一种是集聚区内出现达到一定经济规模的大企业，从而获得规模经济效益；另一种是若干小企业集聚区内，由于在生产上具有一定的密切联系，在此维度上形成了"联合型的大企业"，在交易供给与需求的博弈中获得了"准规模经济效益"。正是因为这种潜在的制造业集聚力量，产生了对小企业的强大吸引力。A. Marshall 认为制造业在某地域的集中会使经济环境发生变化，同时，环境内的企业和有关制造业能得到有形、无形的利益，这种间接的效果，被A. Marshall 称为外部经济。之所以会出现制造业集聚效果，得益于外部经济的主要因素，包括：相关制造业的发展、运输等基础设施的完备、熟练劳动力的供给等。这些产生外部经济效果的因素在制造业集聚中仍起着作用，因此，从某种程度上来说，A. Marshall 的外部经济的概念也仍适用于对制造业集聚的分析。随着以海铁联运为代表的交通运输方式迅猛发展，制造业集聚过程中会逐渐产生外部经济，与之前相比，将存在更灵活且细致的分工。数字通信化技术创新的展开，以海铁联运为代表的运能大、低成本、快速便捷的交通运输方式，使得产品生产工序的分离和新产品开发的分散化成为可能。就其生产的每个具体企业来说无规模利益可言，而就其制造业集聚整体来说却实现了规模的利益。由于集聚区内部的企业间分工非常细致，随着制造业技术要素的积累逐渐多样化，且各种要素间的组合或分工灵活可变。因此，在这种集聚内部，参加分工的每个企业均可享受"范围经济"的利益，而那种僵化、非效率的分工并不具备。

2. 经济外部性

交通运输的外部性。运输条件的改善可以降低产品的流通成本（时间节约等），提高可通达性，海铁联运正是具备快速、运能大的特点，可以扩大产品的销售范围，吸引企业的投资。以美国为例，在19世纪中叶，美国制造业诞生于东北部新英格兰地区和大西洋中部沿海地区，两个地区在美国工业化初期成为全国制造业中心，中西部制造业发展落后。19世纪80年代以前，由于铁路建设标准的不同，东部和中西部地区市场并未统一，使得中西部地区制造业暂时受到保护。而此前，中西部地区内部运输条件得到了极大改善，起到了斯密所说的"运输效率扩大了市场的作用"，提高了该地区制造业在全国的份额。海铁联运的外部性主要体现在运输基础设施的公共物品特性之上，通过海铁联运，使得人口、劳动力集聚，在此基础上形成制造业发展、集聚效应；生产的规模经济和制造业结构升级换代，使得制造业转移、集聚；改善城市及周边地区的基础设施和投资①环境，促进省域、市镇建设和开发，为制造业集聚提供空间。此外，还能促进市场、大流通、大开放观念，强化开拓意识、竞争意识和效率意识，促使资源利用、环境保护，完善交通运输网络，为经济建设提供基础结构和环境条件。

---

① ［英］阿尔弗雷德·马歇尔. 经济学原理［M］. 彭逸林等，译. 北京：人民日报出版社，2000.

4.2.2 海铁联运的区域经济吸引作用——制造业集聚

区域经济活动在交通运输的带动下，客观存在独立性和依赖性，一方面表现为具有自身性质的社会经济体系，另一方面在交通运输的推动下，与其他地区经济相互联系、交流和发展，具有依赖性。在现实中，这种相互影响与依赖是受区域规模经济效益所支配的。在区域经济发展的初期，交通运输服务水平都很低，各节点区域的自然和资源条件是经济发展的基础。随着交通运输水平的不断提高，加上先进经济和环保的运输方式持续发展，尤其是海铁联运运输范围的不断扩大，在一些节点上形成了明显的交通区位优势。交通运输将这些"节点"城市的自然条件和资源条件作为纽带进行连接，将三者优势融合转化为经济优势。当这些"节点"的经济优势达到一定程度后，就形成了区域"势场"，即"经济场"。"势场"随着相关制造业的发展逐渐增强，且不断吸引其他区域相关要素（如资金、技术、信息、劳动力和设施设备等），同时吸引这些要素所在的制造业向"势场"集聚。一般来说，交通运输起点就是区域经济活动的起点，并以"势场"为中心点，在区域"势场"强大经济优势的作用下，会在多条交通运输线路构成的运输网络沿线吸引制造业、物质、技术、人才和资金等要素，形成高度集聚的经济优势，进而形成"运输经济带"，构成"线"吸引区；由于交通运输具有网络属性，加上多种运输方式（如海铁联运等）以及多条线路综合形成网络吸引，进而形成"面"吸引区。因此，以海铁联运为代表的交通运输方式都具备的"点""线""面"吸引，源于三种效应。

4.2.2.1 "成本—空间收敛"效应

海铁联运作为低成本优势的运输方式，使得交通运输成本逐步降低，引起产品成本降低，提高产品的市场竞争力，吸引制造业向交通条件优越的区域或沿线区域集聚，从而形成"成本—空间收敛"效应。制造业的空间收敛，进一步促进运输成本大幅下降、生产效率提高，促使吸引作用增强。

4.2.2.2 "时间—空间收敛"效应

随着交通运输水平提高、技术改进和节点衔接效率提升，尤其是海铁联运的迅猛发展，使得相同距离运输时间逐渐缩短。由于在特定的时间里，不同运输方式的经济性差异很大，因此，相同距离的出行时间会有很大变化。运输方式更替及综合发展、运输速度不断加快，会促使出行呈现很强的"时间—空间收敛"效应。

4.2.2.3 "成本收敛—流量扩展"效应

交通运输服务的不断提升，使得运输沿线区域实现人与物空间位移能力不断加强，而海铁联运具有运输路线长、运能大的突出特点，进一步扩大产品流通的规模，拓展海铁联运沿线经济带的发展空间，从而进一步提高交通流量，呈现"成本收敛—流量扩展"效应。

4.3 制造业集聚的海铁联运路径

交通基础设施具有准公共品性、通达性和网络性等特性，海铁联运这种交通基础设施服务水平的提高，意味着通达性提高和网络联结增加，这在本质上能使生产地与消费地之间的经济距离和时间距离，较其地理距离大为缩短，扩大了市场规模，同时会引起运输成本降低。运输成本降低会提高产品的市场竞争力，吸引制造业向海铁联运沿线区位优越、市场需求较大的地点集聚，制造业的集聚促使该地点的劳动力需求增加，而人口和经济活动的集聚必然产生多样化的需求，扩大了本地潜在的市场规模，市场需求也就随之进一步扩大，会形成"需求关联"效应。市场规模扩大，既有利于厂商（制造业）专业化生产，提高劳动生产率，也可以使产品就近销售，从而进一步节约运输成本，使得海铁联运沿线制造业规模不断扩大，产生制造业规模经济，增加利润。在利益驱动下，其他制造业企业生产集聚此区域，逐渐形成制造业链，为市场扩大提供条件。当市场扩大到一定程度，专业化生产得以实现，从而形成集聚效应，提高效率、降低成本、增加收入，产生制造业规模经济效应。经济活动在海铁联运沿线区域地理空间上集聚时，其前向、后向关联制造业企业集聚于此区域而形成集聚利益，对于制造业企业来说都是外在的，而对于海铁联运运输沿线整体来说则是内在的，这种集聚经济效应称为"区域规模经济效应"。规模经济、制造业规模经济和区域规模经济，共同构成集聚的"规模经济"效应，从而使该区域具有较强的比较优势。

大量制造业企业选择此区域，使得该地市场提供的商品种类繁多，消费者在该地消费，可以节约大量的运输成本，从而吸引更多人力资源集聚该地，人力供给增加使得市场名义工资下降，厂商的利润进一步增加，更多制造业企业被吸引到此区域，形成"成本关联"效应。三种效应构成区域内制造业企业集聚的向心力，而海铁联运运输服务的水平优势，是决定集聚的原发性要素，也是上述三种效应的关键要素，会决定三种效应的大小和方向。图4-2 显示了海铁联运运输作用下三者之间的关联及制造业的集聚过程。

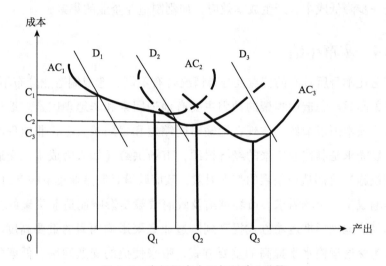

图 4-2　市场需求水平与制造业集聚

在竞争压力下，任何制造业企业都希望其规模扩展到单位产品的生产成本和流通成本最小的水平。在一定时期内，区域经济发展水平会形成相对稳定的市场需求和厂商产品供给的均衡，任何制造业企业都倾向于维持较低价格以阻止其他厂商进入，来保持已有的市场份额和生产规模。但由于外界因素（如交通水平的提高），将会打破已有的均衡，而海铁联运这种运输方式以其独特的成本低、运力大、范围广等特性，使得市场需求迅速扩大；市场需求规模扩大，新进入的制造业企业夺走原在位者市场规模的可能性降低，且市场壁垒降低，进入成本也随之下降。图4-2 中，AC_1、AC_2、AC_3 分别为单个企业、两个企业和三个企业平均成本曲线，相应的 Q_1、Q_2、Q_3 分别为单个厂商、两个厂商和三个厂商的最佳生产规模，在市场需求为 D_1 时，产出未超出单个企业的最佳生产规模，单个企业生产效益最大，从而形成相对稳定的市场均衡；当市场扩大，市场需求为 D_2 时，单个企业的产出无法满足市场需求，但小于两个企业的最佳生产规模，两个企业共同生产效益最佳；当市场进一步扩大，最佳生产规模也相应扩大（增加到 Q_4 或 Q_5），满足市场需求的厂商数量也不断增多，进而形成多个企业在某一区域内集聚的现象。因为企业的增多不但不会降低市场份额，反而会产生制造业规模效应、区域规模效应，进一步降低成本，产生成本效应，加剧制造业企业的集聚。

4.4　本章小结

制造业本身所具有的特点及分布情况各有不同，造成制造业分布不均衡，集聚现象凸显。制造业集聚的动因主要有地理因素和非地理因素。地理因素决定运输成本因素节约，体现在运输时间缩短和费用减少上，非地理因素决定的市场需求是制造业集聚的经济根源，市场供给（如人力成本、交通及通信基础设施）是制造业集聚的基本因素，政府政策是制造业集聚的有力保障。

运输成本、市场需求、市场供给及政府政策是影响制造业集聚的主要动因，而经济地理学把运输方式提高到制造业集聚影响因素的重要高度。海铁联运作为交通运输水平提高的重要方式，带来便捷的交通网络、低廉的运输费用，促使沿线区域在区位基础上获得原材料供应和市场需求优势。制造业集聚不但给企业带来成本降低的收益，而且有利于衍生与之相关的制造业，发展到一定程度形成规模经济效应。规模越大，专业化程度越高，进而带来成本的降低。海铁联运的低成本特点不但带来"成本—空间收敛"效应、"时间—空间收敛"效应、"成本收敛—流量扩张"效应，还能提高产品竞争力，吸引制造业向海铁联运沿线区位优越、市场需求大的地点集聚，因此，海铁联运促进沿线区域制造业集聚，成为必然。

第 5 章　海铁联运与制造业的转移及集聚

5.1　海铁联运对制造业集聚与转移的作用机理

制造业集聚与转移发展，会通过区域内外生产要素在空间上的组合和重新分配而完成，交通运输则是物质要素实现空间位移活动的必要条件，海铁联运作为交通运输发展的代表性方式，其发展和完善，决定了经济活动的区位选择、活动形式和组织规模。因此，从某种程度上来说，海铁联运的发展和完善，成为制造业集聚与转移发生、发展，以及空间结构演进的主要决定力量和因素之一。

5.1.1　制造业集聚与转移的海铁联运依赖机理

5.1.1.1　交通运输对制造业集聚和转移的引发机理

交通运输对经济发展的促进，是指交通运输通过对区域内物质要素的空间位移和组织的影响，进而对经济活动的发生、发展，以及经济地域组织空间结构的形成和演进产生引导和推动。

1. 制造业集聚与转移的外在条件和内部环节

制造业集聚与转移的实质是各种要素通过位移流动完成其空间配置的重新组合与优化，要素的流动和重新组合，必须要依托交通运输才能得以实现。从交通运输的发展历程、发展路径及其与经济发展的协同关系表现出很强的规律性，这既体现了其自身固有的属性，也说明交通运输的发展是与区域经济发展逐步适应的协同过程。在交通对制造业集聚与转移的引发过程中，交通运输不仅仅是制造业集聚与转移运动中物质要素流动的载体，在经济地域的运动过程中实现人流、物质流、能源流等要素流通与交换，并将其落实到具体的区域空间，是制造业集聚与转移发展和空间演化过程中不可或缺的外在条件。同时，交通运输产业属性、生产属性还决定其作为主导产业直接参与制造业集聚与转移优化的过程，交通运输产业作为国民经济的重要部门直接创造价值，是制造业集聚与转移的重要内部环节。

2. 决定经济活动的空间分布差异

按照新经济地理学的理论，历史偶然因素在经济活动的产生和发展过程中起着重要作用，而经济活动的空间分布差异则是历史偶然性的结果。最初的区域和城市模式将通过聚集过程进一步强化而锁定，正是这种历史偶然的选择最终使得交通运输发展成为诱发制造业集聚与转移的必然条件。

交通运输是区域经济活动发生的先决条件，在早期原始的交通运输条件下，物质资料和产成品空间位移的运输成本过高，因此，最初制造业集聚总是最先出现在沿海或沿河等运输条件相对优越、运输成本相对较低的平原地区，交通运输发展的起点也因此成了制造业集聚活动的起点；随着铁路、航海技术和远洋航运的兴起，经济活动逐渐在主要的运输方式及线路节点和沿海港口集聚，并促使较大规模管道等新型运输工具和运输方式的出现，提升了要素流动载体的速度和运输能力，使得经济地域运动的内容和形式日趋复杂化和多样化；带动了沿线的区域开发及综合运输体系的形成，新兴的工商业城市在铁路沿线特别是枢纽地区迅速形成，沿交通干线点轴发展的模式更加明显。

3. 实现要素空间的优化配置

首先，交通运输发展状况决定着制造业集聚与转移的状态，例如，早期过高的运输成本决定整个制造业集聚与转移被限制在很小的范围内，区域要素的配置优化空间有限，这种原始的运输条件决定了制造业集聚与转移最初的规模容量和结构特征。其次，交通运输发展的网络型特征和路径依赖等规律性，既是交通运输自身发展固有特性的体现，也是交通运输逐步适应制造业集聚与转移各要素实现空间位移要求的拟合过程，从这个意义上说，交通运输决定着区域要素空间配置的规模、速度和选址。最后，交通运输发展网络结构通常是以固定的线状形态呈现在地表空间之上，其空间结构形态、组织和运作方式，影响着流动和重组的流程及规模，在客观上影响着制造业集聚与转移的区位选择，其中既包括交通运输发展所带来的运输成本下降的影响，也包括交通运输空间布局所带来的影响，这一流动和组织过程的结果必然是基于交通运输发展状况而展开的最优空间配置。

总之，交通运输工具和方式的空间组织形态影响着要素空间配置的规模与速度，交通运输发展带来的运输成本下降和交通网络空间布局变化则决定了制造业集聚与转移的空间区位选择。

4. 引发劳动地域分工

早期落后的交通运输条件将制造业集聚与转移限定在很小的范围之内，不同地区间的经济活动具有强烈的趋同性，各个地区几乎都是由经济内容相同、封闭的地域单元组成，形成了众多由城镇或乡镇、手工业作坊组成的小地方市场网。由产业革命带来的蒸汽轮船和火车的广泛应用，结束了区域产业间自然分割的孤立状态，铁路和航运的发展增进了区域间的交流与合作，使得地域分工的范围不断扩大、程度不断加深。随后公路运输、航空运输的兴起以及综合交通运输体系的形成，进一步推动交通运输网沿线工业区、综合经济区的集中与专业化发展趋势，一些重要的交通枢纽和节点及其周围地域城市群开始出现；高速铁路、高速公路和高速大型运输船舶、飞机等现代交通运输工具和运输方式的出现，引发了劳动地域分工进一步深化，出现了经济地带、城市地带和多国合作开发区等新的地域分工组织形式。

5. 实现经济地域运动

交通运输方式的发展与变革，不仅有效地扩大经济地域运动的范围和规模，还为要素流动带来了新内容。公路、航空、管道等新型运输工具和运输方式的出现，提升了要素流动载体的速度和运输能力，使得经济地域运动的内容和形式日趋复杂化和多样化。

5.1.1.2 海铁联运引发的独特机理

海铁联运在推动国贸和产业的国际化转移发展时，其安全、环保、低污染的特点，遵循了社会可持续发展的原则。随着世界经济贸易的复苏和国内产业的国际间转移，外贸集装箱运输规模不断增长。集装箱的运输传统上采取公路的运输方式，由于公路运输的运力有限，造成运输成本持续走高。在这种情况下，摆在我国面前的紧迫任务是大力倡导发展低污染、低耗能的铁路运输，在港口集装箱集输运中提升铁路运输的运量和比重，不断完善以海铁联运为代表的集装箱运输。

与公路运输相比，在能源消耗方面，通常情况下每100吨/千米的货物通过铁路运输需要消耗的燃料是1.40升，而相同货运量通过公路运输需要消耗燃料4.78升。即使全国各地的高速公路集疏运网络在不断完善，国家层面也实施了相应的调控政策，依然改变不了公路运费居高不下的局势，所以长期来看，无法根除高运输成本的现象。若大力构建铁路集疏运网络，尤其是以海铁联运为代表的集装箱运输，使得铁路运输空载率降低，铁路运输得到充分有效利用，低成本、低消耗的铁路集装箱运输很大程度上缓解了公路运输高成本的困扰。因此，大力发展以海铁联运为代表的集装箱运输，对我国在环保节能、经济发展道路上顺利前行，具有重要意义。

运输成本的计算。计算海铁联运的运输成本，首先只考虑国内运输途中所产生的运输成本，相比公海联运，其运输成本会在一定程度上得到节约。以下分别对海铁联运集装箱运输国内段的公路与铁路费用进行计算，通过分别计算铁路和公路的运输费用，来比较其差异。

公路集装箱运输费用。一般情况下，公路集装箱的运输费用由集装箱运费和集装箱装卸费两部分组成（其中，20ft标准箱和40ft标准箱的基本运价分别为6.00元/箱千米和9.00元/箱千米；就装卸费而言，一般货物集装箱是49.5元/每箱次）。

$$C_{总} = C_{基运} + C_{装、卸} = P_0 \cdot K_0 + L_0 \cdot 2 \cdot n \tag{5-1}$$

其中，$C_{总}$ 为集装箱运输总费用；$C_{基运}$ 为集装箱运费；$C_{装、卸}$ 为集装箱装卸费用；P_0 为集装箱运费单价（以千米计算）；K_0 为计费千米；L_0 为集装箱装、卸单价（以箱计算）。

铁路集装箱运输费用。一般情况下，铁路集装箱运输费用包括基本运费、装卸费及附加费等，各类费用计算如下：

$$C_{总} = C_{基运} + C_{装、卸} + C_{附加} = [f_m + f_n \cdot K \cdot n] + [f_o \cdot n] +$$
$$[f_p \cdot n \cdot K + f_q \cdot n \cdot K] \tag{5-2}$$

其中，f_m 为发到基价，f_n 为运行单价（以每箱每千米为单位），K 为运行里程，n 为箱数；f_o 为装卸费率；f_p 为铁路建设基金费率（以每箱每千米为单位），f_q为铁路电气化加费费率（以每箱每千米为单位）[1]。

现构造海铁联运与公海联运运输成本的比较模型。假设有国内西安市的货物，经连云港港口出口到日本，西安市与连云港港口之间铁路和公路都能互通（见表 5-1）。

表 5-1　运输货物的基本信息

系列	内容	系列	内容
出发地	西安	铁路基本运价单价（元/每箱每千米）	259
出口港	连云港	公路基本运价单价（元/每箱每千米）	187.7
最终目的地	日本	货物重量（吨）	10
至港口公路千米数	1030.5 千米	货物价格（元/吨）	2000
至港口铁路千米数	1090 千米	集装箱型号决定的公路基本运价	$n=6$（20ft）或 $n=9$（40ft）

根据公式和表 5-1 可以得出，从西安运往连云港的公路运输费用（以20ft 集装箱为例）：

$$C_公 = 6 \cdot 1030.5 + 49.5 \times 2 = 6282（元）$$

$$C_铁 = （259+1.208 \times 1090） + （0.528+0.192） \times 1090 = 2360.52（元）$$

显然，西安市与连云港港口之间货物的运输费用相比，海铁联运比公海联运低得多。

5.1.2　海铁联运对制造业集聚与转移的影响规律

5.1.2.1　海铁联运的经济地域空间发展规律

依据陆大道院士所提出的点轴开发理论，交通运输对区域经济发展的影响主要在重要节点和线路沿线上，通过集聚、扩散等方式使得经济活动和物质要素交流日益频繁，成为经济发展水平相对较好的"点轴"经济带。随着经济发展水平逐渐提高，经济发展由高等级点轴向低等级点轴延伸，促进一体化的经济发展圈形成。点是区域经济发展的主体所在，轴是区域经济发展所依托的基础设施体系，圈是交通运输网络所涉及的中心城市及其直接波及的周边地区，包括中心城市及其他直接影响地区，是"点—轴—圈"地域系

---

① 资料来源：国家发改委（发改价格〔2015〕183 号文件）。

— 67 —

统集聚和扩散的连片范围。海铁联运具有运能大、运输距离长的特点，其发展推动了区域经济活动范围的扩大，提升区域间交流的频率，促进原有交通圈范围的扩大和新的交通圈的产生，进而促进区域经济圈的形成和扩大。海铁联运的发展实现了区域间交流的便捷性和通达性，由海运和铁路运输方式综合构成的交通网络，使国内沿线区域经济发展极点的范围扩大。区域经济"点—轴—圈"的发展规律及更大范围经济圈的形成，需要进一步依托交通运输网络的完善才能得以实现（见图5-1）。

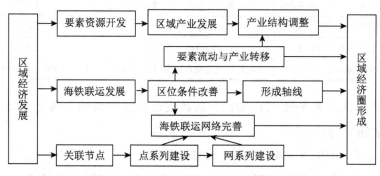

图5-1　海铁联运引导下的区域"点—轴—圈"形成发展规律

5.1.2.2　海铁联运的分区域制造业间竞争与合作规律

区域间竞争与合作规律是指区域间的资源、制造业、市场等经济要素随着交通运输系统的发展和完善，通过对经济要素在区域间的重新配置而导致的在相关区域间吸引投资、制造业迁移等方面，产生的竞争与合作关系。当一个地区通过交通运输的发展获得了相对其他地区的区域比较优势时，将促使经济要素从其他地区流出并向该地区流入，资源、市场、劳动力、成本、区位等要素和条件将会随着时间的推移而在区域间发生改变；交通运输条件的改善又增进了区域间的人员物质交流，加强了不同区域在资源、制造业、市场等方面的合作，海铁联运作为交通运输改善的代表性运输方式，更大范围内使得区域经济整合得到有效提升。其发展引起的区域间竞争与合作关系，从正面效果来看，有效地扩展了区域经济活动的地域范围，避免了区域间的制造业结构趋同，实现了区域优势互补和良性竞争，为更大范围的区域开发创造了有利的条件；从负面效果来看，对于一些资源匮乏或区域开发能力不足的地区，加剧了自然资源和劳动力向优势区域流动，会产生输出型地域效应，造成当地区域发展的资源不足，加大区域间经济发展的差距。充分认识海铁联运发展所引起的区域间的竞争与合作，并将其与区域不平衡发展思想、劳动地域分工和经济地域运动的理论有机地结合起来考虑区域经济发展问题，通过海铁联运网络的优化和完善，为区域进一步发展奠定良好的基础，将有效地发挥竞争合作规律的正面效应。随着海铁联运在国内沿线区域间交通"点—轴—圈"效应的充分展现，更大范围经济圈的形成，相应的负面效应也会在一定时期后逐步向正面效应转换，区域间的合作也将取代竞争成为大范围区域发展的主流趋势。

5.1.2.3　海铁联运的制造业集聚与转移阶段规律

通过交通运输对区域经济发展影响的阶段效应分析可以看出，由于区域内自然资源、经济文化、社会体制等因素的不同，交通运输对处于不同发展阶段的区域将产生激活、导入、集聚、扩散等不同的阶段性效应。而海铁联运作为其中一种方式，其影响区域发展的阶段效应可以分为短期阶段效应、中期阶段效应和长期阶段效应，但是这种阶段的划分时间是相对的，同时，海铁联运对区域经济的阶段性效应既有正面的积极效应，也有负面的消极作用。

短期阶段效应主要体现在激活区域内外的经济交流活动，改变区域内外经济要素流动的组织方式，并实现经济要素在区域内外的重新组合和优化配置，是对现有生产要素的短期调整；中期阶段效应则主要体现在吸引新资源、制造业迁移，对区域内原有制造业的激活和重构，是对区域制造业的进一步调整；长期阶段效应体现在资源集聚、产品扩散、制造业转移等制造业结构调整、优化与更新，并突出地表现为区域经济规律的作用。

尽管在短期和中期内，海铁联运的发展和完善会产生一定的负面效应，但是在长期的区域开发过程中，负面效应会不断向正面效应转化，从长期来看，海铁联运的效应主要体现在对区域区位优势的提升、对区域制造业高度化的支持和对区域经济空间体系优化的促进等方面。从交通运输不同阶段的效应出发，在海铁联运运输网络规划的过程中，应充分考虑区域内外的具体条件，从而为区域经济发展奠定良好的基础。

5.2 海铁联运引导的制造业集聚发展和扩散效应

海铁联运引导的制造业集聚发展和扩散，无论从制造业集聚相关理论的论述，还是制造业发展实践带给人们的思考，制造业集聚既有正面的发展（增长）效应，也有负面的扩散效应。

5.2.1 制造业集聚的发展效应

制造业集聚的发展，使得制造业在特定的空间集中，进而对该区域经济发展或制造业整体发展起促进作用。具体而言，体现在增长效应（"量"的促进）和技术创新效应（"质"的飞跃）两个方面。

5.2.1.1 增长效应

制造业集聚的增长效应是指某一制造业在特定空间的集中，对该制造业成长或该区域经济增长所产生的促进作用。增长效应的产生源于 A. Marshall 的规模经济思想，与其息息相关。在 A. Marshall 看来，外部经济由相似企业在特定区域集中即制造业集聚引起，内部经济则依赖于个别企业的资源、组织和经营效率。A. Marshall 之后，主流经济学也一直沿用规模经济这一概念解释制造业集聚的增长。规模经济可进一步区分为外部规模经济和内部规模经济，外部规模经济是指规模扩大使得制造业内单个厂商平均总成本下降，内部规模经济是指规模扩大带来制造业内企业自身内部因素所引起的平均总成本下降。外部规模经济的产生主要与制造业集聚，给制造业内企业带来的成本节约、环境改善和知识溢出等有关。制造业集聚发展带来行业生产规模的扩大，一方面可以使多家同行企业共担基础设施和共用设施的成本；另一方面也能够促进基础设施更加完善，使得每家企业都有可能享受到更加专业和高效的服务。内部规模经济的产生则与制造业内单个企业规模扩大过程中，内部专业化程度的提高和知识积累有关，专业化程度的提高可以使企业员工更精通自己的业务，从而提升生产效率，降低生产成本。

某一区域的制造业集聚，在规模经济的驱使下，产量增加带来成本降低和利润上升，逐利动机激发制造业内企业有足够的动力去扩大生产规模，从而促进该制造业成长以及该制造业集聚区的经济增长，这反过来又会强化制造业集聚。在其他条件不变的前提下，这种"集聚—增长—强化集聚—维持增长……"的过程将会形成良性循环，直至规模经济消失。

5.2.1.2　技术创新效应

制造业集聚的技术创新效应指某一制造业在特定空间的集中对该制造业生产技术水平或该区域生产技术效率所产生的提升作用。技术创新效应的产生主要与知识积累和技术溢出有关。一定区域内的某制造业生产规模扩大时，不仅会带来管理知识积累及管理知识外溢，还会带来技术知识积累及技术创新溢出，进而推动该制造业或该区域实现技术进步、创新。技术创新溢出效应的发挥，主要是在制造业集聚区域内，这意味着技术创新溢出在推动技术进步的同时，反过来又会强化制造业集聚。在其他条件不变的前提下，这种"集聚—技术进步—强化集聚—技术进步……"的过程将会形成良性循环，直至该制造业技术需求达到上限或创新进入瓶颈期。

5.2.2　制造业集聚的扩散效应

制造业集聚的拥挤（扩散效应），是指某一制造业细分行业在特定区域集聚程度加深，带来该区域制造业内企业生态环境承载力、各种生产要素价格或成本过快上涨，对该细分行业或区域经济发展产生制约，并一定程度上促使制造业向区域外扩散或转移。

5.2.2.1　扩散效应产生的原因

扩散效应产生的原因主要有三个方面：一是生态环境承载能力的有限性，即当制造业在特定区域内的集聚达到该区域环境承载能力时，制造业进一步集聚将会使交通阻塞、环境污染等问题凸显，形成"环境相对拥挤"局面，在环保压力下会促使制造业一定程度地向区域外扩散；二是市场容量的有限性，当某制造业内所有企业的生产规模达到市场需求量时，该制造业在特定区域内进一步集聚将会带来产量过剩或产能过剩，形成"生产相对拥挤"局势，在输出过剩产量的目标下促使制造业一定程度地向区域外扩散；三是要素资源的稀缺性，即土地、劳动力、原材料及资本等生产要素都是相对稀缺的资源，需要寻求更多的资源支持制造业发展，促使制造业一定程度地向区域外扩散。

扩散效应产生的直接原因主要是与制造业内企业间的过度竞争有关，制造业集聚程度较低时，此时的竞争成良性化发展，激发制造业内相关企业的活力，产生上文所述的发展效应。当制造业进一步集聚，致使制造业内企业之间的竞争超出一定的"度"，超出了资源环境、生态承载能力的限度，以及对市场需求的竞争超出市场容量的限度时，此时竞争就会转化为恶性，形成拥挤效应，扩散效应会逐渐形成。

5.2.2.2 扩散效应的表现

扩散效应最终都会以成本形式体现出来，要素价格的上升会直接增加企业的生产成本、环境污染、交通拥挤等，这是企业过度集聚而引发的社会成本，是一种负面的环境外部性，但政府可以通过税收手段校正这种负外部性，从而将这部分成本也内化到企业成本中。因此，扩散效应在现实经济中主要表现为要素的过度集中导致生产率下降，以及要素的相对稀缺性导致要素价格上升。

当制造业集聚拥挤效应所导致的成本增加足以抵消制造业集聚发展效应所产生的收益时，制造业集聚程度的进一步上升将削弱制造业集群的竞争能力，进入"集聚不经济"状态，即扩散效应产生。

5.3 海铁联运下制造业转移与制造业集聚的关系理论

5.3.1 制造业集聚与制造业转移的互动关系

制造业集聚与转移有着紧密联系，并不是相对矛盾的。对二者分别进行研究，成果层出不穷，但它们之间的相互关系研究却很少见。二者是经济关系中的固有现象，不但能够将新的因素注入当地制造业中，而且能够促进当地经济发展，因此，它们之间有着互动关系。

5.3.1.1 制造业转移包含着制造业集聚因素

受规模经济内在要求的驱动，不同等级规模生产相同产品或类似产品，或者生产它们上下游制造业产品的企业必然会集中"连片成局"。在集聚机制的作用下，通过制造业关联和其他一些经济联系的不同城镇之间就会集聚成群，因此，这里提到的"连片成局"就包含着制造业转移的因素。在一定范围内，生产上下游的企业或者生产相同、相似产品的企业，受外在规模经济的驱动，以及追求降低成本、提高生产效率和增强企业竞争力的目标下，必然会逐步转移本企业至相关产品集聚区，以谋求更好的发展。此外，外来投资也能促进制造业集聚形成，外来投资建厂，是通过制造业转移形成集聚的一种现象，表现为两种情况：一种是外来投资者把本地区的相对劣势制造业完全转移到一些有发展潜力的地区，在转入地区内充分利用自然资源和劳动力等优质条件，带动经济增长，为形成制造业集聚创造条件；另一种是外来投资者将生产线转移到有发展潜力的地区，把管理机构、研发机构等在内的企业总部留在本地。从制造业转入地看，承接相对于本地区有发展潜力的制造业，有利于带动该地区相关制造业的发展，为形成制造业集聚创造条件。从制造业转出地看，转移出企业的生产线，有利于企业总部全力研发新产品，创造新的、科技含量高的集聚。

5.3.1.2　制造业集聚会引起制造业转移

集聚区内的制造业就会因为获得区域创新优势、知识溢出，以及外部规模经济等集聚经济效应而使得自身的生产效率提高、生产成本降低、实现规模经济和增加就业。与非集聚区内的制造业相比，具有更强的竞争优势，从而形成制造业集聚优势示范效应。这种示范效应，就会吸引其他地区的企业向制造业集聚地区进行转移。

可见制造业转移是制造业集聚形成和发展的重要原因之一，制造业集聚本身就包含着制造业转移的因素，并且制造业集聚是制造业转移的结果。由于经济发展，制造业结构优化和升级，会引起原集聚制造业规模不经济而导致的制造业向其他经济欠发达地区转移，这种现象被称为释放效应。在追求外部规模经济下，依据本地的比较优势，引进外来投资，使地区外制造业转移到本地，发展本地优势制造业，进而形成集聚。这种制造业转移形成制造业集聚的过程，被称为吸纳效应。

综合以上分析可以推论出，制造业转移与制造业集聚具有互动关系，相互作用机理如图 5-2 所示。一方面，制造业聚集会引发制造业转移。制造业集聚的最初形成过程就是分散在周围地区，相关制造业在外部规模经济的驱动下，逐渐转移到该地区形成集聚。一个区域一旦形成制造业集聚，就会获得集聚经济效应，从而吸引更多企业向该地进行制造业转移，进而加速制造业集聚，最终推动区域经济发展，形成制造业集聚和制造业转移的互动效应。另一方面，随着市场经济的激烈竞争，当这种集聚超过合理规模时，规模效益就会呈现递减趋势，不得不将其比较劣势制造业向周围有接受能力的经济欠发达地区实行制造业转移，同时，根据动态比较优势发展新一轮的集聚制造业。

根据制造业转移与集聚的互动关系，生产要素的流动带来制造业的发展，而交通运输水平的提高和改进，会影响生产要素流动的便利性。海铁联运作为制造业国际转移及国际贸易不可或缺的交通运输方式，其优势逐渐凸显。因此，应结合海铁联运运输网络，建设有利于制造业转移的优势区位，逐步形成并大力发展能够体现和发挥自身优势的制造业集群，增强对相关制造业和外部资本的吸引力，形成重点突破、等级推进的制造业吸纳与转移格局，能够推动新亚欧大陆桥国内沿线制造业集聚与转移的互动发展。

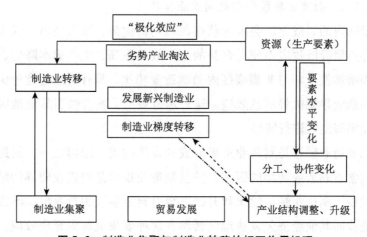

图 5-2 制造业集聚与制造业转移的相互作用机理

5.3.2 制造业集聚与制造业转移的互动机理

类似物理学中的万有引力定律，制造业集聚规模似乎是万有引力中的质量，因此，制造业集聚规模越大，就越能吸引更多的厂商加入该集聚区。集群内同行业企业和相关企业在一定区域内的集聚而获得的外部经济效应，带来区内企业低成本、高生产率优势的示范效应。同时，集群内大量集中的市场需求和良好的配套条件降低了建立新企业的投资风险，新企业投资者不但容易发现产品或服务的缺失，更容易发现市场机会，从而促进新企业的诞生和集聚规模的不断扩大。因此，制造业集聚一方面能够吸引外来者的进入，另一方面会吸引衍生公司的加盟，并促使制造业产业链的扩张。企业聚集程度越高，企业的专业化分工往往越发达，衍生公司就会越多，即集聚促使外部经济的产生。集聚规模扩大后，对中间产品和辅助产品的需求量也相应增加，在新的市场机遇的拉动下，一些配套企业和服务性企业相伴产生，集群内企业就会出现全方位的高速扩张，不断拓展制造业链，使制造业集群规模成倍增长。

制造业集聚获得的外部经济效应，带来示范效应，进而引发集聚效应。

5.3.2.1　交易费用节约

制造业集聚区内大部分企业在区内进行交易，由于地理位置邻近，关系密切，可大幅度降低企业谈判成本及合同执行成本、企业之间要素交易成本。交易成本的降低使企业通过专业化分工和市场交易，可以花费比垂直一体化和水平一体化生产更低的成本，促使企业适应新形势。

5.3.2.2　外部经济效应

集聚区内企业实行高度专业化的分工协作，每个企业承担制造业链条中的某一环节，生产率极高，使无法获得内部规模经济的单个中小企业通过外部合作获得规模经济。因此，集聚区内企业可以调动更大范围的资源，实现资源的更优配置，在不牺牲"柔性"的条件下获得规模经济和范围经济，比单个企业有更高的经济效率。

5.3.2.3　竞争与协作

集聚加剧了竞争，而竞争是增进企业生存活力的重要因素。大量相互关联的企业聚集在一起，企业业绩评价的尺度透明，为企业带来了竞争压力。绩效好的企业获得成功的荣誉，而绩效差的企业会因此感到压力，会不断地比较，进而不断地被激励。集聚虽然加剧了竞争，但竞争并不排斥合作。与竞争的同行相互交流合作，共同分享本行业的知识与信息，是十分必要的。

5.3.2.4 促进专业化分工，提高劳动生产率

集聚区内大量专业化的企业集聚在一地，通过分工与协作，实现规模生产。生产规模的不断扩大，必然要求分工专业化，从而形成合理分工。专业化市场形成，需求量增加，形成反馈机制，专业化分工将进一步得到加强。可以看出，制造业集聚可以实现较高程度的专业化分工，达到非常高的制造业劳动生产率。

5.3.2.5 学习与创新的环境

制造业集聚具有更高的学习与创新效率，主要表现在知识、信息的快速流动和新企业的快速产生与成长方面。集聚区域内发展要素中资源整合，不仅包括一般意义上的资本、劳动力、自然资源，还包括人力资本、地方政府、行业协会、金融部门、教育培训机构等对制造业发展的协同创新效应，以及区域自身发展能力，使区域具有动态的竞争优势。

5.3.3 制造业集聚、转移的实现过程

从产业布局的角度看，产品生命周期理论所阐述的产业区位变迁实际上是"集中—分散—再集中"的过程。处于不同生命周期阶段的制造业产品生产，具有不同的要素密集类型特征，技术和资本密集型特征的制造业细分行业，最终随着产品成为劳动密集型产品，其生产活动向成本最低的地区集中。假设存在两个地区（发达地区和欠发达地区），从欠发达地区角度看，"集中"阶段意味着制造业产品生产集中在发达地区；"分散"阶段意味着制造业产品生产区位增多（本地成为新增生产区位），区位分布分散化；"再集中"阶段意味着本地制造业产品生产对发达地区生产的取代，制造业生产区位减少，区位分布集中化。假设世界仅由两地区组成（发达地区和欠发达地区），分别为地区 m 和地区 n，前者为制造业创新地和转出区，后者为制造业转入区。按照雁阵模型和产品生命周期理论，制造业产业布局转移的过程可描述为"集中—分散—再集中"三个阶段。

集中阶段有布局 a 和布局 b（见图 5-3）。布局 a 对应制造业产品生命周期的新产品阶段的初期。此时新产品生产在地区 m 出现，形成尚不成熟的新产业，其产品仅在地区 m 销售，地区 n 则既不生产也不销售该种新产品。布

局 b 对应于制造业产品生命周期的新产品阶段的中期,从地区 n 的视角看,该布局形态对应雁阵模型的进口扩张阶段。此时,地区 n 开始从地区 m 进口该产品,但尚不能生产该产品,地区 m 作为该产品唯一的生产区域,由于本地市场的成熟和出口量的增长而扩大生产规模。

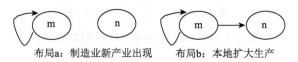

布局a:制造业新产业出现　　　布局b:本地扩大生产

图 5-3　制造业产业转移过程:集中阶段

分散阶段有布局 c 和布局 d(见图 5-4)。布局 c 对应于制造业产品生命周期的新产品阶段的后期和走向成熟产品阶段的初期,从地区 n 的视角看,则对应于雁阵模型的本地生产阶段的初期,此时,地区 n 开始生产该产品,随着地区 n 生产规模的快速扩张,其产量增长率一般会超过本地需求的增长率,地区 n 的产量将取代一部分进口量,由于出口减少,地区 m 的产量有可能会下降。布局 d 对应于制造业产品生命周期的走向成熟产品阶段的中后期,从地区 n 的视角看,则对应于雁阵模型中本地生产阶段的中期,此时,地区 n 的生产规模足以满足本地需求,无须进口,地区 n 已完成了对该产品的"进口替代",地区 m 则因出口量的下滑而出现明显减产。

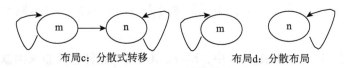

布局c:分散式转移　　　　　布局d:分散布局

图 5-4　制造业产业转移过程:分散阶段

再集中阶段有布局 e 和布局 f(见图 5-5)。布局 e 对应于制造业产品生命周期的标准化产品阶段的初中期,从地区 n 的视角看,则对应于雁阵模型中本地生产阶段的后期和出口阶段的初期。此时,地区 n 的生产规模已大大超过了本地需求,开始对地区 m 出口,而地区 m 的生产规模则继续缩小。布局 f 对应于产品生命周期的标准化产品阶段的后期,从地区 n 的视角看,则对应于雁阵模型中出口阶段的中后期,此时,地区 m 已完全淘汰了该产业的生产，其需求的满足完全依靠从地区 n 进口，地区 n 则取代了地区 m 成为唯一的生产区位。

布局e：集中式转移阶段　　　　　布局f：集中布局

图 5-5　制造业产业转移过程：再集中阶段

制造业产业转移演进过程可以描述为 a—b—c—d—e—f 的持续变化过程。其中，c—d—e 的变化过程就是我们所说的"产业转移"过程。现实中，制造业产业转移往往是在多个地区之间同时发生的，产业转移开始时，转移目的地一般不会只限于一个地区，生产区位增多的趋势会更加明显，只有经过一定时间的优胜劣汰后，制造业产业布局才有可能重新走向再集中。

针对上述制造业产业转移过程，建立海铁联运方式下的制造业产业布局过程模型，引入三类相互独立的外生变量，分别为平均生产成本 C_m 和 C_n（下标表示地区，下同）、海铁联运运费率 t（如 5.1.1.2 所述）、市场需求为 D_m 和 D_n。在制造业产品货物特性、距离和运输技术等条件一定的情况下，海铁联运运输费用一般与货物运输量有直接关系，这里假定运输费用总额与货物运输量成正比，并且运输费用只发生于地区之间的货物运输，与运输方向无关。在一定的假定条件下，市场需求分布将对运输量和总运输费用产生重要影响。

图 5-2、图 5-3 和图 5-4 中，b、c、d、e、f 五种有效需求的制造业生产布局，设其总成本分别为 C（b）、C（c）、C（d）、C（e）、C（f），并设在布局 c 和 e 的情况下，m 和 n 地区之间的制造业产品运输量分别为 x 和 y，且 $x \in [0, D_n]$，$y \in [0, D_m]$。当制造业产品市场均衡时有：

$$C（b）= C_m（D_m + D_n）+ tD_n \tag{5-3}$$

$$C（c）= C_m（D_m + x）+ C_n（D_n - x）+ tx \tag{5-4}$$

$$C（d）= C_m D_m + C_n D_n \tag{5-5}$$

$$C（e）= C_m（D_m - y）+ C_n（D_n + y）+ ty \tag{5-6}$$

$$C（f）= C_n（D_m + D_n）+ tD_m \tag{5-7}$$

制造业的"集中—分散—再集中"过程，为了寻觅最佳布局形态，使得总成本最小，可表示为求解最佳布局形态 g^*，即 $C(g^*) = \min[C(g)]$，其中 $g=b$，c，d，e，f。

5.3.3.1　规模报酬不变假定下的制造业转移

在规模报酬不变的假定下，各地区的平均生产成本都与产量无关，意味着生产规模可以是任意大或任意小。在两地区（发达地区和欠发达地区）模型中，无论 D_m 与 D_n 取值如何，d 的分散布局都是可以实现的。对 b、d、f 三种布局形态，分别在 $C_m<C_n$、$C_m=C_n$ 和 $C_m>C_n$ 三种情况下研究，结果如表 5-2 所示。

表 5-2　规模报酬不变假定下制造业转移过程的最佳布局

外生独立变量条件组合		最佳布局形态（g^*）
C_m 与 C_n 的关系	t 与 $\|C_m$ 与 $C_n\|$ 的关系	
小于	大于	d
小于	等于	b、c 或 d
小于	小于	b
等于	无法比较	d
大于	大于	d
大于	等于	d、e 或 f
大于	小于	f

从表 5-2 分析可以发现，在规模报酬不变的情况下，随着发达地区制造业生产成本相对上升和欠发达地区制造业生产成本相对下降，发达地区的制造业产业具有向欠发达地区转移的趋势。各地区的市场需求规模对产业转移并无影响，但是运输费用对产业转移的发生及形态会产生重大影响。如果以布局 a 为起点，那么当地区 m 具有成本优势（$C_m<C_n$），但运费率 t 较高时，地区 m 的该产业会向地区 n 进行分散式转移（趋向布局 d）；如果运费率 t 较低，地区 m 的该产业将在本地扩大生产以占领市场（布局 b），此时地区 m 的该产业并没有向外转移的动力。在地区 m 与地区 n 平均生产成本相等时（$C_m=C_n$），地区 m 的该产业将倾向于向地区 n 进行分散式转移（趋向布局 d）。随着地区 n 的成本优势开始呈现（$C_m>C_n$），如果运费率 t 较高，地区 m 的该

产业将对地区 n 进行分散式转移（趋向布局 d）；只有当运费率 t 足够低时，地区 m 的该产业才会向地区 n 进行集中式转移（趋向布局 f）。总之，在规模报酬不变的假定下，随着运费率的降低，产业趋于向生产成本较低的地区集中；而随着运费率的增加，产业趋于向生产成本较高的地区分散。

5.3.3.2 规模报酬递增假定下的制造业转移

制造业产业集中于某地区生产，其平均生产成本会大大低于分散布局于两地区的情形。假设规模经济效益足够大，以至于制造业产业只有集中在一个地区生产才是可行的，即以布局 a 为起点，地区 m 的厂商只有布局 b 和 f 两种选择，布局 c、d、e 三者都是不可行的。对 b 与 f 两种布局，分别在 $C_m < C_n$、$C_m = C_n$ 和 $C_m > C_n$ 三种情况下研究，其结果如表 5-3 所示。

表5-3 规模报酬递增假定下制造业转移过程的最佳布局

外生独立变量条件组合			最佳布局形态（g^*）
C_m 与 C_n 关系	D_m 与 D_n 关系	t 与（$(C_m-C_n)(D_m+D_n)$ ／ (D_m-D_n)）的关系	
小于	大于	无法比较	b
小于	小于	大于	d
小于	小于	等于	b 或 d
小于	小于	小于	b
等于	大于	无法比较	b
等于	大于	无法比较	b 或 d
等于	大于	无法比较	d
大于	大于	大于	b
大于	大于	等于	b 或 d
大于	大于	小于	d
大于	小于	无法比较	d

从表 5-3 分析可以发现，在规模报酬递增的情况下，随着发达地区制造业生产成本相对上升和欠发达地区制造业生产成本相对下降，各地区的相对市场规模及运输费用都会对制造业产业转移产生重大影响。以布局 a 为起点，那么当地区 m 同时具有成本优势和市场优势时，不会发生产业转移。当地区 m 具有成本优势，但不具有市场优势时，产业转移发生与否主要取决于运费

率 t 的大小，只有在运费率 t 较高时，产业转移才可能发生。当地区 m 与地区 n 的平均生产成本相等时，制造业产业转移发生与否取决于两地区间的相对市场规模，只有当地区 n 至少具有与地区 m 相当的市场规模时，产业转移才可能发生。当地区 n 具有成本优势但不具有市场优势时，只有在运费率 t 较低时，产业转移才可能发生；当地区 n 同时具有成本优势和市场优势时，产业转移必然发生。在某一地区具有成本优势，而另一地区具有市场优势的情况下，随着运输费用的降低，产业趋向于向具有成本优势的地区集中；随着运输费用的增加，产业趋向于向具有市场优势的地区集中。无论是在"规模报酬不变"假定下，还是"规模报酬递增"假定下，制造业集聚与转移布局都与运费率大小有关，显然，低运输成本的海铁联运方式会影响制造业集聚与转移布局。

5.4　本章小结

制造业集聚和转移的发展，通过区域内外生产要素在空间上的组合和重新分配而完成，交通运输则是物质要素实现空间位移活动的必要条件。交通运输是区域经济活动发生的先决条件，其运输工具和方式的空间组织形态，会影响要素空间配置的规模与速度。低运输成本交通方式和网络布局决定制造业集聚和转移的空间区位选择。海铁联运相对公海联运成本低廉，无疑会对制造业国际贸易、国际化转移有明显影响。

在规模经济驱使下，制造业集聚使得产量增加，带来成本降低和利润上升，促使生产规模加大，强化制造业集聚，形成"发展效应"。某一制造业细分行业在特定区域集聚程度加深，带来区域内制造业企业生态环境承载力加重，生产要素成本上升，对该细分行业或区域经济发展产生制约，在一定程度上会促使制造业向区域外扩散或转移，即"扩散效应"。制造业集聚与扩散有着密切联系，制造业转移包含制造业集聚因素，制造业集聚会引起制造业转移。基于生命周期理论的产业布局来看，制造业集聚与转移的过程，分为"集中—分散—再集中"阶段，无论是在"规模报酬不变"假定下，还是"规模报酬递增"假定下，制造业集聚与转移布局都与运费率大小有关，显然低运输成本的海铁联运方式会影响制造业集聚与转移布局。

第6章 新亚欧大陆桥国内沿线制造业 转移及集聚测度

6.1 新亚欧大陆桥沿线制造业、地区的划分及数据来源

新亚欧大陆桥，又名"第二亚欧大陆桥"，它东起太平洋西岸的中国东部沿海港口，西至大西洋东岸的荷兰鹿特丹、比利时安特卫普等港口，横贯亚欧大陆的中部地带，全长10900千米，沿途经过40多个国家，占世界国家总数的22%，沿线各国的总面积达3970万平方千米，占世界陆域总面积的26.6%。

随着全球经济一体化和区域经济一体化的深入发展，国际贸易和物资交流活动日益频繁。2014年，我国进出口总额为26.43万亿元人民币，较2013年增长2.3%，超过美国位列全球货物贸易第一。国际贸易的强劲地位，使得以综合交通运输体系为基础的新亚欧大陆桥的运输地位和作用日益显著。

2012年，国务院通过《"十二五"综合交通运输体系规划》，明确提出促进各种运输方式有效衔接，推进一体化综合运输服务。2013年9月7日，习近平主席中亚之行，在纳扎尔巴耶夫大学演讲时提出了建设"丝绸之路经济带"的宏伟设想，这是我国首次就洲际经济合作一体化进程提出具体的构想。十八届三中全会《中共中央关于全面深化改革若干重大问题的决定》中，正式明确了"新丝绸之路经济带"的建设构想。新亚欧大陆桥是"丝绸之路经济带"的核心所在。2014年3月，习近平主席欧洲之行，在亚欧大陆间架起一座友谊和经贸合作之桥，因此，新亚欧大陆桥在促进资源有效配置，生产要素科学流动，制造业合理布局，促进中国与亚欧其他国家和地区互利互惠、交流合作，促进区域之间互联互通和制造业经济诱导等方面，具有重要

的政治、经济意义。

6.1.1　制造业的划分

国际上通行的标准制造业分类体系（Standard Industrial Classifications，简称 SIC），将制造业分为从 A-K 顺序共 11 大类，成为一位数制造业，每个一位数制造业又分为若干个制造业，成为二位数制造业，以此类推，直至分到四位数制造业（见图 6-2）。我国依据国际标准分类体系于 1985 年、1994 年、2002 年和 2011 年先后制定了《国民经济行业分类与代码》（GB/T 4754—84）、《国民经济行业分类与代码》（GB/T 4754—94）、《国民经济行业分类与代码》（GB/T 4754—2002）和《国民经济行业分类与代码》（GB/T 4754—2011）。虽然四个分类标准有一定差异，但本书根据我国公布的《国民经济行业分类与代码》（2011 年版），将本书的研究对象确定为制造业的两位数行业。考虑到数据的可获得性，研究的时间区间确定为 2000—2013 年，主要涉及 2002 年和 2011 年的两次修订。

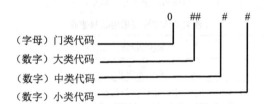

图 6-1　国民经济行业分类与代码结构图

在选取制造业二位数行业过程中，主要依据两个原则：行业范围基本一致性和数据可获得性。对比 2002 年和 2011 年国民经济行业分类标准，选取了 34 个细分行业作为研究对象。在研究过程中，为衔接《国民经济行业分类与代码》（GB/T 4754—2002）和（GB/T 4754—2011）两个分类标准，考虑前后数据的对比，结合新亚欧大陆桥沿线六省域的实际、各省统计年鉴以及《中国工业经济统计年鉴》中的细分行业数据，进行筛选和重组，为保留统计的口径，对数据进行如下处理：第一，将"橡胶制品业"和"塑料制品业"分别以"C29-1"和"C29-2"表示；第二，将 2003—2012 年的"工艺品及其他制造业"与 2012 年后开始以"其他制造业"统计相对应；第三，新增 2003 年开始统计的"废弃资源综合利用业"和 2012 年开始统计的"汽车制造业"。在区别和统一国民经济行业代码（GB/T 4754—2002）与（GB/T 4754—2011）后，所选制造业两位数行业的 34 个细分行业，详细情况如表 6-1 所示。

表 6-1　新亚欧大陆桥国内沿线六省区制造业部类细分行业明细表

制造业部类	细分行业	代码
劳动密集型制造业	农副食品加工业	C13
	食品制造业	C14
	纺织业	C17
	纺织服装、服饰业	C18
	皮革毛皮羽毛及其制品和制鞋业	C19
	木材加工及木竹藤棕草制品业	C20
	家具制造业	C21
	造纸及纸制品业	C22
	印刷和记录媒介复制业	C23
劳动密集型制造业	文教工美体育和娱乐用品制造业	C24
	橡胶制品业	C29-1
	塑料制品业	C29-2
	非金属矿物制品业	C30
资本密集型制造业	酒、饮料和精制茶制造业	C15
	烟草制品业	C16
	石油加工、炼焦和核燃料加工业	C25
	化学原料和化学制品制造业	C26
	化学纤维制造业	C28
	金属制品、机械和设备修理业	C33
	黑色金属冶炼和压延加工业	C31
	有色金属冶炼和压延加工业	C32
	通用设备制造业	C34
	专用设备制造业	C35
	汽车制造业	C36

续表

制造业部类	细分行业	代码
资本密集 型制造业	运输设备制造业	C37
	电气机械和器材制造业	C38
技术密集 型制造业	医药制造业	C27
	计算机通信和其他电子设备制造业	C39
	仪器仪表制造业	C40
	废弃资源综合利用业	C42
	电力、热力生产和供应业	D44
	燃气生产和供应业	D45
	水的生产和供应业	D46
	其他制造业	C41

6.1.2　新亚欧大陆桥概况

新亚欧大陆桥在中国境内全长 4131 千米，横贯我国的东中西部地区，沿途经过东部的江苏省；中部的安徽省、河南省；西部的陕西省、甘肃省和新疆维吾尔自治区，且辐射至湖北省、四川省、内蒙古自治区等地区。沿桥区域总面积约 360 万平方千米，占全国总面积的 37%，沿桥地区总居住人口约为 4.35 亿，占全国人口总量的 34.93%，在中国的社会经济发展中，处于十分重要的地理位置。

截至 2015 年，大陆桥沿线地区货物运输量年均增速约为 78617 万吨，在全国占比已超过 1/2，铁路货物运输量年均增加 9385 万吨，在全国占比已近2/3。沿线结点城市的交通运输业增加值有较大幅度增长，物流基础设施也日益完善。截至 2015 年 12 月 30 日，阿拉山口站 2015 年西行国际货物班列发送量达 570 列（中亚班列 227 列、中欧班列 343 列），创历史新高，已成为新亚欧大陆桥国际货运班列的集结地，在"一带一路"建设中，中国东西部联结中西亚乃至欧洲的黄金通道。据了解，经阿拉山口站出境的西行班列货物运行时间普遍在 16 天左右，比海运节省近 20 天，运输成本只有空运的 1/4，是一条时间短、距离近、成本低、市场竞争力强，面向中亚、欧洲的贸易新通道。

6.1.3 数据来源

本书统计的各项制造业细分行业数据，均来自各年份的《中国统计年鉴》和《中国工业经济统计年鉴》，以及新亚欧大陆桥国内沿线各省相关年份的统计年鉴。研究的时间跨度从 2000—2013 年，数据涵盖新亚欧大陆桥国内沿线六省域制造业细分行业"工业总产值"和"行业从业人员"等各种经济指标。由于各统计部门存在统计口径差异和行业间的相对指标差异，故统计结果存在一定偏差，在实际数据处理中，视为可忽略因素。

需要指出的是，为了使指标具有可比性，本书对同一指标的不同年份的数据收集，均来自相同的统计年鉴和统计部门，这样可以保证数据采用的是同一统计口径，所得出的指标的时间序列具有可比性。在计算分析二位数制造行业的转移和集聚时，数据来自《中国工业经济统计年鉴》（2000—2013年）和新亚欧大陆桥国内沿线六个省的统计年鉴（2000—2013 年）。

6.2 区域制造业集聚测度

制造业集聚与制造业扩散，如同一枚硬币的两个方面，制造业集聚程度指标上升，反映的是制造业集聚的强化，下降则意味着制造业扩散，而这两种情形都是制造业空间格局调整带来的。制造业集聚的测度方法从大类上划分，一般主要有空间自相关测度法、基于总体经济活动的集聚测度法和距离空间测度法，本书主要用基于总体经济活动的集聚测度法。

6.2.1 区域制造业集聚测度方法

6.2.1.1 区位熵

熵，是物理学中度量系统有序程度的指标。由 P. Haggett 首先提出并用于区位分析中。区位熵又称专门化率，反映的是某一制造业（或行业）的专业化程度，以及某一较小区域在相对较大区域中的地位或作用，以衡量某一区域要素的空间分布情况，计算公式为：

$$\beta_{ij} = \frac{q_{ij}/q_j}{q_i/q}(\text{其中，} q_j = \sum_{i=1}^{n} q_{ij}, \ q_i = \sum_{j=1}^{n} q_{ij}, \ q = \sum_{j} \sum_{i} q_{ij}) \quad (6-1)$$

式（6-1）中，β_{ij} 就是 j 地区的 i 制造业在全国的区位熵。显然，区位熵是某地区的某制造业占该地区制造业的比率与某地区总体经济活动占全国的比率之比，即该地区制造业活动与总体经济活动的比值。是判断地区制造业集聚程度的方法。q_{ij} 为 j 地区的 i 制造业的相关指标；q_j 为 j 地区所有制造业的相关指标；q_i 指在全国范围内 i 制造业的相关指标；q 为全国所有制造业的相关指标。

当 $\beta_{ij} > 1$，说明 i 制造业在 j 地区的专业化程度高于全国平均水平，即 i 制造业在 j 地区集聚，且区位熵越大，集聚程度越高；当 $\beta_{ij} = 1$，表明 j 地区 i 制造业在全国处于均势，该制造业的集聚能力并不明显；当 $\beta_{ij} < 1$ 时，表明 j 地区 i 制造业在全国具有比较劣势，集聚能力弱。

6.2.1.2 空间基尼系数

C. Gini 依据洛伦茨曲线提出了计算收入分配平均程度的统计指标——基尼系数。在此基础上，新经济地理学家 P. Krugman 提出了空间基尼系数，以此用于测量制造业在地区间的分布均衡程度。该方法应用较为广泛，成为一个衡量制造业空间分布均衡性的指标，并用来反映制造业的集聚程度，计算公式如下：

$$G = \frac{1}{2N^2 \bar{S^j}} \sum_{i_1}^{N} \sum_{i_2}^{N} \left| S_{i_1}^j - S_{i_2}^j \right| \tag{6-2}$$

其中，制造业（或行业）在各个地区之间份额的平均值为 $\bar{S^j}$，$S_{i_1}^j$、$S_{i_2}^j$ 分别为两个不同地区的产值（或分行业从业人员、增加值等）份额。当制造业在各个地区分布完全均衡时，$G=0$。G 的值在 0 和 1 之间，若 G 的值越接近于 0，则制造业分布越均衡，若 G 的值越接近于 1，则制造业集聚程度越强。该指标充分考虑了地区间其他制造业的规模，并在一定程度上解释了地区之间面积差异导致的制造业分布不平衡等问题。

6.2.1.3 E-G 指数

G. Ellison 在 P. Krugman 提出的空间基尼（Gi-ni）系数的基础上，构造测定制造业集聚程度的 E-G 指数。他指出，空间基尼系数大于 0，并不一定表明制造业集聚现象一定存在，因为考虑内部规模经济或资源优势的市场空间集聚所引起的虚假集聚成分，企业间的差异性会影响到制造业的集聚程度。因此，为了弥补空间基尼系数的不足，建立了 E-G 指数，计算公式为：

$$\gamma_{E-G} = \frac{G_i - \left[1 - \sum_{j=1}^{n} x_j^2\right] H_i}{\left[1 - \sum_{j=1}^{n} x_j^2\right] \left[1 - H_i\right]} \tag{6-3}$$

其中，$G_i = \sum_{i=1}^{n} (S_{ij} - X_j)^2$，$H_i = \sum_{k=1}^{n} \left(\frac{J_{ik}}{T_i}\right)^2$；$G_i$ 为空间基尼系数，N 是研究的区域个数；S_{ij} 是 j 地区的制造业就业人数（产值）占全国该制造业总就业人数（总产值）的比重，X_j 是该地区就业人数（产值）占全国总就业人数（总产值）的比重。H_i 是制造业 i 的赫芬达尔指数①，反映了企业规模的分布情况，J_{ik} 为 k 地区 i 行业的产值（或就业等），T_i 为全国总产值或就业人数。如果所有经济活动都集中在一个区域，那么 $H = 1$ 最大，如果经济活动平均分布在各个区域，$H = 1/n$，整个系数衡量的是制造业的绝对集中程度。G. Ellison 和 E. Glaeser 将地理集中度指标分为三个区间，第一个区间为 $\gamma_{EG} < 0.02$，表示该制造业没有地方化的现象；第二区间为 $0.02 \leqslant \gamma_{EG} \leqslant 0.05$，表示该制造业在区域间的分布较平均；第三区间为 $\gamma_{EG} > 0.05$，表示该制造业在地区上的分布聚集程度最高[52]。E - G 指数充分考虑了企业规模及区域差异所带来的影响，弥补了空间基尼系数的缺陷，使其能够进行跨制造业、跨时间，甚至跨国的比较。

综上所述，制造业集聚测度主要有区位熵指数、空间基尼系数、E-G 指数等。其中，区位熵体现的是某一个地区在全国范围内所处的位置，因此可以对不同地区的制造业集聚程度进行比较，但难以进行跨制造业比较；空间基尼系数和 E-G 指数，则更强调从行业角度来衡量制造业集聚，却无法直观反映地区间的差异。

鉴于此，本章将综合利用区位熵、空间基尼系数和 E-G 指数这三个指标，基于新亚欧大陆桥国内沿线六省域制造业及其下属的 34 个制造业细分行业层面数据，分别对制造业细分行业的集聚特征进行刻画和描述。

---

① 赫芬达尔 — 赫希曼指数（Herfindahl - Hirschman Index，简称 HHI），简称赫芬达尔指数，是一种测量产业集中度的综合指数。它是指一个行业中各市场竞争主体所占行业总收入或总资产百分比的平方和，用来计量市场份额的变化，即市场中厂商规模的离散度。

6.2.2　区域制造业集聚具体测度

6.2.2.1　基于区域的测度

基于区位熵指数的区域测度。区位熵指标衡量一个地区某制造业相对于全国水平所处的位置，其值通常情况下与1做比较，大于1表示专业化水平较高，相对于全国水平处于集聚优势；小于1表示专业化水平较低，相对于全国水平处于集聚劣势；等于1表示与全国水平持平，且区位熵指数越高表明制造业集聚程度越高，反之亦然。

如表6-2所示，安徽省2000—2013年间制造业细分行业区位熵指数，显著大于1的行业有C20（木材加工及木竹藤棕草制品业）、C29-1（橡胶制造业）、C15（酒、饮料和精制茶制造业）、C16（烟草制品业）、C32（有色金属冶炼和压延加工业）、C38（电气机械和器材制造业）和C42（废弃资源综合利用业），表明这些行业在安徽省具有明显的集聚优势；约等于1（即与全国水平相当，指数介于0.90~1.10）的行业有C13（农副食品加工业）、C23（印刷和记录媒介复制业）、C29-2（塑料制品业）、C30（非金属矿物制品业）、C31（黑色金属冶炼和压延加工业）、D44（电力、热力生产和供应业）、C41（其他制造业）和C36（汽车制造业），表明这些行业与全国水平持平；其他的细分行业指数明显小于1，表明专业化水平较低，不具备集聚优势。

如表6-3所示，甘肃省2000—2013年制造业细分行业区位熵指数，显著大于1的行业有C15（酒、饮料和精制茶制造业）、C16（烟草制品业）、C25（石油加工、炼焦和核燃料加工业）、C31（黑色金属冶炼和压延加工业）和C32（有色金属冶炼和压延加工业），C41（其他制造业）和D44（电力、热力生产和供应业），表明这些行业在甘肃省具有明显的集聚优势，其中，C25（石油加工、炼焦和核燃料加工业）、C32（有色金属冶炼和压延加工业）尤为突出，区位熵平均指数分别高达4.57与5.21；约等于1（即与全国水平相当，指数介于0.90~1.10）的行业有C30（非金属矿物制品业）、D46（水的生产和供应业），表明这些行业与全国水平持平；其他的细分行业指数明显小于1，其中，C18（纺织服装、服饰业）、C20（木材加工及木竹藤棕草制品业）、C24（文教工美体育和娱乐用品制造业）、C29-1（橡胶制品业）、C36

（汽车制造业）、C37（铁路船舶航空航天和其他运输设备制造业）和 C39（计算机通信和其他电子设备制造业）尤为突出，指数都低于 0.10，表明专业化水平较低，不具备集聚优势。

如表 6-4 所示，江苏省 2000—2013 年制造业细分行业区位熵指数，显著大于 1 的行业有 C17（纺织业）、C18（纺织服装、服饰业）、C26（化学原料和化学制品制造业）、C28（化学纤维制造业）、C34（通用设备制造业）、C38（电气机械和器材制造业）、C39（计算机通信和其他电子设备制造业）、C40（仪器仪表制造业）、C42（仪器仪表制造业）和 C41（其他制造业），表明这些行业在江苏省具有明显的集聚优势，其中，C28（化学纤维制造业）尤为突出，区位熵指数高达 2.18；约等于 1（即与全国水平相当，指数介于 0.90～1.10）的行业有 C20（木材加工及木竹藤棕草制品业）、C24（文教工美体育和娱乐用品制造业）、C29-1（橡胶制品业）和 C35（专用设备制造业），表明这些行业几乎与全国水平持平；其他的细分行业指数明显小于 1，表明专业化水平较低，不具备集聚优势。

表 6-2　安徽省制造业细分行业区位熵指数表

行业	2000 年	2001 年	2003 年	2005 年	2007 年	2009 年	2011 年	2013 年	均值	变异系数
C13	0.95	0.85	0.90	0.94	1.14	0.46	1.28	1.26	1.02	0.24
C14	0.55	0.57	0.63	0.99	1.09	0.25	0.75	0.82	0.78	0.34
C17	0.87	0.81	0.70	0.59	0.58	1.48	0.65	0.70	0.73	0.34
C18	0.21	0.22	0.22	0.30	0.39	1.53	0.98	1.11	0.59	0.74
C19	0.48	0.45	0.42	0.48	0.58	0.43	0.78	0.79	0.56	0.26
C20	1.02	1.05	1.47	1.17	1.20	1.02	1.38	1.40	1.23	0.13
C21	0.37	0.29	0.23	0.14	0.25	0.32	0.72	0.92	0.42	0.62
C22	0.47	0.46	0.48	0.52	0.55	0.81	0.65	0.61	0.57	0.18
C23	0.43	0.66	0.73	0.82	1.00	0.55	1.29	1.60	0.94	0.37
C24	0.46	0.45	0.46	0.41	0.50	1.16	0.71	0.71	0.58	0.36
C29-1	1.27	1.29	1.60	1.46	1.36	0.89	0.97	1.64	1.31	0.18
C29-2	0.91	1.00	0.95	1.16	1.10	0.75	1.18	1.26	1.07	0.15
C30	0.74	0.81	0.94	0.93	0.99	0.56	1.08	1.10	0.93	0.17

续表

行业	2000 年	2001 年	2003 年	2005 年	2007 年	2009 年	2011 年	2013 年	均值	变异系数
C15	1.65	1.48	1.27	1.31	1.33	0.46	1.04	1.09	1.21	0.23
C16	1.29	1.44	1.69	1.90	1.88	0.42	1.14	1.09	1.41	0.29
C25	0.72	0.56	0.61	0.60	0.54	0.33	0.33	0.33	0.48	0.29
C26	0.74	0.71	0.70	0.80	0.82	1.33	0.77	0.76	0.81	0.21
C28	0.49	0.34	0.52	0.37	0.35	2.35	0.36	0.31	0.54	1.02
C33	0.28	0.22	0.33	0.68	0.69	0.08	0.93	0.99	0.61	0.54
C31	0.86	0.88	0.90	1.00	1.01	1.02	0.83	0.85	0.92	0.08
C32	1.23	1.09	1.17	1.57	1.58	0.78	1.33	1.22	1.30	0.20
C34	0.66	0.60	0.60	0.65	0.74	1.21	0.93	1.18	0.81	0.28
C35	0.82	0.67	0.91	0.62	0.73	1.00	0.84	1.06	0.84	0.17
C36	—	—	—	—	—	—	—	1.00	1.05	0.06
C37	0.73	0.95	1.04	1.11	1.20	0.81	1.02	0.41	0.93	0.28
C38	0.98	0.98	1.12	1.38	1.58	1.34	1.81	1.96	1.43	0.25
C27	0.49	0.52	0.51	0.54	0.63	0.81	0.71	0.77	0.63	0.19
C39	0.24	0.21	0.17	0.14	0.15	1.63	0.28	0.40	0.33	1.22
C40	0.25	0.22	0.35	0.37	0.41	1.77	0.47	0.61	0.51	0.77
C42	—	—	1.89	0.31	0.99	0.71	2.99	3.65	1.89	0.71
D44	0.77	0.97	1.06	1.03	0.92	0.57	1.16	1.29	1.05	0.22
D45	1.11	1.41	0.76	0.68	0.77	0.65	0.60	0.78	0.81	0.29
D46	0.80	0.81	0.77	0.82	0.80	0.45	0.59	0.67	0.73	0.14
C41	—	—	0.58	0.69	0.51	0.41	0.63	2.77	1.05	0.94

注：为了保留统计的口径，以及（GB/T 4754—2002）与（GB/T 4754—2011）年区别，将"橡胶制品业"和"塑料制品业"分别以"C29-1"和"C29-2"表示。"汽车制造业"从 2012 年开始统计，"废弃资源综合利用业"从 2003 年开始统计，将"工艺品及其他制造业"从 2003 年开始统计，并于 2012 年统一为"其他制造业"统计。"—"表示由于年鉴无数据无法计算。（下同）

表 6-3　甘肃省制造业细分行业区位熵指数表

行业	2000 年	2001 年	2003 年	2005 年	2007 年	2009 年	2011 年	2013 年	均值	变异系数
C13	0.49	0.59	0.82	0.69	0.60	0.73	0.72	0.84	0.69	0.15
C14	0.78	0.71	0.62	0.53	0.46	0.56	0.56	0.65	0.61	0.18
C17	0.31	0.35	0.22	0.11	0.08	0.08	0.09	0.11	0.16	0.70

行业	2000 年	2001 年	2003 年	2005 年	2007 年	2009 年	2011 年	2013 年	均值	变异系数
C18	0.15	0.14	0.14	0.07	0.02	0.02	0.04	0.05	0.07	0.82
C19	0.24	0.31	0.39	0.10	0.23	0.23	0.21	0.26	0.25	0.31
C20	0.12	0.13	0.13	0.06	0.05	0.03	0.00	0.01	0.07	0.96
C21	0.55	0.43	0.27	0.04	0.04	0.05	0.00	0.03	0.16	1.29
C22	0.34	0.34	0.29	0.19	0.17	0.16	0.12	0.23	0.22	0.36
C23	0.65	0.50	0.40	0.27	0.28	0.24	0.13	0.16	0.32	0.56
C24	0.11	0.14	0.12	0.03	0.02	0.02	0.02	0.04	0.06	0.92
C29-1	0.09	0.10	0.07	0.02	0.04	0.07	0.04	0.10	0.06	0.52
C29-2	1.34	0.83	0.60	0.38	0.27	0.33	0.29	0.26	0.51	0.70
C30	1.07	1.28	1.20	0.70	0.53	0.73	0.75	1.10	0.91	0.33
C15	1.05	1.11	1.09	1.20	1.11	1.40	1.24	1.55	1.26	0.13
C16	0.75	1.06	1.71	1.59	1.46	1.94	2.03	2.16	1.69	0.29
C25	2.78	4.50	4.40	5.13	5.25	5.29	4.71	4.08	4.57	0.15
C26	1.47	0.59	0.65	0.75	0.70	0.76	0.69	0.66	0.77	0.28
C28	0.07	0.01	0.15	0.55	0.37	0.34	0.07	0.12	0.22	0.81
C33	0.48	0.52	0.43	0.24	0.17	0.42	0.45	0.38	0.37	0.38
C31	1.24	1.17	1.12	1.43	1.44	1.72	1.97	1.91	1.50	0.20
C32	6.44	6.31	6.08	5.45	5.29	4.70	3.98	4.20	5.21	0.17
C34	0.48	0.48	0.39	0.25	0.24	0.25	0.20	0.23	0.30	0.36
C35	0.70	0.81	1.13	0.58	0.63	0.53	0.38	0.49	0.63	0.31
C36	—	—	—	—	—	—			0.04	0.04	0.04
C37	0.11	0.10	0.08	0.08	0.09	0.11	0.07	0.06	0.09	0.22
C38	0.41	0.43	0.40	0.08	0.21	0.44	0.72	0.74	0.45	0.51
C27	0.92	0.86	0.91	0.85	0.67	0.69	0.60	0.73	0.77	0.14
C39	0.26	0.20	0.14	0.04	0.05	0.05	0.06	0.08	0.10	0.73
C40	0.29	0.25	0.33	0.10	0.06	0.08	0.05	0.06	0.13	0.79
C42	—	—	0.35	0.05	0.17	0.10	0.10	0.43	0.17	0.75
D44	2.26	2.19	2.21	1.76	1.65	1.73	1.91	1.99	1.94	0.12
D45	0.43	0.53	0.23	0.47	0.79	0.60	0.73	1.14	0.61	0.42
D46	0.83	0.85	0.93	0.71	1.19	0.94	0.94	0.87	0.92	0.14

续表

行业	2000 年	2001 年	2003 年	2005 年	2007 年	2009 年	2011 年	2013 年	均值	变异系数
C41	—	—	5.69	4.11	2.97	2.91	1.97	6.08	3.92	0.44
劳动密集型均值	0.48	0.45	0.40	0.24	0.22	0.25	0.23	0.29	0.31	0.35
资本密集型均值	1.33	1.42	1.47	1.44	1.41	1.49	1.38	1.38	1.42	0.03
技术密集型均值	0.83	0.81	0.73	0.57	0.65	0.60	0.63	0.76	0.69	0.14

表 6-4　江苏省制造业细分行业区位熵指数表

行业	2000 年	2003 年	2005 年	2007 年	2009 年	2011 年	2013 年	均值	变异系数
C13	0.57	0.50	0.44	0.46	0.46	0.42	0.45	0.47	0.10
C14	0.42	0.41	0.34	0.28	0.25	0.25	0.36	0.32	0.19
C17	1.40	1.48	1.57	1.58	1.48	1.36	1.17	1.47	0.09
C18	1.07	1.12	1.39	1.55	1.53	1.51	1.38	1.39	0.13
C19	0.55	0.69	0.47	0.52	0.43	0.37	0.51	0.50	0.16
C20	0.79	0.91	1.04	1.08	1.02	1.06	1.19	1.03	0.11
C21	0.47	0.44	0.43	0.38	0.32	0.29	0.30	0.37	0.20
C22	0.69	0.75	0.75	0.82	0.81	0.72	0.94	0.78	0.08
C23	0.52	0.47	0.50	0.52	0.55	0.63	0.68	0.56	0.18
C24	0.89	0.96	1.02	1.06	1.16	1.19	0.73	1.01	0.14
C29-1	0.61	0.69	0.77	0.88	0.89	0.71	2.26	1.02	0.54
C29-2	0.85	0.87	0.85	0.83	0.75	0.68	0.59	0.78	0.12
C30	0.58	0.57	0.60	0.58	0.56	0.57	0.68	0.59	0.06
C15	0.43	0.48	0.50	0.47	0.46	0.47	0.47	0.47	0.03
C16	0.19	0.34	0.40	0.44	0.42	0.43	0.40	0.39	0.20
C25	0.33	0.34	0.34	0.35	0.33	0.37	0.43	0.35	0.10
C26	1.06	1.12	1.27	1.33	1.33	1.40	1.47	1.30	0.11
C28	1.36	1.91	1.99	2.16	2.35	2.47	2.79	2.18	0.18
C33	0.92	1.12	0.64	0.18	0.08	0.03	0.01	0.40	1.19
C31	0.57	0.77	0.93	1.05	1.02	0.95	1.06	0.89	0.28
C32	0.61	0.66	0.69	0.73	0.78	0.61	0.67	0.81	0.52
C34	1.33	1.29	1.20	1.24	1.21	1.15	1.16	1.20	0.12

续表

行业	2000 年	2003 年	2005 年	2007 年	2009 年	2011 年	2013 年	均值	变异系数
C35	0.96	0.87	0.93	0.93	1.00	1.09	1.11	1.10	0.31
C36	—	—	—	—	—	—	0.59	0.63	0.08
C37	0.55	0.54	0.59	0.62	0.81	0.88	1.81	0.82	0.56
C38	0.86	0.88	0.99	1.15	1.34	1.65	1.64	1.21	0.28
C27	0.52	0.66	0.72	0.70	0.81	0.88	1.07	0.77	0.21
C39	0.73	1.02	1.29	1.44	1.63	1.70	1.65	1.38	0.27
C40	0.89	0.80	1.09	1.30	1.77	2.34	2.89	1.63	0.46
C42	—	1.23	0.77	0.47	0.71	0.78	1.26	1.69	1.68
D44	0.46	0.47	0.57	0.55	0.57	0.55	0.65	0.51	0.32
D45	0.57	0.59	0.58	0.62	0.65	0.55	0.71	0.58	0.20
D46	0.33	0.37	0.45	0.47	0.45	0.59	0.77	0.49	0.26
C41	—	1.20	0.99	0.85	0.41	0.65	2.36	1.13	0.60
劳动密集型均值	0.72	0.76	0.78	0.81	0.78	0.75	0.86	0.79	0.06
资本密集型均值	0.76	0.86	0.87	0.89	0.93	0.96	1.09	0.93	0.10
技术密集型均值	0.58	0.74	0.78	0.79	0.94	1.06	1.29	0.98	0.43

注：江苏省 2002 年统计年鉴缺失。

如表 6-5 所示，陕西省 2000—2013 年制造业细分行业区位熵指数，显著大于 1 的行业有 C14（食品制造业）、C23（印刷和记录媒介复制业）、C15（酒、饮料和精制茶制造业）、C16（烟草制品业）、C25（石油加工、炼焦和核燃料加工业）、C32（有色金属冶炼和压延加工业）、C35（专用设备制造业）、C36（汽车制造业）、C37（铁路船舶航空航天和其他运输设备制造业）、C27（医药制造业）、C40（仪器仪表制造业）、D44（电力、热力生产和供应业）、D45（燃气生产和供应业）和 D46（水的生产和供应业），表明这些行业在陕西省具有明显的集聚优势，其中，C25（石油加工、炼焦和核燃料加工业）和 C27（医药制造业）尤为突出，区位熵指数高达 2.57、2.28；约等于1（即与全国水平相当，指数介于 0.90～1.10）的有 C30（非金属矿物制品业），表明该行业几乎与全国水平持平；其他的细分行业指数明显小于 1，其中，C24（文教工美体育和娱乐用品制造业）尤为突出，区位熵指数 0.05，表明专业化水平较低，不具备集聚优势。

表 6-5　陕西省制造业细分行业区位熵指数表

行业	2000 年	2001 年	2003 年	2005 年	2007 年	2009 年	2011 年	2013 年	均值	变异系数
C13	0.84	0.81	0.86	0.78	0.81	0.84	0.89	0.95	0.85	0.08
C14	1.18	1.24	1.06	1.38	1.35	1.24	1.41	1.40	1.27	0.10
C17	0.81	0.71	0.58	0.49	0.36	0.30	0.33	0.38	0.48	0.35
C18	0.17	0.18	0.10	0.07	0.08	0.12	0.13	0.16	0.12	0.31
C19	0.20	0.14	0.08	0.04	0.02	0.02	0.03	0.06	0.06	0.90
C20	0.21	0.20	0.14	0.08	0.12	0.20	0.21	0.24	0.17	0.32
C21	0.74	0.54	0.18	0.14	0.11	0.12	0.17	0.17	0.22	0.86
C22	0.82	0.61	0.58	0.52	0.51	0.51	0.48	0.57	0.56	0.16
C23	2.27	2.10	1.72	1.47	1.29	1.11	1.05	0.81	1.49	0.35
C24	0.02	0.02	0.01	0.01	0.04	0.04	0.21	0.11	0.05	1.19
C29-1	0.25	0.26	0.17	0.22	0.22	0.34	0.33	0.25	0.26	0.27
C29-2	0.21	0.16	0.15	0.15	0.25	0.32	0.83	0.84	0.38	0.80
C30	0.76	0.84	0.80	0.72	0.77	0.95	0.99	1.22	0.90	0.16
C15	1.22	1.36	1.41	1.90	2.16	1.74	1.61	1.82	1.69	0.16
C16	1.89	1.90	1.92	1.95	1.92	1.61	1.65	1.53	1.82	0.16
C25	1.20	1.26	1.86	2.56	3.41	3.30	3.31	3.24	2.57	0.35
C26	0.76	0.80	0.77	0.76	0.72	0.51	0.57	0.59	0.68	0.16
C28	0.19	0.25	0.17	0.12	0.03	0.22	0.13	0.14	0.14	0.47
C33	0.48	0.40	0.25	0.29	0.26	0.34	0.53	0.55	0.37	0.29
C31	0.31	0.32	0.54	0.64	0.59	0.67	0.78	0.83	0.59	0.28
C32	0.96	0.92	1.19	1.30	1.23	1.52	1.88	2.00	1.40	0.29
C34	0.83	0.38	0.91	1.02	0.86	0.68	0.71	0.75	0.81	0.23
C35	1.70	1.67	1.80	1.70	1.49	1.33	1.13	1.12	1.45	0.17
C36	—	—	—	—	—	—	—	1.17	1.14	0.03
C37	1.64	1.78	1.54	1.72	1.92	1.71	0.57	2.54	1.52	0.45
C38	0.87	0.92	0.85	0.84	0.79	0.77	0.58	0.69	0.89	0.49
C27	2.85	3.41	2.96	2.69	2.09	1.58	1.37	1.43	2.28	0.36
C39	1.32	1.11	0.72	0.43	0.37	0.29	0.35	0.25	0.59	0.59
C40	1.11	1.22	0.84	0.92	1.01	1.10	1.13	1.31	1.83	1.28

续表

行业	2000 年	2001 年	2003 年	2005 年	2007 年	2009 年	2011 年	2013 年	均值	变异系数
C42	—	—	1.34	0.26	0.06	0.10	0.15	0.39	0.28	1.38
D44	1.29	1.40	1.58	1.47	1.38	1.39	1.55	1.47	1.41	0.11
D45	0.44	0.76	0.65	1.83	1.59	1.25	1.18	2.40	1.39	0.52
D46	1.09	1.19	1.45	1.45	1.14	0.92	0.84	0.73	1.14	0.28
C41	—	—	0.90	0.62	0.62	0.53	0.19	1.07	0.70	0.44
劳动密集型均值	0.65	0.60	0.49	0.47	0.46	0.47	0.54	0.55	0.52	0.11
资本密集型均值	1.00	1.00	1.10	1.23	1.28	1.20	1.12	1.32	1.16	0.09
技术密集型均值	1.35	1.52	1.36	1.29	1.09	0.95	0.94	1.14	1.31	0.25

如表 6-6 所示，新疆维吾尔自治区 2000—2013 年制造业细分行业区位熵指数，显著大于 1 的行业有 C13（农副食品加工业）、C14（食品制造业）、C30（非金属矿物制品业）、C15（酒、饮料和精制茶制造业）、C25（石油加工、炼焦和核燃料加工业）、C28（化学纤维制造业）、C31（黑色金属冶炼和压延加工业）和 D44（电力、热力生产和供应业），表明这些行业在新疆维吾尔自治区具有明显的集聚优势，其中，C25（石油加工、炼焦和核燃料加工业）尤为突出，区位熵平均指数高达 7.41；约等于 1（即与全国水平相当，指数介于 0.90～1.10）的有 C17（纺织业）、C29-2（塑料制品业）、D45（燃气生产和供应业）和 D46（水的生产和供应业），表明这些行业几乎与全国水平持平；其他的细分行业指数明显小于 1，表明专业化水平较低，不具备集聚优势，其中，C18（纺织服装、服饰业）、C19（皮革毛皮羽毛及其制品和制鞋业）、C39（计算机通信和其他电子设备制造业）和 C40（仪器仪表制造业）的区位熵极低，平均指数为 0.03、0.10、0.04 和 0.03，而 C24（文教工美体育和娱乐用品制造业）约等于 0，表明与全国水平相比基本上可忽略不计，更谈不上集聚优势。

如表 6-7 所示，河南省 2000—2013 年制造业细分行业区位熵指数，显著大于 1 的行业有 C13（农副食品加工业）、C14（食品制造业）、C20（木材加工及木竹藤棕草制品业）、C21（家具制造业）、C22（造纸及纸制品业）、C30（非金属矿物制品业）、C15（酒、饮料和精制茶制造业）、C16（烟草制品业）、C25（石油加工、炼焦和核燃料加工业）、C32（有色金属冶炼和压延加工业）、C35（专用设备制造业）、C42（废弃资源综合利用业）、D44（电力、热力生产和供应业）和 D46（水的生产和供应业），表明这些行业在河南省具有明显的集聚优势，其中，C16（烟草制品业）、C22（造纸及纸制品业）、C30（非金属矿物制品业）、D46（水的生产和供应业）尤为突出，区位熵平均指数分别为 2.51、2.09、2.07 和 3.00；约等于 1（即与全国水平相当，指数介于 0.90～1.10）的有 C17（纺织业）、C19（皮革毛皮羽毛及其制品和制鞋业）、C23（印刷和记录媒介复制业）和 C29-1（橡胶制品业），表明这些行业几乎与全国水平持平；其他的细分行业指数明显小于 1，表明专业化水平较低，不具备集聚优势，尤其是 C41（其他制造业）区位熵极低，平均指数为 0.05。

表6-6 新疆维吾尔自治区制造业细分行业区位熵指数表

行业	2000 年	2001 年	2003 年	2005 年	2007 年	2009 年	2011 年	2013 年	均值	变异系数
C13	1.58	1.54	1.43	1.28	0.58	0.87	1.00	0.95	1.18	0.27
C14	1.33	1.29	2.22	1.49	1.16	1.34	1.34	1.32	1.44	0.20
C17	2.02	1.46	1.17	0.92	1.14	0.46	0.61	0.62	0.97	0.47
C18	0.05	0.04	0.03	0.03	0.03	0.02	0.04	0.05	0.03	0.34
C19	0.13	0.14	0.22	0.20	0.07	0.05	0.13	0.09	0.10	0.61
C20	0.20	0.09	0.19	0.45	0.20	0.14	0.12	0.11	0.21	0.61
C21	2.09	1.11	1.65	0.88	0.81	0.38	0.23	0.19	0.84	0.75
C22	0.57	0.47	0.57	0.55	0.10	0.32	0.25	0.30	0.39	0.40
C23	0.11	0.49	0.64	0.53	0.57	0.30	0.19	0.15	0.37	0.49
C24	0.00	0.00	0.00	0.00	0.00	0.00	0.00	0.00	0.00	0.70
C29-1	0.82	0.74	0.57	0.44	0.41	0.19	0.16	0.19	0.39	0.64
C29-2	1.12	1.20	1.05	1.49	0.50	0.71	0.73	0.67	0.94	0.36
C30	1.23	1.38	1.46	1.06	0.72	1.13	1.11	1.04	1.15	0.18
C15	1.35	1.23	1.43	1.19	0.56	1.19	1.04	0.99	1.15	0.20
C16	0.27	0.21	0.42	0.58	0.96	0.66	0.73	0.80	0.60	0.37
C25	5.58	7.00	7.42	7.55	9.49	7.94	6.99	7.55	7.41	0.12
C26	0.51	0.47	0.76	0.67	0.97	1.03	1.23	0.92	0.87	0.29

行业	2000 年	2001 年	2003 年	2005 年	2007 年	2009 年	2011 年	2013 年	均值	变异系数
C28	0.20	0.73	0.17	0.56	0.07	3.41	2.64	2.37	1.38	0.88
C33	0.51	0.41	0.31	0.40	0.13	0.59	0.58	0.38	0.39	0.46
C31	1.14	1.34	1.27	1.22	1.44	1.78	1.74	1.69	1.52	0.16
C32	0.95	0.73	0.82	0.45	0.32	0.46	0.59	0.99	0.66	0.38
C34	0.42	0.12	0.19	0.11	0.05	0.06	0.02	0.07	0.11	0.95
C35	0.23	0.48	0.15	0.15	0.09	0.17	0.18	0.19	0.20	0.51
C36	—	—	—	—	—	—	—	0.13	0.11	0.19
C37	0.23	0.21	0.12	0.08	0.08	0.03	0.02	0.10	0.11	0.78
C38	0.23	0.40	0.48	0.34	0.25	1.06	0.68	0.71	0.55	0.43
C27	0.44	0.33	0.26	0.23	0.15	0.16	0.15	0.16	0.22	0.41
C39	0.01	0.00	0.00	0.04	0.08	0.05	0.05	0.05	0.04	0.68
C40	0.04	0.04	0.03	0.05	0.04	0.03	0.00	0.01	0.03	0.49
C42	—	—	1.12	0.21	0.17	0.05	0.03	0.03	0.19	1.72
D44	1.26	1.30	1.67	1.20	1.67	1.39	1.59	2.00	1.49	0.18
D45	0.79	0.66	1.49	0.73	1.50	1.13	0.95	1.63	1.09	0.38
D46	1.29	1.21	1.51	1.09	1.03	0.90	0.69	0.76	1.04	0.26
C41	—	—	0.06	0.05	0.08	0.04	0.04	1.88	0.25	2.31
劳动密集型均值	0.87	0.77	0.86	0.72	0.48	0.45	0.45	0.44	0.62	0.28
资本密集型均值	0.97	1.11	1.13	1.11	1.20	1.53	1.37	1.40	1.24	0.13
技术密集型均值	0.64	0.59	0.87	0.51	0.66	0.53	0.49	0.66	0.60	0.18

表 6-7　河南省制造业细分行业区位熵指数表

行业	2000 年	2001 年	2003 年	2005 年	2007 年	2009 年	2011 年	2013 年	均值	变异系数
C13	2.64	2.69	1.51	2.69	1.82	1.92	1.22	1.47	1.85	0.29
C14	1.32	1.44	1.49	1.10	1.57	1.76	1.56	2.00	1.57	0.18
C17	0.67	0.72	1.00	0.50	0.51	0.99	1.78	1.11	0.97	0.44
C18	0.14	0.15	0.14	0.80	0.66	0.36	0.31	0.33	0.35	0.62
C19	0.83	0.78	0.89	0.88	0.73	0.85	1.13	1.97	1.03	0.43
C20	0.54	0.60	0.49	4.42	2.73	1.07	1.87	1.08	1.57	0.76
C21	0.45	0.45	0.52	2.31	2.62	0.62	1.18	1.18	1.19	0.69

行业	2000 年	2001 年	2003 年	2005 年	2007 年	2009 年	2011 年	2013 年	均值	变异系数
C22	1.05	1.10	1.02	0.89	1.08	4.44	1.40	4.28	2.09	0.76
C23	0.61	0.61	1.48	0.93	1.15	0.87	0.83	0.91	0.97	0.30
C24	0.04	0.05	0.05	0.20	0.09	0.18	0.31	0.61	0.21	1.00
C29-1	0.72	0.76	0.57	0.58	0.64	0.85	1.91	2.00	1.07	0.60
C29-2	0.42	0.45	0.34	0.55	0.76	0.33	0.67	0.43	0.48	0.35
C30	1.34	1.54	1.54	2.95	2.34	1.83	2.40	2.52	2.07	0.26
C15	0.84	0.84	1.69	0.74	0.76	1.21	1.47	0.98	1.12	0.32
C16	0.85	1.04	3.88	4.23	2.17	2.56	2.25	2.74	2.51	0.39
C25	0.53	0.56	0.98	0.34	5.46	0.35	1.43	1.99	1.72	1.07
C26	0.66	0.70	0.81	0.51	0.53	0.61	0.71	0.45	0.62	0.21
C28	0.64	0.84	1.81	0.77	0.37	0.18	0.43	0.41	0.68	0.82
C33	0.34	0.36	0.33	0.56	0.70	0.31	0.56	0.45	0.45	0.34
C31	0.52	0.57	0.44	0.41	0.27	0.67	0.71	0.57	0.51	0.32
C32	1.30	1.54	1.48	1.43	0.79	1.80	1.57	1.31	1.40	0.22
C34	0.61	0.62	0.53	0.64	0.57	0.66	0.75	0.58	0.60	0.11
C35	1.29	1.39	1.02	1.30	0.99	1.02	1.23	1.68	1.22	0.21
C36	—	—	—	—	—	—	—	0.35	0.34	0.02
C37	0.33	0.34	0.23	0.27	0.22	0.29	0.28	0.34	0.27	0.18
C38	0.43	0.46	0.36	0.46	0.32	0.23	0.45	0.31	0.36	0.24
C27	0.59	0.65	0.87	0.54	0.55	0.84	1.18	0.72	0.77	0.30
C39	0.13	0.10	0.10	0.15	0.09	0.11	0.24	0.10	0.12	0.41
C40	0.19	0.20	0.26	0.87	0.30	0.40	0.50	0.38	0.37	0.48
C42	—	—	0.12	5.01	2.91	0.62	0.23	0.44	1.45	1.21
D44	1.22	1.28	2.70	2.14	1.23	2.83	0.98	1.65	1.80	0.41
D45	0.40	0.47	0.37	1.16	0.20	2.88	0.38	0.46	0.85	1.29
D46	0.58	0.61	4.07	4.54	0.84	1.50	8.92	1.12	3.00	1.00
C41	—	—	0.17	0.05	0.04	0.03	0.02	0.05	0.05	0.79
劳动密集型均值	0.83	0.87	0.85	1.45	1.28	1.24	1.27	1.53	1.19	0.22
资本密集型均值	0.70	0.77	1.13	0.97	1.10	0.82	0.99	0.98	0.95	0.15
技术密集型均值	0.52	0.55	1.21	2.06	0.87	1.31	1.78	0.69	1.17	0.43

　　综上所述，从安徽省、甘肃省、江苏省、陕西省、新疆维吾尔自治区和河南省六个省域的制造业区位熵平均指数（2000—2013 年）来看，各省域都有自己的集聚优势行业、与全国水平相当行业及不具备集聚优势行业（如表6-8、图 6-3 所示）。安徽省、江苏省、河南省、陕西省的制造业细分行业，在数量上相对其他省域较高且发展均衡，在保证其他细分行业健康发展的同时，逐步形成各自的集聚优势行业，以江苏省的化学纤维制造业，河南省的造纸及纸制品业、非金属矿物制品业、水的生产和供应，陕西省的医药制造业为代表。甘肃省、新疆维吾尔自治区的制造业虽在细分行业区位熵指数的相对数量上较低且行业发展不均衡，但也具备各自的行业集聚优势特征（如新疆维吾尔自治区的"石油加工、炼焦及核燃料加工业"区位熵平均指数独树一帜，显示出强集聚的特征），凭借国家"一带一路"倡议框架下的"新亚欧大陆桥"优势政策，培养和形成自己的优势制造业，具备一定的成长潜力。

表 6-8　分省域制造业细分行业区位熵平均指数分析（2000—2013 年）

省区	具备集聚优势行业	与全国水平相当行业	不具备集聚优势行业
安徽省	C20、C29-1、C15、C16、C32、C38、C42	C13、C23、C29-2、C30、C31、D44、C41、C36	C14、C17、C18、C19、C21、C22、C24、C25、C26、C28、C33、C34、C35、C37、C27、C39、C40、D45、D46
甘肃省	C15、C16、C25、C31、C32、C41、D44	C30、D46	C13、C14、C17、C18、C19、C20、C21、C22、C23、C24、C29-1、C29-2、C26、C28、C33、C34、C35、C36、C37、C38、C27、C39、C40、C42、C45
江苏省	C17、C18、C26、C28、C34、C38、C39、C40、C42、C41	C20、C24、C29-1、C35	C13、C14、C19、C21、C22、C23、C29-2、C30、C15、C16、C25、C33、C31、C32、C36、C37、C27、D44、D45、D46
陕西省	C14、C23、C15、C16、C25、C32、C35、C36、C37、C27、C40、D44、D45、D46	C30	C13、C17、C18、C19、C20、C21、C22、C24、C29-1、C29-2、C26、C28、C33、C31、C34、C38、C39、C42、C41
新疆维吾尔自治区	C13、C14、C30、C15、C25、C28、C31、D44	C17、C29-2、D45、D46	C18、C19、C20、C21、C22、C23、C24、C29-1、C16、C26、C33、C32、C34、C35、C36、C37、C38、C27、C39、C40、C42、C41

续表

省区	具备集聚优势行业	与全国水平相当行业	不具备集聚优势行业
河南省	C13、C14、C20、C21、C22、C30、C15、C16、C25、C32、C35、C42、D44、D46	C19、C29-1、C17、C23	C18、C24、C29-2、C26、C28、C33、C31、C34、C36、C37、C38、C27、C39、C40、D45、C41

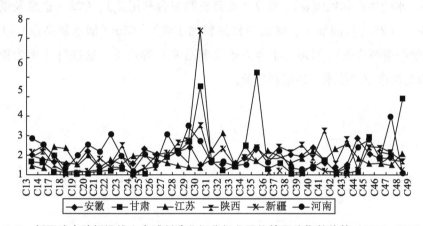

图 6-2　新亚欧大陆桥沿线六省域制造业细分行业区位熵平均指数趋势（2000—2013 年）

6.2.2.2　基于制造业的测度

1. 基于空间基尼系数的行业分析

空间基尼系数（Space Gini Coefficient）是在洛伦兹（Lorenz）提出的洛伦兹曲线和基尼系数的基础上产生的，用于衡量制造业空间分布的均衡性。本书根据空间基尼系数的公式，计算了新亚欧大陆桥国内沿线六省域（如安徽省、甘肃省、江苏省、陕西省、新疆维吾尔自治区和河南省）2000—2013 年制造业细分行业的空间基尼系数，以衡量细分行业的空间集聚程度。

从表 6-9 可以看出，2000—2013 年六省域的制造业 34 个细分行业的空间基尼系数。由此可以发现，分阶段来看各细分行业的空间基尼系数均值，从 2000 年的 0.053 上升到 2006 年 0.238（虽然其中有细微的升降，但总体上呈增长趋势），2007 年的 0.176 上升到 2009 年的 0.245，即使 2006—2007 年有下降现象，但这两个阶段趋于增长，说明六省域 34 个细分行业集聚程度总体上处于两个阶段的缓慢上升阶段。2010—2013 年的空间基尼系数从 0.245 下降到 0.219，制造业细分行业呈现出一定的扩散（或转移）趋势。从计算结果中还可以看出，六省域制造业的 34 个细分行业的平均空间基尼系数为 0.175，其中，集聚程度最高的 D46（水的生产供应业）为 0.901，最低的 C34（通用设备制造业）为 0.028，有 10 个行业超过了平均水平。从横向比较来看，不同细分行业的集聚形态呈现不同特征，其中，集聚程度较高的有 D46（水的生产和供应业）、C42（废弃资源综合利用业）、C22（造纸及纸制品业）、C25（石油加工、炼焦和核燃料加工业）、C16（烟草制品业）、C28（化学纤维制造业）、C30（非金属矿物制品业）等行业，这些行业多为资本密集型制造业和技术密集型制造业。

表 6-9　新亚欧大陆桥沿线六省域制造业细分行业空间基尼系数（2000—2013 年）

行业	2000 年	2001 年	2002 年	2003 年	2005 年	2006 年	2007 年	2008 年	2009 年	2010 年	2011 年	2012 年	2013 年	均值
C13	0.115	0.157	0.059	0.065	0.471	0.136	0.125	0.188	0.157	0.051	0.054	0.092	0.085	0.135
C14	0.084	0.044	0.097	0.084	0.083	0.110	0.124	0.168	0.168	0.107	0.105	0.277	0.232	0.130
C17	0.041	0.010	0.042	0.048	0.099	0.111	0.086	0.065	0.041	0.079	0.059	0.025	0.008	0.055
C18	0.026	0.005	0.057	0.045	0.038	0.079	0.067	0.092	0.103	0.081	0.070	0.120	0.099	0.068
C19	0.051	0.015	0.050	0.023	0.056	0.067	0.049	0.039	0.059	0.055	0.064	0.214	0.199	0.072
C20	0.017	0.008	0.026	0.017	1.682	0.522	0.333	0.004	0.002	0.065	0.050	0.008	0.010	0.211
C21	0.076	0.007	0.083	0.081	0.309	0.428	0.356	0.089	0.099	0.078	0.081	0.086	0.081	0.143
C22	0.024	0.027	0.017	0.015	0.015	0.010	0.007	1.565	1.524	0.017	0.023	1.827	1.833	0.531
C23	0.063	0.009	0.093	0.071	0.047	0.044	0.042	0.036	0.036	0.036	0.024	0.009	0.020	0.041
C24	0.031	0.004	0.059	0.050	0.096	0.122	0.096	0.090	0.094	0.046	0.037	0.028	0.039	0.061
C29-1	0.039	0.012	0.051	0.032	0.037	0.030	0.018	0.004	0.006	0.088	0.065	0.336	0.416	0.087
C29-2	0.015	0.004	0.039	0.027	0.034	0.013	0.012	0.068	0.070	0.020	0.023	0.084	0.080	0.038
C30	0.046	0.050	0.039	0.053	0.580	0.228	0.228	0.112	0.120	0.159	0.148	0.502	0.409	0.206
C15	0.079	0.015	0.082	0.081	0.057	0.061	0.056	0.050	0.055	0.066	0.057	0.043	0.045	0.058
C16	0.156	0.024	0.516	0.522	1.578	0.207	0.208	0.368	0.370	0.133	0.146	0.527	0.571	0.410
C25	0.121	0.028	0.137	0.108	0.166	3.153	2.301	0.149	0.164	0.120	0.099	0.249	0.246	0.542
C26	0.005	0.010	0.006	0.005	0.049	0.050	0.043	0.047	0.039	0.025	0.031	0.090	0.086	0.037
C28	0.037	0.017	0.184	0.204	0.190	0.255	0.274	0.319	0.394	0.339	0.354	0.503	0.553	0.279
C33	0.017	0.006	0.062	0.029	0.053	0.095	0.125	0.176	0.202	0.156	0.154	0.208	0.201	0.114

续表

行业	2000 年	2001 年	2002 年	2003 年	2005 年	2006 年	2007 年	2008 年	2009 年	2010 年	2011 年	2012 年	2013 年	均值
C31	0.051	0.006	0.150	0.027	0.050	0.088	0.060	0.023	0.015	0.005	0.006	0.044	0.033	0.043
C32	0.060	0.069	0.338	0.049	0.056	0.031	0.028	0.069	0.096	0.049	0.049	0.046	0.039	0.075
C34	0.030	0.009	0.040	0.030	0.027	0.041	0.031	0.025	0.023	0.019	0.008	0.048	0.034	0.028
C35	0.004	0.041	0.001	0.005	0.015	0.001	0.002	0.184	0.001	0.005	0.005	0.096	0.080	0.034
C36	—	—	—	—	—	—	—	—	—	—	—	0.096	0.098	0.097
C37	0.061	0.003	0.093	0.075	0.110	0.115	0.092	0.108	0.071	0.045	0.035	0.168	0.183	0.089
C38	0.014	0.004	0.031	0.024	0.043	0.065	0.056	0.081	0.097	0.054	0.089	0.178	0.152	0.068
C27	0.065	0.015	0.047	0.030	0.048	0.059	0.040	0.011	0.011	0.007	0.005	0.017	0.016	0.028
C39	0.041	0.004	0.071	0.045	0.124	0.133	0.128	0.162	0.173	0.117	0.115	0.233	0.206	0.120
C40	0.024	0.005	0.043	0.039	0.006	0.091	0.072	0.132	0.147	0.251	0.290	0.608	0.614	0.179
C42	—	—	—	0.055	2.331	1.006	0.452	0.030	0.034	1.230	0.080	0.118	0.130	0.547
D44	0.071	0.035	0.192	0.208	0.224	0.039	0.040	0.568	0.462	0.149	0.032	0.113	0.093	0.171
D45	0.053	0.005	0.086	0.055	0.037	0.121	0.096	0.873	0.477	0.117	0.055	0.074	0.067	0.163
D46	0.111	0.007	0.823	0.570	1.864	0.064	0.050	0.084	0.082	4.103	3.915	0.023	0.012	0.901
C41	—	—	—	0.056	0.136	0.269	0.109	0.121	0.180	0.204	0.088	0.271	0.477	0.191
均值	0.053	0.021	0.117	0.086	0.325	0.238	0.176	0.185	0.169	0.245	0.195	0.216	0.219	0.175

数据来源:根据 2002—2012 年《中国工业经济统计年鉴》数据计算所得。

注:2004 年统计年鉴缺失。

技术密集型制造业，由于在选址上较少受到自然条件的制约而多依靠技术和人才，因而容易在较易获得国外技术转移和研发机构比较集中的地区形成制造业集聚（如六省域中的江苏省、陕西省、安徽省）。资本密集型制造业得益于便利的地理优势、交通优势，以及国家的区域经济优惠政策（如"西部大开发""中原经济区"及"新亚欧大陆桥"政策），同样使得制造业具有较高集聚程度（如六省域中的新疆维吾尔自治区、河南省）。集聚程度较低的行业主要为 C34（通用设备制造业）、C27（医药制造业）、C29-2（塑料制品业）、C23（印刷和记录媒介复制业）、C17（纺织业）、C24（文教工美体育和娱乐用品制造业）等，这些制造业与人民日常生活密切相关，因而集聚程度增加（见表 6-10）。

表 6-10　制造业细分行业空间基尼系数均值比较情况

空间基尼系数均值	细分行业
≥0.5	D46、C42、C25、C22
0.175（均值）～0.5	C16、C28、C20、C30、C41、C40
0.1～0.175（均值）	D44、D45、C21、C13、C14、C39、C33
0～0.1（含）	C17、C18、C19、C23、C24、C29-1、C29-2、C15、C26、C27、C31-C38

为了更直观地反映各行业的集聚变化趋势，按照空间基尼系数 2000—2013 年的数值做描述性统计，大致按其特征将 34 个细分行业分为以下情况（见表 6-11）。

表 6-11　制造业细分行业按空间基尼系数变化特征分类情况（2000—2013 年）

变化特征		细分行业
先上升后下降	—	C13、C17、C20、C21、C24、C37、C38、C39、D45、D44
上升	先维持平稳后上升	C19、C22、C29-1、C26
	阶梯式上升	C14、C18、C28、C33
逐步下降	—	C15、C32、C27
不规律变化		C23、C29-2、C30、C16、C25、C31、C34、C35、C42、D46

从细分行业集聚程度的变化特征来看，有 10 个细分行业的集聚程度从大

致趋势上经历了先上升后下降的过程，占制造业总体细分行业的 29.41%。这与先前分析的细分行业总体空间基尼系数均值变化态势契合，但不同细分行业出现集聚程度下降的年度不同，如 C13（农副食品加工业）在 2006 年开始出现下降趋势，C37（铁路船舶航空航天和其他运输设备制造业）在 2007 年开始出现下降趋势，C17（纺织业）、C20（木材加工及木竹藤棕草制品业）、C24（文教工美体育和娱乐用品制造业）、D45（燃气生产和供应业）和 D44（电力、热力生产和供应业）在 2008 年开始出现下降趋势，C38（电气机械和器材制造业）和 C39（计算机通信和其他电子设备制造业）在 2009 年开始出现下降趋势，C21（家具制造业）则在 2010 年开始出现下降。与以上细分行业不同的是，逐步出现下降趋势的有 3 个细分行业，占 8.82%，C32（有色金属冶炼和压延加工业）和 C27（医药制造业）从 2001 年开始就一直呈现小幅度下降的趋势。总体呈上升趋势的也有 10 个细分行业，占 29.41%，如 C19（皮革毛皮羽毛及其制品和制鞋业）、C22（造纸及纸制品业）、C29-1（橡胶制品业）和 C26（橡胶制品业）先平稳发展后趋于上升，主要原因是这些制造业受原材料制约的影响，原材料等生产要素集聚会逐渐形成制造业集聚度加强的趋势。C14（食品制造业）、C18（纺织服装、服饰业）、C28（化学纤维制造业）和 C33（金属制品、机械和设备修理业）呈阶梯式上升趋势，主要是这些制造业受国际贸易的影响。C40（仪器仪表制造业）和 C41（其他制造业）呈逐步上升趋势，如仪器仪表制造业 2001 年空间基尼系数为 0.024，2013 年为 0.614，其他制造业从 2003 年的 0.056 上升到 2013 年 0.477，维持了较高集聚度水平下的集聚度增强趋势，而这两个制造业均属于技术密集型制造业；此外，其他 10 个细分行业呈现集聚程度无规律趋势，占 29.41%。

2. 基于 E-G 指数的行业分析

以上所使用的区位熵指数、空间基尼系数等指标在实证中应用较为广泛，但由于没有考虑企业规模对制造业集聚的影响，在进行跨制造业比较时往往会造成较大误差。将《中国工业经济统计年鉴》和安徽省、甘肃省、江苏省、陕西省、新疆维吾尔自治区及河南省《省级统计年鉴》中的"国有及规模以上非国有企业"的 34 个制造业细分行业的工业总产值详细数据，通过 E-G 指数公式计算出 2000—2013 年六省域的 34 个细分行业。E-G 指数如表 6-12 所示。

表 6-12　新亚欧大陆桥沿线六省域制造业细分行业 E-G 指数（2000—2013 年）

行业	2000 年	2001 年	2002 年	2003 年	2005 年	2006 年	2007 年	2008 年	2009 年	2010 年	2011 年	2012 年	2013 年
C13	0.088	0.139	0.035	0.047	0.671	0.088	0.083	0.132	0.105	0.034	0.038	0.040	0.039
C14	0.076	0.038	0.085	0.069	0.102	0.079	0.095	0.125	0.130	0.091	0.085	0.212	0.169
C17	-0.018	0.008	-0.025	-0.014	0.072	0.058	0.034	0.003	-0.020	0.012	0.001	-0.039	-0.047
C18	-0.007	0.005	0.023	0.015	-0.029	0.025	0.013	0.055	0.059	0.039	0.027	0.087	0.066
C19	0.042	0.013	0.037	0.006	0.066	0.058	0.038	0.026	0.046	0.045	0.052	0.145	0.131
C20	-0.003	0.006	0.001	-0.007	3.604	0.445	0.248	-0.038	-0.040	0.012	0.001	-0.048	-0.046
C21	0.072	0.006	0.078	0.077	0.403	0.368	0.301	0.086	0.095	0.069	0.070	0.057	0.054
C22	0.007	0.023	-0.005	-0.006	-0.020	-0.019	-0.024	1.931	1.871	-0.008	-0.002	2.520	2.538
C23	0.056	0.007	0.074	0.054	0.044	0.020	0.019	0.020	0.019	0.026	0.010	-0.032	-0.009
C24	0.009	0.003	0.035	0.029	0.127	0.104	0.077	0.072	0.072	0.019	0.010	0.006	0.023
C29-1	0.027	0.010	0.038	0.017	0.029	0.009	-0.004	-0.026	-0.024	0.040	0.027	0.220	0.305
C29-2	-0.007	0.003	0.019	0.007	0.021	-0.013	-0.011	0.057	0.059	0.005	0.010	0.075	0.072
C30	0.031	0.043	0.014	0.032	0.858	0.161	0.167	0.060	0.068	0.115	0.095	0.432	0.329
C15	0.072	0.011	0.060	0.060	0.071	0.051	0.045	0.023	0.029	0.043	0.035	0.019	0.020
C16	0.157	0.019	0.484	0.487	3.199	0.149	0.155	0.302	0.308	0.099	0.101	0.466	0.516
C25	0.120	0.023	0.130	0.100	0.269	6.256	3.390	0.148	0.161	0.097	0.076	0.183	0.180
C26	-0.032	0.008	-0.036	-0.033	0.015	0.011	0.003	0.006	-0.003	-0.016	-0.010	0.052	0.046
C28	-0.019	0.015	0.084	0.109	0.175	0.183	0.204	0.262	0.333	0.262	0.218	0.448	0.501
C33	-0.008	0.006	0.013	-0.003	0.066	0.089	0.122	0.180	0.209	0.158	0.155	0.213	0.205

续表

行业	2000 年	2001 年	2002 年	2003 年	2005 年	2006 年	2007 年	2008 年	2009 年	2010 年	2011 年	2012 年	2013 年
C31	0.042	0.005	0.153	0.011	0.048	0.069	0.039	-0.002	-0.015	-0.020	-0.015	0.020	0.006
C32	0.042	0.058	0.232	0.022	0.011	0.008	0.006	0.019	0.035	0.014	0.020	-0.005	-0.008
C34	-0.024	0.007	-0.012	-0.015	-0.021	0.005	-0.005	0.008	-0.015	-0.016	-0.022	0.012	0.001
C35	-0.031	0.035	-0.034	-0.023	-0.061	-0.036	-0.032	0.102	-0.039	-0.033	-0.029	0.009	-0.001
C36	—	—	—	—	—	—	—	—	—	—	—	0.088	0.092
C37	0.053	0.002	0.088	0.069	0.172	0.111	0.086	0.107	0.059	0.032	0.020	0.126	0.133
C38	-0.009	0.002	0.008	0.004	0.029	0.039	0.029	0.070	0.063	0.011	0.033	0.132	0.108
C27	0.057	0.013	0.033	0.013	0.053	0.047	0.026	-0.012	-0.015	-0.021	-0.020	-0.013	-0.018
C39	0.027	0.004	0.058	0.021	0.154	0.105	0.093	0.125	0.132	0.068	0.060	0.199	0.172
C40	0.001	0.004	0.027	0.024	-0.059	0.063	0.039	0.086	0.091	0.186	0.172	0.567	0.571
C42	—	—	—	0.016	5.997	1.062	0.395	0.013	0.018	-11.91	0.059	0.094	0.090
D44	0.062	0.029	0.156	0.170	0.255	0.008	0.014	0.511	0.397	0.145	0.017	0.049	0.031
D45	0.044	0.003	0.081	0.047	0.010	0.117	0.091	0.879	0.412	0.118	0.049	0.063	0.055
D46	0.111	0.005	0.828	0.538	4.101	0.053	0.037	0.044	0.046	10.220	1.281	-0.015	-0.027
C41	—	—	—	0.019	0.197	0.279	0.099	0.113	0.184	0.210	0.082	0.280	0.431
均值	0.034	0.018	0.089	0.059	0.625	0.305	0.178	0.166	0.146	0.004	0.082	0.196	0.198

数据来源:根据 2002—2012 年各年《中国工业经济统计年鉴》数据计算所得。

注:2004 年统计年鉴缺失,C36 从 2013 年开始统计。

从表 6-12 可以看出，六省域的 34 个细分行业 E-G 指数均值变化可以分为上升、下降和维持阶段；首先从 2000 年的 0.03 上升到 2005 年的 0.63（期间最大值），接着从 2006 年的 0.30 下降到 2011 年的 0.08，然后 2012 年和 2013 年维持在 0.20 不变，表明 2000—2013 年制造业以 2006 年为拐点呈现先集聚后扩散的变化特征。以下从整体和具体行业两方面来分析。

（1）从整体上看，六省域制造业细分行业的集聚程度呈现出一定差异，行业均值为 0.162，其中集聚程度最高的 D46（水的生产和供应业），E-G 指数均值为 1.325，集聚程度最低的 C26（化学原料和化学制品制造业）为 0.001，更有 C34（通用设备制造业）、C35（专用设备制造业）、C42（废弃资源综合利用业）为负值，分别为 -0.007、-0.013 和 -0.416，表现为制造业不集聚（扩散）。高于 E-G 指数均值的有 8 个细分行业，占 23.53%。由于判断 E-G 指数大小没有绝对的标准，我们沿用 Ellison 和 Glaeser 的分类标准，将 E-G≤0 定义为不集聚，0<E-G<0.02 的情况定义为低度集聚，0.02<E-G<0.05 的情况定义为中度集聚，E-G>0.05 的情况定义为高度集聚。

按照此分类标准，E-G 计算结果中的 D46（水的生产和供应业）的制造业集聚度高达 1.325 是由于此制造业与人口、工业数量密切相关（如河南省域的人口超 1 亿，居大陆地区第一，江苏省域的工业数量名列全国三甲），C25（石油加工、炼焦和核燃料加工业）制造业集聚度高达 0.856 是由化工企业数量决定的（如江苏省）。将 E-G 指数与这一标准进行比对（见表 6-13），有 10 个细分行业 E-G 指数大于 0.05，属于高度集聚；8 个细分行业属于中度集聚；3 个细分行业低度集聚和 3 个细分行业不集聚。

表 6-13　制造业细分行业 E-G 指数均值划分集聚类型情况（2000—2013 年）

E-G 指数范围	集聚类型	细分行业
E-G≥0.05	高度集聚	D46、C25、C22、C16、C20、C28、C41、C30、D45、D44、C40、C21、C13、C33、C14、C39、C36、C37、C19、C29-1
0.02≤E-G<0.05	中度集聚	C24、C15、C38、C32、C18、C31、C23、C29-2
0<E-G<0.02	低度集聚	C27、C17、C26
E-G≤0	不集聚	C34、C35、C42

（2）从具体的细分行业来看，从表6-14和图6-3可以看出，34个制造业细分行业2000—2013年E-G指数的变化趋势可以分为以下五种情况：一是先上升后下降。这类细分行业的E-G指数从2003年开始出现上升，2005年开始出现下降，具体包括C13（农副食品加工业）、C17（纺织业）、C20（木材加工及木竹藤棕草制品业）、C21（家具制造业）、C24（文教工美体育和娱乐用品制造业）、C32（有色金属冶炼和压延加工业）六个行业；D45（燃气生产和供应业）2009年开始出现下降；C25（石油加工、炼焦和核燃料加工业）2001年开始上升，2007年为拐点开始出现下降。二是先上升后下降再上升。这类细分行业在2000—2006年呈现上升趋势、2007—2011年出现下降、之后又呈上升，具体包括C37（铁路船舶航空航天和其他运输设备制造业）、C38（电气机械和器材制造业）、C41（其他制造业）、C23（印刷和记录媒介复制业）和C16（烟草制品业）。三是总体呈上升。这类细分行业在2000—2010年先平稳发展，2011年开始上升的有C14（食品制造业）、C19（皮革毛皮羽毛及其制品和制鞋业）和C29-1（橡胶制品业），阶梯式上升的有C18（纺织服装、服饰业），逐步上升的有C28（化学纤维制造业）、C33（金属制品、机械和设备修理业）、C36（汽车制造业）和C40（仪器仪表制造业）；四是一直下降。C27（医药制造业）虽然在2000—2003年有升有降，且波动不大，但从2005年开始，总体呈明显的一直下降趋势。五是无规律变化，这类细分行业的E-G指数呈现出无规律的变化，包括其余的12个细分行业。

表6-14　制造业细分行业按E-G指数的变化特征分类情况（2000—2013年）

变化特征		细分行业
先上升后下降	—	C13、C17、C20、C21、C24、C32
先上升后下降再上升	—	C37、C38、C41、C23、C16
上升	先维持平稳后上升	C14、C19、C29-1
	阶梯式上升	C18
	逐步上升	C28、C33、C36、C40
一直下降	—	C27
无规律变化	—	C22、C29-2、C30、C15、C26、C31、C34、C35、C39、C42、D44、D46

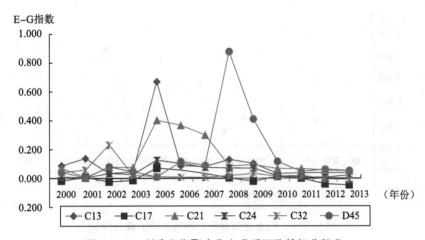

图 6-3-1　制造业集聚度先上升后下降的细分行业

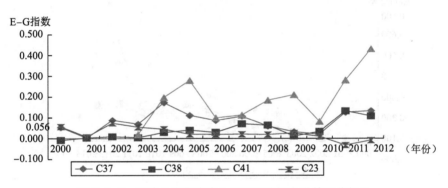

图 6-3-2　制造业集聚度先上升后下降再上升的细分行业

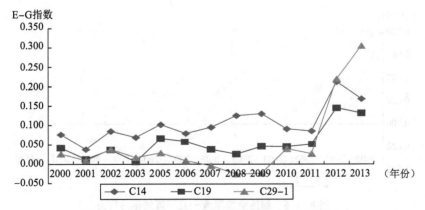

图 6-3-3　制造业集聚度先平稳后上升的细分行业

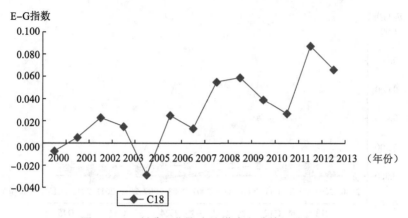

图 6-3-4　制造业集聚度阶梯式上升的细分行业

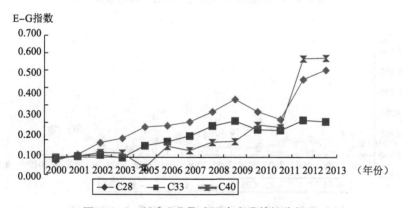

图 6-3-5　制造业集聚度逐步上升的细分行业

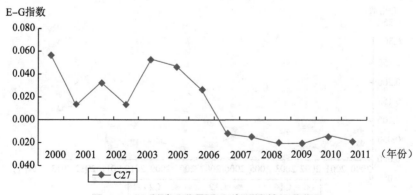

图 6-3-6　制造业集聚度一直下降的细分行业

6.3　区域制造业转移测度

制造业转移是经济社会发展到一定阶段的必然产物，由于资源供给、制造业需求以及政府宏观调控政策发生变化以后，将处于创新、成熟或衰退等不同阶段的制造业（或行业）的产品生产、销售、研发甚至企业总部转移到另一个国家（或地区）的经济行为，是一个具有时间和空间维度的动态过程。这种空间分布的变化包括两个方面：一是制造业活动在地理位置上的迁移所带来的空间分布变化；二是由制造业自身规模的增加或减少所带来的空间分布变动。

6.3.1　区域制造业转移测度方法

假定有 a 制造业部门和 A、B、C 三个区域，且三个区域的初始制造业规模 S 是 $S_B > S_A > S_C$，它们之间的距离是 d（$d_{AB} < d_{BC}$）。如图 6-4（a）所示，在 t 时期，a 制造业由 A 区域、C 区域向 B 区域集聚，形成 B 区域为 a 制造业集聚区且发展水平高于 A 区域和 C 区域的区域制造业专业化分工格局。如图 6-4（b）所示，到了 t+1 时期，B 区域的部分 a 制造业开始向 A 区域扩散。这种扩散所引起的 a 制造业空间分布的变化，使 A 区域成为新的 a 制造业集聚区，并诱导 C 区域的 a 制造业也向 A 区域转移，从而使 A 区域的 a 制造业的专业化水平明显提高。相应地，B 区域和 C 区域的 a 制造业专业化水平趋于降低。同时假定，B 区域 a 制造业主要向 A 区域而非 C 区域转移的条件是 B 区域与 A 区域之间的经济联系显著地强于与 C 区域的经济联系。

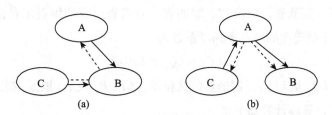

图 6-4　单一制造业三区域情形下的制造业转移模型

注：圆中圆的大小表示区域制造业规模 S，实线表示制造业转移的流向，虚线表示区域间产品流向。

根据上述制造业转移测度原理，以 m 区域 n 制造业为考察对象，把制造业转移相对量与区域之间的经济关联度结合起来，分别以制造业转移相对量测度方法、考虑区位熵和比较劳动生产率两个因素的制造业梯度转移模型，来测度区域制造业转移相对规模和方向。

6.3.1.1 制造业转移相对量测度方法

由于现行的国家统计中没有涉及区域之间制造业流量的统计数据，本书对 p 区域 q 制造业的区位熵指数 LQ_p^q, t 进行差分化处理，用来测度 q 制造业的转移相对量，因此有：

$$\Delta LQ_{p,t}^q = \left(LQ_{p,t}^q - LQ_{p,t-1}^q \right) \tag{6-4}$$

式（6-4）中，$LQ_{p,t}^q = \dfrac{x_{p,t}^q / x_{p,t}^q}{\sum\limits_{p=1}^{n} x_{p,t}^q / \sum\limits_{q=1}^{m} \sum\limits_{p=1}^{n} x_{p,t}^q}$，$(p = 1, 2, 3 \cdots m)$。其

中，x 为 q 制造业的分行业从业人员数，t 代表时间。$LQ_{p,t}^q$ 为 t 时期 p 区域 q 制造业分行业从业人员数占本区域 m 个制造业总从业人员的份额与全国制造业从业人员数占全国 m 个制造业总从业人员的份额之比，代表 p 区域 q 制造业的专业化水平。当 $LQ_{p,t}^q < 0$ 时，表明 q 制造业从 p 区域转出；当 $LQ_{p,t}^q = 0$ 时，表明 q 制造业在 p 区域既无转出也无转入；当 $LQ_{p,t}^q > 0$ 时，表明 q 制造业转入 p 区域。

6.3.1.2 制造业梯度转移的测算方法

由于新亚欧大陆桥沿线不同省份（或城市）在要素禀赋、制造业基础、专业化程度等方面存在差异，不同地区在经济发展、制造业布局、制造业发展水平上形成一定阶梯状差异，从而推动制造业在省份（或城市）间呈现梯度转移。运用考虑区位熵和比较劳动生产率两个因素的制造业梯度转移模型，分析江苏省、安徽省、河南省、陕西省、甘肃省、新疆维吾尔自治区六省域地区 i 地区 j 制造业的制造业梯度系数为：

$$IGC_{ij} = LQ_{ij} \times CPOR_{ij} \tag{6-5}$$

其中，LQ_{ij} 是 i 地区 j 制造业的区位熵，$CPOR_{ij}$ 表示 i 地区 j 制造业的比较劳动生产率，具体计算如下：

$$LQ_{ij} = \frac{i \text{ 地区 } j \text{ 制造业生产总值在当地 GDP 比重}}{\text{全国 } j \text{ 制造业生产总值在全国 GDP 比重}} \tag{6-6}$$

如前所述，区位熵反映某地区某制造业的集中化水平，该制造业区位熵

大于 1, 表示该制造业在该地区较为集中, 集聚程度高于全国水平, 在竞争中具有一定优势地位; 该制造业区位熵小于 1, 则该制造业集聚程度小于全国水平, 不具备集聚优势。

$$CPOR_{ij} = \frac{i \text{ 地区 } j \text{ 制造业劳动生产率}}{\text{全国 } j \text{ 制造业劳动生产率}} \qquad (6-7)$$

比较劳动生产率反映一个地区相对全国在人力资本数量, 以及劳动者素质等方面高低的综合指标。如果该制造业比较劳动生产率大于 1, 这说明其劳动生产率高于全国平均水平, 小于 1 则低于全国平均水平。

综合来看, 制造业梯度系数的高低, 由制造业集中程度和劳动生产率共同决定, 专业化程度和劳动生产率均较高的制造业才具有较高制造业梯度值, 制造业梯度系数大于 1, 表示某个地区该制造业具有一定竞争优势, 是该地区相对较专业化的部门。相应地, 如果制造业梯度系数小于 1, 则表明该地区该制造业存在一定的追赶潜力。

6.3.2　区域制造业转移具体测度

6.3.2.1　六省域制造业梯度系数和优势制造业分析

运用制造业梯度转移模型, 采用《中国工业经济统计年鉴》及安徽省、甘肃省、江苏省、陕西省、新疆维吾尔自治区及河南省 2000 年、2005 年、2010 年和 2013 年制造业细分行业的相关数据, 分别计算六省域 34 个细分制造业的制造业梯度系数, 测算结果如表 6-15、表 6-16 所示。

通过比较安徽省、甘肃省、江苏省、陕西省、新疆维吾尔自治区及河南省制造业细分行业的 2000 年、2005 年、2010 年和 2013 年制造业梯度系数发现: 2000 年江苏省细分行业制造业梯度系数大于 1 的有 12 个细分行业, 主要集中在劳动密集型和资本密集型细分行业; 安徽省和河南省有 5 个细分行业制造业梯度系数大于 1, 集中在劳动密集型细分行业; 新疆维吾尔自治区、陕西省和甘肃省分别有 4 个、3 个和 2 个细分行业制造业梯度势差大于 1。2005 年江苏省有 17 个细分行业系数大于 1, 其中, 资本密集型细分行业占 47.06%; 河南省细分行业系数大于 1 的有 15 个, 其中, 劳动密集型细分行业占 53.33%。

表6-15 新亚欧大陆桥沿线六省域分行业制造业梯度系数（2000年、2005年）

行业	2000年						2005年					
	安徽省	甘肃省	江苏省	陕西省	新疆维吾尔自治区	河南省	安徽省	甘肃省	江苏省	陕西省	新疆维吾尔自治区	河南省
C13	0.63	0.24	0.59	0.35	0.59	2.49	0.81	0.47	0.56	0.55	0.84	2.91
C14	0.35	0.36	0.46	0.83	0.99	0.94	0.72	0.61	0.34	1.17	1.39	1.17
C17	0.62	0.15	1.87	0.41	1.06	0.43	0.37	0.06	1.96	0.22	0.45	0.46
C18	0.12	0.10	1.42	0.10	0.01	0.09	0.18	0.02	1.82	0.05	0.01	0.96
C19	0.45	0.11	0.67	0.14	0.06	1.41	0.56	0.06	0.60	0.03	0.68	2.66
C20	0.74	0.04	0.78	0.09	0.08	0.46	1.02	0.02	1.21	0.04	0.37	6.27
C21	0.27	0.25	0.68	0.50	2.29	0.41	0.12	0.02	0.48	0.08	1.16	3.53
C22	0.25	0.12	0.86	0.45	0.32	0.76	0.40	0.06	1.17	0.18	0.25	1.17
C23	0.22	0.22	0.50	2.46	0.04	0.38	0.82	0.13	0.55	1.44	0.26	1.25
C24	0.28	0.10	1.13	0.02	0.00	0.02	0.30	0.02	1.33	0.01	—	0.34
C29-1	1.59	0.01	0.74	0.09	0.80	0.59	2.09	—	0.92	0.08	0.33	0.88
C29-2	1.02	0.49	1.22	0.12	0.99	0.25	1.88	0.26	1.02	0.13	1.35	0.81
C30	0.61	0.43	0.70	0.40	0.78	1.28	1.04	0.36	0.74	0.40	0.86	4.63
C15	1.29	0.52	0.37	0.88	0.54	0.51	0.75	0.48	0.43	1.59	0.91	0.58
C16	0.71	0.22	0.29	0.82	0.11	0.33	1.58	1.15	0.72	1.08	0.48	1.29
C25	0.68	1.78	0.24	1.17	3.70	0.88	0.31	2.48	0.35	2.64	4.32	0.62
C26	0.44	0.67	1.50	0.31	0.32	0.47	0.66	0.19	1.81	0.37	0.44	0.44

续表

行业	2000 年						2005 年					
	安徽省	甘肃省	江苏省	陕西省	新疆维吾尔自治区	河南省	安徽省	甘肃省	江苏省	陕西省	新疆维吾尔自治区	河南省
C28	0.15	0.01	1.79	0.91	0.10	0.40	0.31	—	3.07	0.24	0.47	0.74
C33	0.18	0.18	1.14	0.25	0.33	0.26	0.91	0.04	0.82	0.20	0.24	0.95
C31	0.80	0.46	0.79	0.11	1.05	0.41	1.12	1.23	1.45	0.36	0.75	0.40
C32	1.09	3.11	1.04	0.58	0.65	1.33	2.00	3.74	1.04	0.90	0.24	2.51
C34	0.56	0.13	1.66	0.43	0.17	0.39	0.53	0.06	1.24	0.82	0.06	0.62
C35	0.77	0.13	1.28	1.17	0.07	0.94	0.59	0.27	1.09	1.17	0.10	1.39
C37	0.68	0.02	0.60	0.71	0.05	0.19	1.18	0.02	0.53	0.92	0.02	0.21
C38	1.35	0.10	1.07	0.28	0.23	0.30	2.62	0.05	1.28	0.74	0.42	0.64
C39	0.14	0.06	0.73	0.81	0.00	0.13	0.11	0.01	1.45	0.21	0.03	0.12
C40	0.25	0.04	1.34	0.37	0.08	0.08	0.72	0.03	1.57	0.63	0.05	1.03
C42	0.00	0.00	0.00	0.00	0.00	0.00	0.29	0.03	1.31	0.12	0.10	3.15
D44	0.42	0.87	0.27	0.26	0.20	1.27	0.37	3.08	0.47	1.28	0.67	1.51
D45	0.84	0.17	0.64	0.26	0.16	0.19	0.63	0.21	0.89	1.14	0.43	0.43
D46	—	—	—	—	—	—	0.42	0.12	0.61	1.92	0.93	9.25
C41	—	—	—	—	—	—	0.13	0.00	3.71	2.92	0.00	0.26

注：经《中国工业经济统计年鉴》和各省统计年鉴计算所得。

表6-16 新亚欧大陆桥沿线六省域细分行业制造业梯度系数(2010年、2013年)

行业	2010年						2013年					
	安徽省	甘肃省	江苏省	陕西省	新疆维吾尔自治区	河南省	安徽省	甘肃省	江苏省	陕西省	新疆维吾尔自治区	河南省
C13	1.34	0.09	0.60	0.17	0.13	0.27	1.40	0.11	0.63	0.22	1.49	0.24
C14	0.56	0.09	0.23	0.37	0.25	0.43	0.73	0.04	0.36	0.47	1.23	0.40
C17	0.45	0.01	1.61	0.04	0.08	0.52	0.58	0.01	1.25	0.05	0.07	0.24
C18	0.51	0.00	1.73	0.05	0.00	0.09	0.90	0.01	1.71	0.05	0.03	0.08
C19	0.86	0.07	0.49	0.00	0.07	0.73	1.09	0.08	0.64	0.01	0.09	0.88
C20	1.29	0.00	1.04	0.07	0.04	0.59	1.61	0.00	1.34	0.12	0.02	0.25
C21	0.67	0.00	0.28	0.03	0.06	0.46	1.40	0.01	0.29	0.05	0.00	0.36
C22	0.54	0.01	0.98	0.06	0.03	0.43	0.61	0.03	1.29	0.08	0.15	1.01
C23	1.11	0.00	0.55	0.42	0.05	0.30	2.11	0.02	0.66	0.33	0.00	0.20
C24	0.51	0.01	1.67	0.05	—	0.08	0.67	0.00	0.79	—	—	—
C29-1	0.78	0.00	0.83	0.10	0.02	0.71						
C29-2	1.37	0.02	0.77	0.23	0.13	0.26	1.87	0.02	2.14	0.07	0.00	0.56
C30	0.97	0.15	0.64	0.27	0.29	1.05	1.12	0.31	1.98	0.36	0.42	0.75
C15	0.80	0.14	0.59	0.59	0.33	0.49	0.92	0.29	0.59	0.81	0.41	0.24
C16	1.06	0.81	0.86	0.56	0.59	0.62	0.76	0.22	0.75	0.53	0.02	1.12
C25	0.39	0.57	0.68	1.41	1.83	0.41	0.52	0.08	0.78	1.28	3.83	0.05
C26	0.69	0.10	1.88	0.07	0.21	0.17	0.70	0.02	2.17	0.08	0.04	0.16
C28	0.23	0.00	2.69	0.05	0.60	0.06	0.14	0.01	3.11	0.04	0.22	0.04

续表

行业	2010年						2013年					
	安徽省	甘肃省	江苏省	陕西省	新疆维吾尔自治区	河南省	安徽省	甘肃省	江苏省	陕西省	新疆维吾尔自治区	河南省
C33	0.79	0.18	0.06	0.06	0.09	0.16	0.98	0.10	0.01	0.09	0.20	0.11
C31	0.97	0.22	1.41	0.09	0.31	0.18	0.94	0.40	1.75	0.23	0.18	0.12
C32	2.30	0.80	0.95	0.25	0.08	0.32	1.82	0.38	0.36	0.38	0.52	0.17
C34	0.72	0.03	1.30	0.16	0.01	0.21	1.33	0.04	1.25	0.21	0.01	0.14
C35	0.84	0.02	1.10	0.26	0.03	0.34	1.18	0.06	1.78	0.28	0.10	0.36
C36	—	—	—	—	—	—	0.79	0.00	0.00	0.00	0.00	0.06
C37	1.03	0.00	0.73	0.03	0.00	0.04	0.40	0.01	1.80	0.46	—	0.07
C38	2.36	0.83	1.89	0.16	0.83	0.12	3.01	0.26	2.05	0.13	48.52	0.06
C27	—	—	—	—	—	—	0.72	0.11	1.45	0.46	0.01	0.18
C39	0.11	0.01	1.64	0.06	0.01	0.02	0.42	0.02	1.59	0.05	0.01	0.01
C40	0.68	0.01	2.98	2.29	0.01	0.14	0.89	0.01	4.22	0.34	0.00	0.09
C42	4.35	0.01	19.82	0.01	0.01	0.02	5.27	0.03	2.61	0.12	0.01	0.07
D44	0.76	0.31	0.04	0.29	0.29	0.19	0.94	0.24	0.72	0.26	0.33	0.25
D45	0.42	0.09	0.31	0.37	0.38	0.08	0.14	0.01	0.18	0.22	0.16	0.02
D46	0.58	0.33	0.51	0.35	0.21	3.42	1.65	0.33	1.39	1.60	—	0.32
C41	0.66	0.03	0.76	0.17	0.00	0.00	17.07	0.87	9.51	1.14	0.00	0.02

注：经《中国工业经济统计年鉴》和各省省统计年鉴计算所得，自2012年"橡胶制品业"和"塑料制品业"统一为"橡胶和塑料制品业"统计。

安徽省、陕西省、甘肃省系数大于1的分别相对2000年增加了4个、5个、3个细分行业，新疆维吾尔自治区维持4个细分行业系数大于1。2010年江苏省的细分行业系数大于1的数量有13个，相对其他省域仍然领先，主要集中在资本密集型细分行业，竞争优势最明显的是C42；安徽省维持2005年的5个细分行业系数大于1；河南省、甘肃省、陕西省和新疆维吾尔自治区相对于2005年的数量出现了不同程度的下降；2013年除了甘肃省，其他省区相对于2010年分别出现细分行业系数大于1的数量增长，江苏省、安徽省增长居多，陕西省和新疆维吾尔自治区次之（见图6-5至图6-8）。

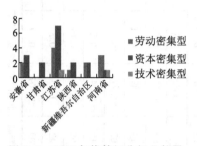

图6-5 2000年优势细分行业数量

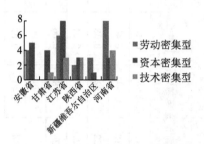

图6-6 2005年优势细分行业数量

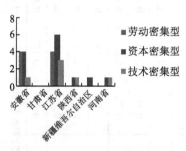

图6-7 2010年优势细分行业数量

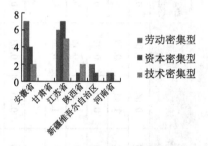

图6-8 2013年优势细分行业数量

根据制造业34个细分行业的制造业梯度系数（2000年、2005年、2010年、2013年），可得出安徽省、甘肃省、江苏省、陕西省、新疆维吾尔自治区和河南省的具体优势制造业（见表6-17）。安徽省和河南省的优势制造业以劳动密集型制造业居多，江苏省的制造业以资本密集型和技术密集型制造业居多，甘肃省、陕西省、新疆维吾尔自治区虽有细分行业梯度系数大于1，但与新亚欧大陆桥其他省域制造业梯度势差明显，已经具备制造业转移的基础条件。

表 6-17 优势制造业细分行业一览表

省域	优势制造业
安徽省	农副食品加工业（C13），烟草制品业（C16），木材加工及木竹藤棕草制品业（C20），印刷和记录媒介复制业（C23），橡胶制品业（C29-1），塑料制品业（C29-2），有色金属冶炼和压延加工业（C32），运输设备制造业（C37），电气机械和器材制造业（C38）
甘肃省	石油加工、炼焦和核燃料加工业（C25），有色金属冶炼和压延加工业（C32）
江苏省	纺织业（C17），纺织服装、服饰业（C18），木材加工及木竹藤棕草制品业（C20），造纸及纸制品业（C22），塑料制品业（C29-2），化学原料和化学制品制造业（C26），化学纤维制造业（C28），黑色金属冶炼和压延加工业（C31），通用设备制造业（C34），专用设备制造业（C35），电气机械和器材制造业（C38），计算机通信和其他电子设备制造业（C39），仪器仪表制造业（C40），废弃资源综合利用业（C42），其他制造业（C41）
陕西省	印刷和记录媒介复制业（C23），石油加工、炼焦和核燃料加工业（C25），专用设备制造业（C35），其他制造业（C41）
新疆维吾尔自治区	食品制造业（C14），石油加工、炼焦和核燃料加工业（C25），电气机械和器材制造业（C38）
河南省	农副食品加工业（C13），烟草制品业（C16），造纸及纸制品业（C22），水的生产和供应业（D46）

6.3.2.2 六省域制造业转移的行业选择及方向分析

通过前面所述的制造业转移相对量测度方法及根据《中国工业经济统计年鉴》2000—2013 年、六省域的统计年鉴数据，将测算结果根据"转出""转入"方向分为"2000—2005 年""2005—2010 年"和"2010—2013 年"三个时间段表述，如表 6-18 所示。

表 6-18-1 六省域制造业细分行业制造业转移方向（2000—2005 年）

行业	安徽省	甘肃省	江苏省	陕西省	新疆维吾尔自治区	河南省	行业	安徽省	甘肃省	江苏省	陕西省	新疆维吾尔自治区	河南省
C13	↑	↓	↑	↑	↑	↓	C28	↓	↓	↓	↓	↓	↓
C14	↓	↑	↑	↑	↑	↓	C33	↓	↑	↑	↑	↓	↓
C17	↑	↑	↓	—	↑	↓	C31	↓	↑	↑	↑	↓	↑

续表

行业	安徽省	甘肃省	江苏省	陕西省	新疆维吾尔自治区	河南省	行业	安徽省	甘肃省	江苏省	陕西省	新疆维吾尔自治区	河南省
C18	↓	↑	↑	↑	↑	↓	C32	↓	↑	↓	↓	↑	↑
C19	↓	↑	↓	↑	↓	↑	C34	↓	↑	↑	↓	↓	↓
C20	↓	↑	↓	↑	↓	↓	C35	↑	↑	↑	↑	↑	↓
C21	↑	↑	—	↑	↑	↓	C37	↓	—	↓	↑	↓	↓
C22	↓	↑	↑	↑	↓	↓	C38	↓	↑	↓	↑	↑	↑
C23	↓	↑	↑	↑	↓	↓	C27	↓	↑	↓	↑	↓	↓
C24	↑	↑	↓	—	—	↓	C39	↑	↑	↑	↑	—	↓
C29-1	↑	↑	↑	↑	↑	↓	C40	↑	↑	↓	↑	↑	↓
C29-2	↓	↑	↑	↑	↑	↓	C42	↓	↑	↓	↓	↓	↓
C15	↑	↓	↓	↓	↓	↓	D45	↑	↑	↓	↓	↑	↓
C16	↓	↑	↓	↑	↑	↓	D46	↓	↑	↓	↓	↓	↓
C25	↑	↑	↓	↓	↓	↓	C41	↓	↑	↓	↑	↓	↓
C26	↓	↑	↓	↑	↑	↓							

注：经《中国工业经济统计年鉴》计算所得，"↑"表示转出，"↓"表示转入，"—"无明显转入、转出，下同。

表6-18-2　六省域制造业细分行业制造业转移方向（2005—2010年）

行业	安徽省	甘肃省	江苏省	陕西省	新疆维吾尔自治区	河南省	行业	安徽省	甘肃省	江苏省	陕西省	新疆维吾尔自治区	河南省
C13	↓	↓	—	↑	↑	↑	C28	↑	↓	↓	↑	↑	↓
C14	↑	↓	↑	↓	↑	—	C33	↓	↑	↑	↓	↓	↓
C17	↓	—	↓	—	↓	↓	C31	↑	↑	↑	↑	↓	↓
C18	↓	—	↑	↑	↓	↓	C32	↑	↓	↓	↑	↓	↓
C19	↓	↑	↑	—	↑	-	C34	↓	—	↓	↑	↑	↓
C20	↓	↑	↑	↓	↑	↑	C35	↑	↑	↑	↓	↑	↓
C21	↓	↑	—	↓	↓	↓	C37	↓	↑	↓	↑	↓	↓
C22	↓	↑	↑	↓	↓	↓	C38	↓	↑	↓	↓	↓	↓
C23	↓	↑	↑	↓	↓	↓	C27	↑	↓	↓	↑	↓	↓
C24	↓	↑	↓	—	↓	↓	C39	↓	↑	↑	↓	↓	↓
C29-1	↑	↓	↑	↓	↑	↓	C40	↓	↑	↓	↓	↑	↓
C29-2	↑	↑	↑	↓	↑	↓	C42	↓	↑	↓	↓	↓	↓
C30	↑	↓	↓	↑	↓	↑	D44	↓	↓	↑	↓	↓	↓

续表

行业	安徽省	甘肃省	江苏省	陕西省	新疆维吾尔自治区	河南省	行业	安徽省	甘肃省	江苏省	陕西省	新疆维吾尔自治区	河南省
C15	↑	↑	↑	↑	↑	↑	D45	↑	↓	↑	↑	↑	↓
C16	↑	↓	↓	↑	↑	↓	D46	↑	↓	↑	↑	↑	↓
C25	↑	↑	↓	↑	↑	↓	C41	↑	↑	↑	↑	↓	↓
C26	↑	↑	↓	↑	↑	↓							

表 6-18-3　六省域制造业细分行业制造业转移方向（2010—2013 年）

行业	安徽省	甘肃省	江苏省	陕西省	新疆维吾尔自治区	河南省	行业	安徽省	甘肃省	江苏省	陕西省	新疆维吾尔自治区	河南省
C13	↑	↓	↑	↓	↑	↑	C28	↑	↓	↓	↓	↓	↑
C14	↓	↑	↓	↓	↑	—	C33	↓	↑	↑	↓	↓	↓
C17	↑	↓	↓	—	↑	↓	C31	↑	↓	↓	↓	↓	↑
C18	↓	↓	↓	↓	↓	↓	C32	↑	↓	↓	↓	↓	↓
C19	↓	↓	↓	↓	↓	↓	C34	↓	↓	↓	↓	↓	↓
C20	↓	—	↓	↓	↑	↑	C35	↓	↓	↓	↓	↓	↓
C21	↓	↑	—	↓	↑	↓	C37	↑	↓	↓	↓	↓	↑
C22	↑	↓	↓	↓	↑	↓	C38	↑	↓	↓	↓	↓	↓
C23	↑	↓	↓	↓	↑	↑	C27	↑	↓	↓	↑	↓	↑
C24	↓	↓	↑	↑	↑	↓	C39	↓	↓	↑	↑	↓	↑
C29-1	↓	↓	↓	↑	↓	↑	C40	—	↓	↓	↓	↓	↓
C29-2	↑	↑	↑	↑	↑	↓	C42	↓	↓	↓	↑	↓	↑
C30	↑	↓	↓	↓	↑	↑	D44	↓	↓	↓	↑	↓	↑
C15	↑	↓	↑	↓	↓	↑	D45	↑	↓	↓	↑	↓	↑
C16	↑	↑	↑	↓	↓	↓	D46	↑	↓	↓	↓	↓	↓
C25	↓	↑	↓	↓	↓	↑	C41	↑	↓	↓	↓	↓	↓
C26	↓	↑	↓	↓	↓	↑							

　　从表 6-18 可以看出，新亚欧大陆桥国内沿线省域制造业细分行业转移方向。从省域角度来看，劳动密集型制造业多向安徽省和河南省转入，从甘肃省、陕西省和新疆维吾尔自治区转出的较多，而江苏省转入转出的趋势不是很明显；资本密集型制造业多向江苏省和陕西省转入，而安徽省、甘肃省、新疆维吾尔自治区和河南省的趋势不明显；技术密集型制造业多向江苏省和河南省转入，安徽省、甘肃省、陕西省和新疆维吾尔自治区趋势不明显。从

具体细分行业角度来看，制造业细分行业转入东中部的有 C23（印刷和记录媒介复制业）、C29-1（橡胶制品业）、C30（非金属矿物制品业）、C40（仪器仪表制造业）；转入中西部的有 C13（农副食品加工业）、C18（纺织服装、服饰业）、C29-2（塑料制品业）、C15（酒、饮料和精制茶制造业）、C16（烟草制品业）；转入东西部两翼的有 C26（化学原料和化学制品制造业）、C31（黑色金属冶炼和压延加工业）、C32（有色金属冶炼和压延加工业）、C34（通用设备制造业）、C27（医药制造业）、D46（水的生产和供应业），其他行业虽然有细分行业的梯度转移，但存在转入后又转回到原先省域的情况（即"回流现象"）。

6.4　本章小结

制造业集聚测度主要采用基于总体经济活动的区位熵指数、空间基尼系数和 E-G 指数法。区位熵指数体现的是区域概念，即对不同地区制造业细分行业集聚程度比较，但无法进行跨细分行业比较。空间基尼系数和 E-G 指数强调的是从具体制造业细分行业角度进行分析，但无法反映区域间的差异。根据新亚欧大陆桥国内沿线省域制造业细分行业"工业总产值""行业从业人员"2000—2013 年时间序列数据，分别对制造业细分行业区位熵、空间基尼系数和 E-G 指数进行测度，从综合分区域、细分行业的集聚测度结果可以看出：C28（化学纤维制造业）、C40（仪器仪表制造业）集聚优势明显（C28 主要在江苏和新疆区域集聚、C40 主要在江苏和陕西区域集聚），对于 C33（金属制品、机械和设备修理业）从细分行业角度来看具备集聚优势，但在新亚欧大陆桥国内沿线区域来看，集聚不是很明显，说明其具有较强的集聚潜力。

制造业转移测度用转移相对量中的转移梯度系数来衡量，根据前述的时间序列数据，得出新亚欧大陆桥国内沿线省域优势制造业细分行业（见表6-17），然后结合梯度系数的变化得出制造业细分行业的转移方向（见表6-18）。综合制造业集聚与转移的测度结果，制造业集聚优势明显的 C28、C33和 C40 开始集中在东中部，然后转移到中西部，最终形成东中西部都存在的格局，说明制造业集聚和转移并存；其他集聚不明显的制造业细分行业转移趋势较明显，说明其生产要素的流动便利性程度高。

第7章 海铁联运对新亚欧大陆桥国内沿线制造业转移及集聚的影响

7.1 制造业集聚与转移度量预测及代表性行业选取

7.1.1 预测过程

基于计算机算法，利用 EUREQA 软件直接拟合数据，能实现函数方程的拟合过程。根据《中国工业经济统计年鉴》（2001—2013 年）、新亚欧大陆国内沿线省域（如安徽省、甘肃省、江苏省、陕西省、新疆维吾尔自治区、河南省）统计年鉴（2001—2013 年）挖掘制造业"劳动密集型""资本密集型""技术密集型"三大制造业部类及其下属的 34 个细分行业的经济面板数据建立时间序列预测方程。其中，以"工业总产值"为因变量，建立预测函数方程 $y(Cn)$。为了提高拟合精度，本章的每个时间序列函数将包含多项式、指数、对数、三角函数等形式，从而获得尽量合理的预测结果。

7.1.1.1 预测方程的建立

本实证研究将利用 EUREQA 软件，并逐步修正参数，以期获得较好的拟合效果。现仅以安徽省为例（其他五省域的工业总产值预测方程详见附录），以制造业每个细分行业的工业总产值 2000—2013 年数据作为样本数据源，对制造业每个细分行业的工业总产值进行预测，其预测方程及拟合结果叙述如表 7-1、表 7-2 和表 7-3，图 7-1、图 7-2 和图 7-3 所示，新亚欧大陆桥国内沿线其他省域预测过程见附录。

表7-1 安徽省制造业劳动密集型细分行业工业总产值预测方程及拟合结果数据

行业	Solution（预测方程）	A	B	C	D	E	F	G	H
						检验参数			
农副产品加工业	$y(C13) = 128.2490792058 + 0.4630539041817427×x^4 - 0.01895489500032644×x^5 - 1.871998165445850×x^3$	0.9974	0.9987	93.9824	1754.27	4	31	33.222	0.0521
食品制造业	$y(C14) = 120.5438694016634 + x^2 + 0.10342404347322 ×x^3+\sin(x)$	0.9789	0.9901	61.81392	465.695	2	18	12.517	0.1089
纺织业	$y(C17) = 110.5254637132447 + 2.9938594345111107×x^2 + 0.01607531100872164×x^5 - 3.258447530477788e-5×x^7 - 0.13189225095377×x^4$	0.9938	0.9970	62.3356	379.653	5	45	11.225	0.0589
纺织服装、服饰业	$y(C18) = 9.359814234440227 + 1.911271314978836×x^2 + 0.0129414676934409×x^5 - 2.316739656642999e-5×x^7 - 0.10860890306464×x^4$	0.9985	0.9993	21.8104	79.0364	5	45	5.8687	0.0377
皮革毛皮羽毛及其制品和制鞋业	$y(C19) = 10.65272139923222 + 1.647379615234458×x^2 + 0.006893360389648451×x^5 - 1.247938074268456e-5×x^7 - 0.06217844997014911×x^4$	0.9949	0.9977	17.6557	54.2686	5	45	5.1193	0.0674
木材加工及木竹藤棕草制品业	$y(C20) = 15.284838877239 + 3.354345663455554×x^2 + 0.09803510290156614×x^4 - 0.000161935960037709×x^6 - 0.9674735520088515×x^3$	0.9959	0.9982	37.876	133.102	5	39	6.3732	0.0466
家具制造业	$y(C21) = 3.312155702785884×x + 0.04558648723659534×x^4 - 0.001434158069105794×x^5 - 0.2987515855591664×x^3$	0.9969	0.9985	10.1499	12.7225	4	33	2.2490	0.0558
造纸及纸制品业	$y(C22) = 10.77554998832564 + 8.352576782288706×x + 0.110335141267392×x^4 - 0.004670822669931848×x^5 - 0.576903576254223×x^3$	0.9924	0.9962	21.7336	65.8488	5	35	5.7841	0.0752

续表

行业	Solution（预测方程）	检验参数							
		A	B	C	D	E	F	G	H
印刷和记录媒介复制业	$y(C23) = 7.0723634736835 + 0.13573228717622 \times x^3 + 2.57289262209935e\text{-}6 \times x^7 - 0.00839876787133797 \times x^4$	0.9977	0.9989	8.0442	19.0387	4	35	3.4676	0.0541
非金属矿物制品业	$y(C30) = 39.1919851953464 + 38.0910666608101 \times x + 0.43266517171408 \times x^4 - 0.01574209820203 \times x^5 - 2.46295521168532 \times x^3$	0.9931	0.9965	144.795	2574.83	5	35	31.776	0.069

注：A 表示"R^2 Goodness of Fit"、B 表示"Correlation Coefficient"、C 表示"Maximum Error"、D 表示"Mean Squared Error"、E 表示"Coefficients"、F 表示"Complexity"、G 表示"Primary Objective"、H 表示"Fit(Normalized Primary Obj.)"，下同。

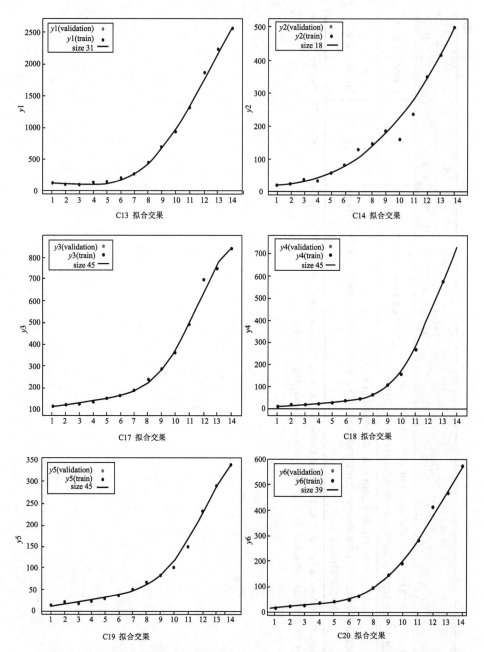

图7-1 安徽省制造业劳动密集型细分行业工业总产值预测拟合效果示意图

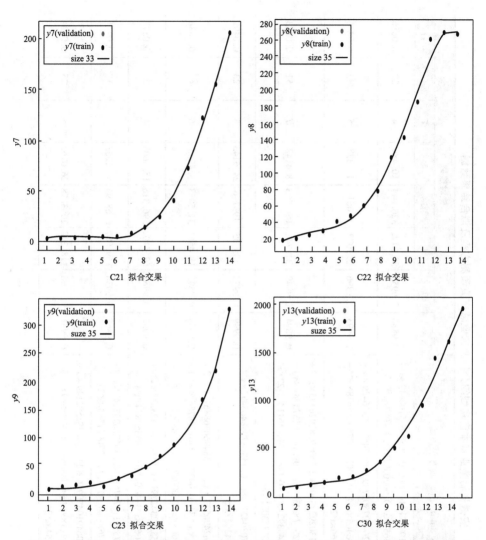

图 7-1　（续）安徽省制造业劳动密集型细分行业工业总产值预测拟合效果示意图

表7-2 安徽省制造业资本密集型细分行业工业总产值预测方程及拟合结果数据

行业	Solution（预测方程）	检验参数							
		A	B	C	D	E	F	G	H
酒、饮料和精制茶制造业	$y(C15)=89.1710907194492+0.0436383635100817\times x^4-7.344849250535652\times x-0.0020500753839740002\times x^5$	0.9886	0.9953	58.3172	326.044	10.484	4	27	0.0816
烟草制品业	$y(C16)=32.0264007805789+19.7457965516429\times x+0.0185680860806465\times x^4-0.00080397755255638\times x^5-1.35250908508866\times x^2$	0.9993	0.9996	5.3077	5.0619	1.7327	5	33	0.0246
石油加工、炼焦和核燃料加工业	$y(C25)=55.3213029273304+2.85059582920335\times x^2+0.0675167437493957\times x^3\times\sin(109.107801373081\times x)-0.00507719371240392\times x^4-0.000269448461143722\times x^5\times\sin(109.107801373081\times x)$	0.9894	0.9949	31.746	158.123	8.4143	7	51	0.0803
化学原料和化学制品制造业	$y(C26)=120.170304229366+0.149087038465472\times x^4-0.0072221736364362\times x^5$	0.9949	0.9975	135.35	1937.6	24.6145	3	23	0.0499
化学纤维制造业	$y(C28)=15.582496533+0.100384966768861\times x^2+0.023002624014\times x^3+0.0027861236105 8756\times x^4-0.783014154179663\times x-0.000224285775846013\times x^5$	0.9348	0.9693	18.4561	34.5058	3.4055	6	41	0.1836
金属制品、机械和设备修理业	$y(C33)=11.4855392345791+0.90603444593233\times x^2+0.127454162555064\times x^3+0.0151019795 67874\times x^4$	0.9952	0.9982	69.5102	596.316	15.4608	4	25	0.0572
黑色金属冶炼和压延加工业	$y(C31)=80.9375501152476+10.9401716953747\times x^2+80.9375501152476\times\cos(-0.917079380971583\times x^2)$	0.9868	0.9936	169.087	6168.93	57.1253	4	18	0.0971
通用设备制造业	$y(C34)=45.8064910470946+11.9590481592149\times x+0.255125705726943\times x^4-0.00990763144986599\times x^5-1.07718987040754\times x^3$	0.9931	0.9966	118.348	2053.58	26.0762	5	35	0.0624

续表

行业	Solution(预测方程)	检验参数							
		A	B	C	D	E	F	G	H
专用设备制造业	$y(C35) = 65.5416178708487 + 0.12353639295 4289 \times x^4 - 0.0042125365809 6537 \times x^5 - 0.4957274300735 79 \times x^3$	0.998	0.999	29.604	256.623	13.882	4	31	0.0531
电气机械和器材制造业	$y(C38) = 124.8021936366542 + 4.18151771340 236 \times x + x^3 + 0.033552518107 \times x^4$	0.986	0.994	499.485	2463.2	76.1291	3	21	0.0751

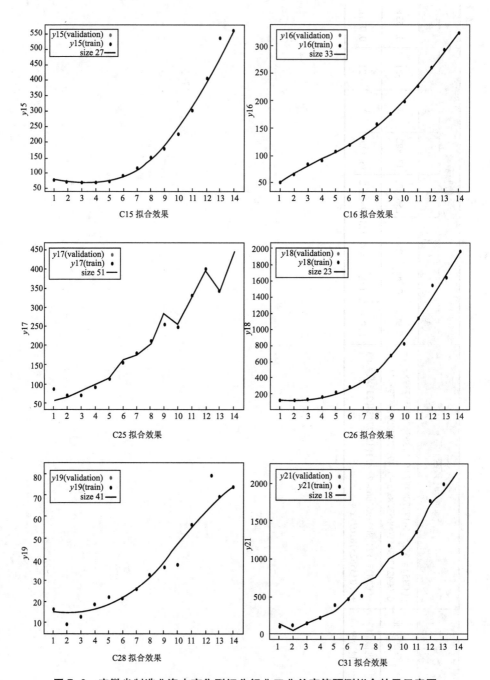

图7-2 安徽省制造业资本密集型细分行业工业总产值预测拟合效果示意图

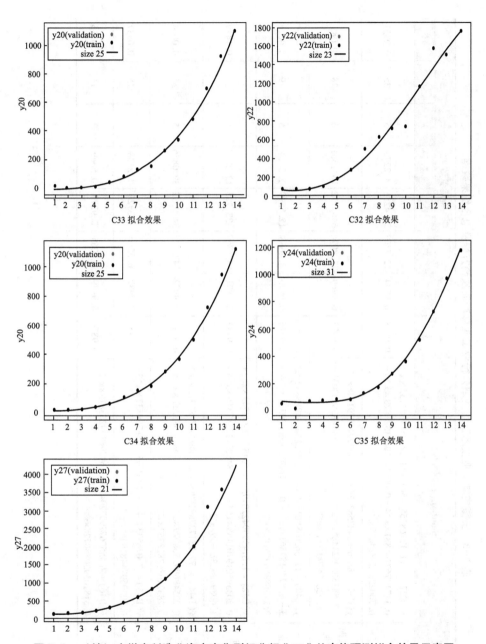

图 7-2　（续）安徽省制造业资本密集型细分行业工业总产值预测拟合效果示意图

表7-3 安徽省制造业技术密集型细分行业工业总产值预测方程及拟合结果数据

行业	Solution(预测方程)	检验参数							
		A	B	C	D	E	F	G	H
医药制造业	$y(C27) = 11.1776825547647 + 11.1848529504152 \times x + 0.117187671058881 \times x^4 - 0.00411969491321828 \times x^5 - 0.700223133814075 \times x^3$	0.9988	0.9994	12.7303	32.4251	4.2275	5	35	0.0351
计算机通信和其他电子设备制造业	$y(C39) = 88.6963487587739 \times x + 1.30999472791548 \times x^3 + 3.58735395244852 \times x \times \cos(x) - 59.1974858838031 - 18.9264647901998 \times x^2$	0.9933	0.9969	72.8078	640.112	16.7661	5	28	0.085
仪器仪表制造业	$y(C40) = 11.6620488018496 \times x + 0.412853494288832 \times x^3 - 4.82461843614936 - 0.0131997103661303 \times x^4 - 3.21568356955902 \times x^2$	0.9946	0.9973	8.4668	12.5599	2.5764	5	29	0.0624
废弃资源综合利用业	$y(C42) = 1.61439594220195 + 3.56457146833543 \times x^2 + 0.203595019701188 \times x^4 - 0.0068488311734731 \times x^5 - 1.60894292387999 \times x^3$	0.9783	0.9891	53.4357	428.725	12.8778	5	37	0.1419
电力、热力生产和供应业	$y(D44) = 77.7317278918899 + 23.0492617187315 \times x + 0.225486993568029 \times x^4 - 0.0108549892688237 \times x^5 - 0.283240867828357 \times x^3$	0.9944	0.9972	143.815	3400.32	39.0856	5	35	0.0608
燃气生产和供应业	$y(D45) = 7.07653341434337 + 0.0573038759832 \times x^3 - 0.303959744819465 \times x^2$	0.9957	0.9982	6.5560	4.3726	1.2138	3	15	0.0537
水的生产和供应业	$y(D46) = 7.45576779572047 + 0.16929639925387 \times x^2 - 0.51816590880728 \times x$	0.9876	0.9939	2.5065	0.9273	0.5069	3	11	0.0715

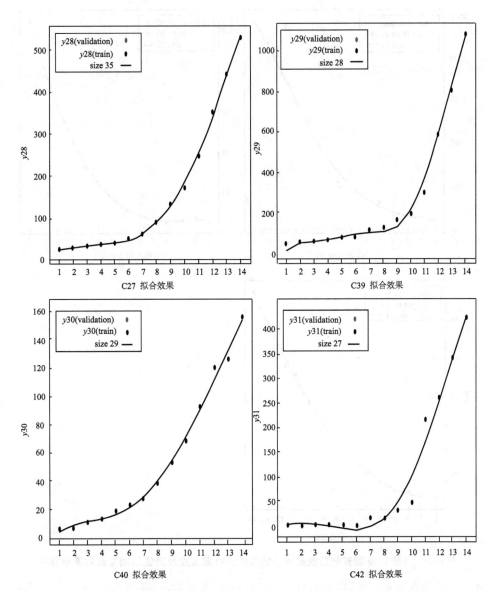

图 7-3　安徽省制造业技术密集型细分行业工业总产值预测拟合效果示意图

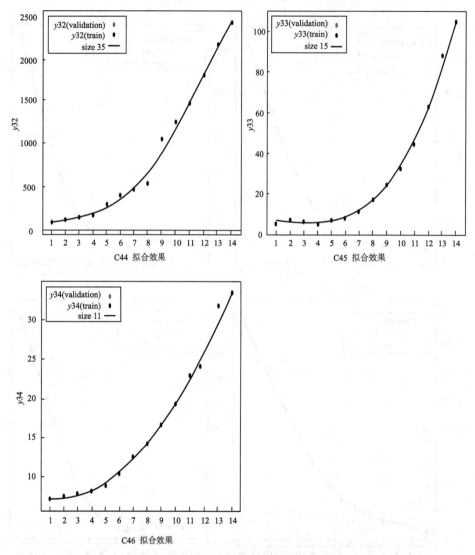

图7-3 （续）安徽省制造业技术密集型细分行业工业总产值预测拟合效果示意图

通过上述预测过程（预测方程中自变量 x 表示年度，其中"2000 年"用 $x=1$ 表示），分别预测安徽省、甘肃省、江苏省、陕西省、新疆维吾尔自治区、河南省及全国制造业 34 个细分行业在 2015 年（以 $x=16$ 代入）、2017 年（以 $x=18$ 代入）的工业总产值数据，如表7-4、表7-5 所示。

表7-4　全国及六省域制造业细分行业工业总产值预测值（2015年）单位：亿元

行业	全国	安徽省	甘肃省	江苏省	陕西省	新疆维吾尔自治区	河南省
C13	89392.60	2931.60	574.83	4116.87	1283.52	528.25	17814.19
C14	25535.32	699.88	131.45	1379.62	436.73	236.19	5050.92
C17	35219.04	342.62	31.34	3394.39	284.86	154.90	10971.28
C18	25702.86	732.01	9.91	4360.95	65.00	11.19	2814.76
C19	13786.28	235.76	40.64	1597.37	28.87	0.87	8677.12
C20	15791.34	619.22	0.15	2886.00	70.32	13.95	1415.45
C21	10893.34	313.04	2.16	268.62	26.32	7.84	575.16
C22	11153.03	114.63	44.83	2066.18	143.95	47.71	332.15
C23	31979.68	703.27	5.58	871.64	96.60	9.66	264.51
C24	27444.00	940.11	8.52	2196.96	62.97	0.01	41.23
C30	73593.52	2408.74	756.21	7069.95	1594.70	532.32	34600.45
C15	23359.00	681.17	260.76	1316.74	472.66	153.54	2751.72
C16	12663.42	375.56	128.04	568.92	613.20	63.94	5936.01
C25	72457.63	457.38	1226.31	3114.57	536.70	2225.25	15308.41
C26	103542.37	2318.20	511.25	20222.18	920.84	373.29	6225.85
C28	8012.43	70.38	0.76	3212.87	5.70	19.27	434.45
C33	48163.31	1755.21	165.07	2354.53	474.27	143.17	2177.07
C31	73028.10	2828.03	1267.83	13830.61	1293.88	1011.61	7096.20
C32	63065.23	1971.03	1491.66	4242.55	1651.98	504.02	10777.15
C34	29080.64	2156.00	95.81	6352.99	579.06	13.77	4780.96
C35	53423.32	1713.96	141.10	5402.60	764.39	30.08	14315.54
C36	59713.14	1733.85	22.96	4867.69	2341.99	224.89	3942.98
C37	19579.14	1842.74	1.24	9562.19	262.24	6.74	4474.52
C38	72594.54	6486.60	478.89	14038.90	789.61	1398.35	3777.32
C27	32369.60	682.22	191.33	4842.83	682.45	189.69	3344.50
C39	94410.92	1825.54	95.86	22575.60	3544.43	49.09	1247.29
C40	2564.25	184.54	4.18	4141.97	203.71	0.49	453.51
C42	3970.43	485.20	32.50	512.48	65.54	0.80	984.13
D44	73749.12	2681.60	1113.57	5771.27	575.61	1090.75	22316.17

行业	全国	安徽省	甘肃省	江苏省	陕西省	新疆维吾尔自治区	河南省
D45	6470. 32	163. 98	46. 80	552. 00	327. 45	65. 27	1715. 99
D46	499. 39	42. 50	10. 56	229. 90	17. 17	8. 50	307. 67

表7-5　全国及六省域制造业细分行业工业总产值预测值（2017年）单位：亿元

行业	全国	安徽省	甘肃省	江苏省	陕西省	新疆维吾尔自治区	河南省
C13	111907. 6979	2003. 74	873. 50	3370. 20	1844. 20	715. 20	20412. 14
C14	30771. 7388	946. 96	196. 43	2276. 04	318. 31	260. 05	8974. 79
C17	28969. 66	438. 46	21. 54	4050. 56	385. 18	176. 05	16483. 47
C18	30988. 14	802. 48	10. 70	4965. 02	84. 91	18. 92	6919. 48
C19	14874. 28	597. 49	68. 07	2905. 60	65. 24	12. 89	19023. 44
C20	16571. 95	243. 32	0. 03	4102. 69	105. 35	12. 73	2054. 89
C21	16779. 16	392. 85	2. 21	356. 77	38. 13	7. 61	539. 00
C22	5533. 38	246. 67	97. 05	2543. 83	184. 37	128. 00	477. 10
C23	107383. 93	1492. 17	8. 85	1294. 40	117. 28	6. 65	1315. 54
C24	37550. 96	2644. 64	15. 42	3674. 20	161. 39	0. 01	130. 20
C30	86518. 33	2034. 57	1273. 49	9869. 67	2516. 11	620. 94	58946. 89
C15	32907. 3273	662. 91	385. 12	1672. 42	763. 42	202. 42	3179. 47
C16	15707. 25	379. 27	35. 78	667. 63	880. 16	88. 94	10766. 13
C25	73708. 68	495. 60	1611. 40	3931. 38	636. 15	2260. 39	18861. 73
C26	121326. 47	2124. 77	645. 96	25793. 80	1226. 95	371. 34	7521. 01
C28	8315. 26	36. 84	13. 32	4250. 10	22. 71	41. 54	949. 44
C33	61243. 45	2633. 70	265. 15	2497. 78	761. 23	139. 44	2722. 40
C31	60798. 16	3605. 28	1454. 64	18126. 27	1790. 88	1587. 56	8515. 37
C32	85054. 90	1858. 65	1985. 51	4969. 57	1668. 94	871. 13	14154. 75
C34	30447. 51	2039. 83	118. 12	3587. 69	635. 64	11. 06	6038. 59
C35	66142. 96	2182. 94	134. 90	4146. 08	993. 64	14922. 58	24701. 87
C36	60545. 23	679. 76	26. 15	5314. 68	3995. 06	505. 71	5868. 81
C37	36644. 17	1307. 36	4. 01	14829. 93	281. 84	4. 52	30585. 96
C38	73189. 23	9554. 28	1124. 23	7506. 52	990. 58	8547. 47	5871. 77

行业	全国	安徽省	甘肃省	江苏省	陕西省	新疆维吾尔自治区	河南省
C27	43236.38	646.25	339.19	7734.54	1089.98	168.84	4764.11
C39	114306.77	3087.69	184.35	27417.82	1100.12	100.31	1571.04
C40	2752.36	185.32	3.83	5431.85	274.16	0.41	392.95
C42	4146.42	204.44	63.08	835.12	175.54	1.43	2749.04
D44	85446.67	2000.24	1483.59	5939.30	562.37	1540.00	20013.60
D45	8882.80	242.79	68.55	773.39	712.38	103.38	380.21
D46	761.87	52.98	13.09	363.12	20.79	5.26	1076.41

7.1.2　代表性行业的选取

从 6.2.2.1 的分析中可以看出，区位熵方法能在一定程度上反映出新亚欧大陆沿线六省域分区域层面的制造业细分行业的集聚水平，但不能反映区域经济发展水平的差异性。制造业的区域分布与总体经济活动的区域分布不一致，如 6.2.2.2 计算的基于制造业的空间基尼系数，将 34 个制造业细分行业的地理分布作为比较基准，根据制造业的分布与全部制造业的地理分布之间的差异来判断制造业的空间分布特征，这个比较基准也使得不同行业间的计算结果具有可比性。E-G 指数是在空间基尼系数基础上的改进，在空间基尼系数框架内增加了反映市场集中度或企业规模的赫芬达尔指数，目的是排除市场结构所导致的虚假集聚，与空间基尼系数的原理是一样的，即根据制造业的空间分布与总体经济活动的偏离程度来衡量制造业的集聚程度。

为了能够准确地分析新亚欧大陆桥沿线省域的制造业集聚和转移演化，把握其动态变化规律，综合基于区域的区位熵和基于制造业的空间基尼系数、E-G 指数熵的计算结果。选取区位熵大于 1 和 E-G 指数计算的"高度集聚""中度集聚""低度集聚"（见表 7-6）结果，取两者分析的交集部分为代表性行业。按照"劳动密集型""资本密集型""技术密集型"三大部类，分 2000 年、2005 年、2010 年、2013 年、2015 年（预测）、2017 年（预测）和分六省域的区位熵数据（因 E-G 指数指向具体集聚细分行业），如表 7-6～表 7-11 所示。

表7-6 劳动密集型代表性行业区位熵数值（2000年、2005年、2010年、2013年）

年度	省区	劳动密集型制造业												
		C13	C14	C17	C18	C19	C20	C21	C22	C23	C24	C29-1	C29-2	C30
2000年	安徽省	0.95	0.55	0.87	0.21	0.48	1.02	0.37	0.47	0.43	0.46	1.27	0.91	0.74
	甘肃省	0.49	0.78	0.31	0.15	0.24	0.12	0.55	0.34	0.65	0.11	0.09	1.34	1.07
	江苏省	0.57	0.42	1.40	1.07	0.55	0.79	0.47	0.69	0.52	0.89	0.61	0.85	0.58
	陕西省	0.84	1.18	0.81	0.17	0.20	0.21	0.74	0.82	2.27	0.02	0.25	0.21	0.76
	新疆维吾尔自治区	1.58	1.33	2.02	0.05	0.13	0.20	2.09	0.57	0.11	0.00	0.82	1.12	1.23
	河南省	2.64	1.32	0.67	0.14	0.83	0.54	0.45	1.05	0.61	0.04	0.72	0.42	1.34
2005年	安徽省	0.94	0.99	0.59	0.30	0.48	1.17	0.14	0.52	0.82	0.41	1.46	1.16	0.93
	甘肃省	0.69	0.53	0.11	0.07	0.10	0.06	0.04	0.19	0.27	0.03	0.02	0.38	0.70
	江苏省	0.44	0.34	1.57	1.39	0.47	1.04	0.43	0.75	0.50	1.02	0.77	0.85	0.60
	陕西省	0.78	1.38	0.49	0.07	0.04	0.08	0.14	0.52	1.47	0.01	0.22	0.15	0.72
	新疆维吾尔自治区	1.28	1.49	0.92	0.03	0.20	0.45	0.88	0.55	0.53	0.00	0.44	1.49	1.06
	河南省	2.69	1.10	0.50	0.80	0.88	4.42	2.31	0.89	0.93	0.20	0.58	0.55	2.95
2010年	安徽省	1.28	0.71	0.59	0.74	0.64	1.31	0.56	0.61	1.05	0.63	1.01	1.08	1.00
	甘肃省	0.75	0.61	0.08	0.03	0.17	0.02	0.04	0.16	0.21	0.02	0.06	0.30	0.79
	江苏省	0.46	0.26	1.48	1.50	0.42	1.05	0.31	0.76	0.57	1.18	0.86	0.76	0.58
	陕西省	0.90	1.38	0.34	0.14	0.03	0.22	0.49	1.05	0.06	0.42	0.55	0.99	
	新疆维吾尔自治区	0.93	1.52	0.53	0.02	0.09	0.20	0.28	0.25	0.28	0.00	0.18	0.67	1.26
	河南省	1.24	1.54	1.78	0.24	0.99	1.98	1.12	1.31	0.69	0.25	2.13	0.60	2.42

年度	省区	劳动密集型制造业												
		C13	C14	C17	C18	C19	C20	C21	C22	C23	C24	C29-1	C29-2	C30
2013年	安徽省	1.26	0.82	0.70	1.11	0.79	1.40	0.92	0.61	1.60	0.71	1.64	1.26	1.10
	甘肃省	0.84	0.65	0.11	0.05	0.26	0.01	0.03	0.23	0.16	0.04	0.10	0.26	1.10
	江苏省	0.45	0.36	1.17	1.38	0.51	1.19	0.30	0.94	0.68	0.73	2.26	0.59	0.68
	陕西省	0.95	1.40	0.38	0.16	0.06	0.24	0.17	0.57	0.81	0.11	0.25	0.84	1.22
	新疆维吾尔自治区	0.95	1.32	0.62	0.05	0.09	0.11	0.19	0.30	0.15	0.00	0.19	0.67	1.04
	河南省	1.47	2.00	1.11	0.33	1.97	1.08	1.18	4.28	0.91	0.61	2.00	0.43	2.52

表 7-7　劳动密集型代表性行业数值（2015 年预测、2017 年预测）

年度	省区	C13	C14	C17	C18	C19	C20	C21	C22	C23	C24	C30
2015年预测	安徽省	0.98	0.82	0.29	0.85	0.51	1.17	0.86	0.31	0.66	1.03	0.98
	甘肃省	0.88	0.71	0.12	0.05	0.40	0.00	0.03	0.55	0.02	0.04	1.41
	江苏省	0.35	0.41	0.74	1.30	0.89	1.40	0.19	1.42	0.21	0.61	0.74
	陕西省	0.86	1.02	0.48	0.15	0.13	0.27	0.14	0.77	0.18	0.14	1.30
	新疆维吾尔自治区	0.79	1.23	0.59	0.06	0.01	0.12	0.10	0.57	0.04	0.00	0.96
	河南省	1.24	1.23	1.94	0.68	3.92	0.56	0.33	0.19	0.05	0.01	2.93
2015年预测	安徽省	0.58	0.99	0.49	0.83	1.29	0.47	0.75	1.43	0.45	2.26	0.76
	甘肃省	0.92	0.75	0.09	0.04	0.54	0.00	0.02	2.06	0.01	0.05	1.73
	江苏省	0.24	0.59	1.11	1.27	1.55	1.97	0.17	3.66	0.10	0.78	0.91
	陕西省	0.99	0.62	0.80	0.17	0.26	0.38	0.14	2.01	0.07	0.26	1.75
	新疆维吾尔自治区	0.28	0.37	0.27	0.03	0.04	0.03	0.02	1.02	0.00	0.00	0.32
	河南省	0.88	1.40	2.74	1.08	6.16	0.60	0.15	0.42	0.06	0.02	3.28

表7-8 资本密集型代表性行业数值（2000年、2005年、2010年、2013年）

年度	省区	C15	C16	C25	C26	C28	C33	C31	C36	C37	C38
2000年	安徽省	1.31	1.90	0.60	0.80	0.37	0.68	1.00	无统计数据	0.73	0.98
	甘肃省	1.20	1.59	5.13	0.75	0.55	0.24	1.43		0.11	0.41
	江苏省	0.50	0.40	0.34	1.27	1.99	0.64	0.93		0.55	0.86
	陕西省	1.90	1.95	2.56	0.76	0.12	0.29	0.64		1.64	0.87
	新疆维吾尔自治区	1.19	0.58	7.55	0.67	0.56	0.40	1.22		0.23	0.23
	河南省	0.74	4.23	0.34	0.51	0.77	0.56	0.41		0.33	0.43
2005年	安徽省	1.31	1.90	0.60	0.80	0.37	0.68	1.00	无统计数据	1.11	1.38
	甘肃省	1.20	1.59	5.13	0.75	0.55	0.24	1.43		0.08	0.08
	江苏省	0.50	0.40	0.34	1.27	1.99	0.64	0.93		0.59	0.99
	陕西省	1.90	1.95	2.56	0.76	0.12	0.29	0.64		1.72	0.84
	新疆维吾尔自治区	1.19	0.58	7.55	0.67	0.56	0.40	1.22		0.08	0.34
	河南省	0.74	4.23	0.34	0.51	0.77	0.56	0.41		0.27	0.46
2010年	安徽省	1.13	1.32	0.39	0.81	0.39	0.85	0.90	无统计数据	1.09	1.57
	甘肃省	1.36	2.49	4.59	0.80	0.20	0.35	1.74		0.08	0.79
	江苏省	0.47	0.42	0.36	1.35	2.40	0.06	0.97		0.82	1.43
	陕西省	1.69	1.59	3.33	0.55	0.17	0.30	0.64		0.18	0.72
	新疆维吾尔自治区	1.18	0.77	7.36	0.99	3.13	0.60	1.90		0.03	0.73
	河南省	1.56	2.09	1.66	0.74	0.49	0.53	0.75		0.23	0.43
2013年	安徽省	1.09	1.09	0.33	0.76	0.31	0.99	0.85	1.00	0.41	1.96
	甘肃省	1.55	2.16	4.08	0.66	0.12	0.38	1.91	0.04	0.06	0.74
	江苏省	0.47	0.40	0.43	1.47	2.79	0.01	1.06	0.59	1.81	1.64
	陕西省	1.82	1.53	3.24	0.59	0.14	0.55	0.83	1.17	2.54	0.69
	新疆维吾尔自治区	0.99	0.80	7.55	0.92	2.37	0.38	1.69	0.13	0.10	0.71
	河南省	0.98	2.74	1.99	0.45	0.41	0.45	0.57	0.35	0.34	0.31

注：C36（汽车制造业）统计年鉴2012年开始统计。

表 7-9　资本密集型代表性行业数值（2015 年预测、2017 年预测）

年度	省区	C15	C16	C25	C26	C28	C33	C31	C36	C37	C38
2015 年预测	安徽省	0.87	0.89	0.19	0.67	0.26	1.09	1.16	0.87	2.82	2.68
	甘肃省	1.53	1.39	2.32	0.68	0.01	0.47	2.38	0.05	0.01	0.90
	江苏省	0.43	0.35	0.33	1.50	3.08	0.38	1.45	0.63	3.75	1.49
	陕西省	1.21	2.90	0.44	0.53	0.04	0.59	1.06	2.35	0.80	0.65
	新疆维吾尔自治区	0.88	0.67	4.09	0.48	0.32	0.40	1.85	0.50	0.05	2.57
	河南省	0.73	2.92	1.31	0.37	0.34	0.28	0.60	0.41	1.42	0.32
2017 年预测	安徽省	0.65	0.78	0.22	0.56	0.14	1.38	1.91	0.36	1.15	4.20
	甘肃省	1.38	0.27	2.57	0.63	0.19	0.51	2.81	0.05	0.01	1.81
	江苏省	0.40	0.34	0.42	1.69	4.07	0.32	2.37	0.70	3.22	0.82
	陕西省	1.40	3.38	0.52	0.61	0.16	0.75	1.77	3.97	0.46	0.82
	新疆维吾尔自治区	0.27	0.25	1.35	0.13	0.22	0.10	1.15	0.37	0.01	5.14
	河南省	0.47	3.30	1.23	0.30	0.55	0.21	0.67	0.47	4.02	0.39

表 7-10　技术密集型代表性行业数值（2000 年、2005 年、2010 年、2013 年）

年度	省区	C27	C39	C40	D44	D45	D46	C41
2000 年	安徽省	0.49	0.24	0.25	0.77	1.11	0.80	无统计数据
	甘肃省	0.92	0.26	0.29	2.26	0.43	0.83	
	江苏省	0.52	0.73	0.89	0.46	0.57	0.33	
	陕西省	2.85	1.32	1.11	1.29	0.44	1.09	
	新疆维吾尔自治区	0.44	0.01	0.04	1.26	0.79	1.29	
	河南省	0.59	0.13	0.19	1.22	0.40	0.58	
2005 年	安徽省	0.54	0.14	0.37	1.03	0.68	0.82	0.69
	甘肃省	0.85	0.04	0.10	1.76	0.47	0.71	4.11
	江苏省	0.72	1.29	1.09	0.57	0.58	0.45	0.99
	陕西省	2.69	0.43	0.92	1.47	1.83	1.45	0.62

年度	省区	C27	C39	C40	D44	D45	D46	C41
2005 年	新疆维吾尔自治区	0.23	0.04	0.05	1.20	0.73	1.09	0.05
	河南省	0.54	0.15	0.87	2.14	1.16	4.54	0.05
2010 年	安徽省	0.72	0.18	0.49	1.22	0.62	0.68	0.58
	甘肃省	0.64	0.06	0.06	1.88	0.70	1.07	2.43
	江苏省	0.85	1.66	1.90	0.03	0.26	0.49	0.75
	陕西省	1.50	0.31	9.47	1.55	1.21	1.04	0.45
	新疆维吾尔自治区	0.16	0.05	0.02	1.59	1.08	0.77	0.05
	河南省	1.21	0.23	0.46	0.99	0.33	8.88	0.03
2013 年	安徽省	0.77	0.40	0.61	1.29	0.78	0.67	2.77
	甘肃省	0.73	0.08	0.06	1.99	1.14	0.87	6.08
	江苏省	1.07	1.65	2.89	0.65	0.71	0.77	2.36
	陕西省	1.43	0.25	1.31	1.47	2.40	0.73	1.07
	新疆维吾尔自治区	0.16	0.05	0.01	2.00	1.63	0.76	1.88
	河南省	0.72	0.10	0.38	1.65	0.46	1.12	0.05

表 7-11　技术密集型代表性行业数值（2015 年预测、2017 年预测）

年度	省区	C27	C39	C40	D44	D45	D46
2015 年预测	安徽省	0.63	0.58	2.15	1.09	0.76	2.55
	甘肃省	0.81	0.14	0.22	2.07	0.99	2.90
	江苏省	1.15	1.84	12.41	0.60	0.66	3.54
	陕西省	1.26	2.25	4.76	0.47	3.03	2.06
	新疆维吾尔自治区	0.78	0.07	0.03	1.97	1.34	2.27
	河南省	0.64	0.08	1.10	1.88	1.65	3.83

续表

年度	省区	C27	C39	C40	D44	D45	D46
	安徽省	0.48	0.87	2.16	0.75	0.88	2.24
	甘肃省	0.92	0.19	0.16	2.04	0.91	2.02
	江苏省	1.42	1.91	15.70	0.55	0.69	3.79
2017 年预测	陕西省	1.52	0.58	6.00	0.40	4.83	1.64
	新疆维吾尔自治区	0.17	0.04	0.01	0.79	0.51	0.30
	河南省	0.53	0.07	0.69	1.13	0.21	6.80

7.1.3　结果分析

通过 6.2 节对制造业集聚的分省域、细分行业的具体测度，以及 6.3 节对制造业转移的制造业梯度系数的具体度量，结合 GIS 的制造业细分行业集聚与转移趋势分析，发现有的省域某一细分行业在总体呈集聚态势，在承接别的区域该细分行业转入的同时，还将此细分行业转出，即在某一具体省域的细分行业出现制造业集聚与制造业转移并存现象，如表 7-12 所示。在国家的制造业转移浪潮下，东部到中部、中部到西部进行梯度转移，但是有些制造业细分行业出现了"回流"现象，即经过一些区域过渡，最终又回到东部地区，如 C20、C26、C28、C36、C37 等。

表 7-12　制造业细分行业转移及集聚趋势一览表

	细分行业	2000—2005 年转入省域	2005—2010 年转入省域	2010—2015 年转入省域	2015—2017 年转入省域	过渡省域	目标省域
劳动密集型	C13	甘、豫	皖、甘	新、豫	新	皖、甘	新
	C14	皖、豫	甘、陕	陕、新、豫	新、豫	甘、陕	新、豫
	C17	苏、豫	皖、苏、豫	豫	苏、豫	皖	苏、豫
	C20	皖、甘、苏、新、豫	皖、陕	皖、苏	苏	皖、陕	苏
	C22	皖、豫	皖、豫、新	苏	苏、新	皖、豫	苏、新
	C23	皖、苏、新	皖、苏	—	苏、新	皖	苏、新

	细分行业	2000—2005 年转入省域	2005—2010 年转入省域	2010—2015 年转入省域	2015—2017 年转入省域	过渡省域	目标省域
资本密集型	C16	皖、甘、苏、陕、新、豫	甘、豫	甘、陕、豫	甘、陕	豫	甘、陕
	C25	甘、苏、陕、新	苏、豫	甘、新、豫	甘、新、豫	苏	甘、新、豫
	C26	皖、甘、苏、陕、豫	苏、豫	苏	苏	豫	苏
	C28	皖、甘、苏、新、豫	甘、苏、豫	苏	苏	甘、豫	苏
	C31	皖、苏、陕	甘、豫、新	甘	甘、苏	新、豫	甘、苏
	C32	皖、苏、陕	甘、陕	—	—	皖、苏	甘、陕
	C34	—	—	—	—		
	C35	—	—	—	—		
	C37	皖、苏、豫	苏、陕、新、豫	皖、苏、豫	皖、苏江、豫	陕、新	皖、苏、豫
	C38	皖、新、豫	皖、苏、豫	皖、苏、新	皖、甘、新	苏、豫	皖、甘、新
技术型	C39	苏、豫	皖、苏、陕、豫	苏、陕	苏	陕、豫	苏
	C40	苏、豫	苏、豫	皖、苏、陕、豫	皖、苏、陕	豫	皖、苏、陕
	C42	皖、甘、陕、豫	皖、苏、陕			豫	皖、苏、陕

注："—" 表示转移到六省域之外的其他省域，不属于研究范围 "甘" 指甘肃省。

7.2 海铁联运因素分析

7.2.1 海铁联运发展影响因素的提取

围绕我国集装箱海铁联运发展中出现的问题，在详细梳理现有文献的基础上，从经济贸易层面、管理服务层面、政策体制层面，整理归纳了海铁联运发展的影响因素。为了对所提取的影响因素的合理性进行验证，笔者征询了从事海铁联运研究方面的研究学者，走访调研了我国的宁波港、连云港、大连港等港口委员会，并与之进行探讨，最终确定了 11 个制约我国海铁联运发展的影响因素，如表 7-13 所示。

表 7-13　海铁联运发展影响因素

影响因素	解释说明	提取来源
外贸进出口额	外贸规模与经济发展水平密切相关，经济迅速发展所带来的外贸规模扩大，海运集装箱量的急剧增长，从而促进海铁联运的发展	文献整理
外贸商品结构	外贸商品结构里中初级产品所占比例过大，会影响货物适箱率以及货物平均价值，影响海铁联运集装箱的内地产量	文献整理
港口集装箱吞吐量	港口集装箱吞吐量的大小影响海铁联运运量	文献整理
港口城市及腹地 GDP	GDP 水平是经济发展的直接表现，港口所在城市 GDP 表现较好的有利于港口的建设；而港腹地 GDP 的表现会影响城市的运输需求	文献整理
运输费用	费用问题是选择货运方式的重要影响因素，较低的海铁联运费用，会吸引传统的公路运输转变为铁路运输	文献整理
运输时间	运输时间是决定运输方式的重要因素之一。海铁联运运输时间的缩短会让生产厂商的市场反应更敏锐，进而带来更高的收益	文献整理
服务质量	运输时间掌控的准时性，运输过程中货物的安全性，以及在港口转运过程中不同部门的协调性，决定着海铁联运运输链的服务质量	访谈归纳
相关标准统一	铁运集装箱与海运集装箱标准规格的不统一，海铁联运信息系统连接接口的不统一，以及运输过程中有关标准的差异，影响了海铁联运的高效运行	访谈归纳
铁路通道运输能力	铁路通道运输能力的不足会影响港口集装箱的吞吐量，制约了海铁联运的发展。铁路运输资源在我国相对独立，体制因素影响显著	文献整理
港铁运输设施分离	港铁运输设施是保证海铁联运运行的基础，运输设施的分离会使转运过程效率降低，影响运输时长。而港口与铁路的衔接在我国较多受到政策制度的影响	文献整理
港口地理位置	港口的地理位置与地区特色也在一定程度上影响着海铁联运的发展，不同的地理位置、不同的港口腹地区域经济发展水平也使海铁联运的水平参差不齐	文献整理

7.2.2　解释结构模型的构建

解释结构模型（ISM）是将复杂系统问题模型化的有效方法，借助人们的经验知识以及数学模型，将复杂系统分解为多级层次结构，有助于认识和分析多要素的复杂问题。

按照 ISM 的实施步骤，组成了由 15 位专家构成的 ISM 小组，其中 8 位是来自高校从事交通经济研究领域的教授，7 位是来自宁波港、连云港港、大连港等港口管理部门的高层管理者。小组成员就"影响海铁联运发展的制约因素"问题展开讨论，着重分析各个因素之间的相关影响，确定两两因素之间的相互关系。

确定邻接矩阵。将所提取出的 11 个海铁联运发展影响因素（见表 7-13）进行编号命名，依次为 F1、F2、F3、F4、F5、F6、F7、F8、F9、F10、F11。在此基础上，结合 ISM 小组讨论分析的结果，根据邻接矩阵的构建规则，确定邻接矩阵 A。构建规则为：如果 Fi 对 Fj 有直接影响，其结果取 1，否则取 0，结果如下：

$$A = \begin{bmatrix} 1 & 0 & 0 & 1 & 0 & 0 & 0 & 0 & 0 & 0 & 0 \\ 1 & 1 & 1 & 1 & 1 & 0 & 0 & 0 & 0 & 0 & 0 \\ 1 & 0 & 1 & 1 & 0 & 1 & 0 & 0 & 0 & 0 & 0 \\ 1 & 0 & 1 & 1 & 0 & 0 & 0 & 0 & 0 & 0 & 0 \\ 0 & 0 & 1 & 0 & 1 & 0 & 0 & 0 & 0 & 0 & 0 \\ 0 & 0 & 0 & 0 & 1 & 1 & 0 & 0 & 0 & 0 & 0 \\ 0 & 0 & 1 & 0 & 1 & 1 & 1 & 0 & 0 & 0 & 0 \\ 0 & 0 & 0 & 0 & 1 & 0 & 1 & 1 & 0 & 1 & 0 \\ 0 & 0 & 1 & 0 & 1 & 1 & 0 & 0 & 0 & 0 & 0 \\ 0 & 0 & 1 & 0 & 0 & 1 & 0 & 0 & 1 & 1 & 0 \\ 0 & 0 & 1 & 1 & 0 & 1 & 0 & 0 & 0 & 0 & 1 \end{bmatrix}$$

依据结果生成可达矩阵。可达矩阵反映了系统元素间任意次传递性的二元关系。计算方式是在邻接矩阵的基础上，求解矩阵 A 与单位矩阵 I 的和（$A+I$），并继续做矩阵（$A+I$）的幂运算，采用布尔运算规则，直至满足式（7-1）的成立要求，即在无回路条件下的最大传递次数为 n 时的矩阵 M[6]。

$$M = (A+I)^{n+1} = (A+I)^n \neq \cdots (A+I)^2 \neq (A+I)^1 \qquad (7-1)$$

矩阵 $M = (A+I)^n$ 即为生成的可达矩阵，其中矩阵 M 中的元素 m_{ij} 为 1，表示因素 F_i 和因素 F_j 之间存在着可以到达的路径；元素 m_{ij} 为 0，表示因素 F_i 和因素 F_j 之间不存在可以到达的路径。生成可达矩阵的目的是，表示各因素之间直接或间接的影响关系。生成的可达矩阵 M 如下①：

$$A = \begin{bmatrix} 1 & 0 & 1 & 1 & 0 & 1 & 0 & 0 & 0 & 0 & 0 \\ 1 & 1 & 1 & 1 & 1 & 1 & 0 & 0 & 0 & 0 & 0 \\ 1 & 0 & 1 & 1 & 1 & 1 & 0 & 0 & 0 & 0 & 0 \\ 1 & 0 & 1 & 1 & 1 & 1 & 0 & 0 & 0 & 0 & 0 \\ 1 & 0 & 1 & 1 & 1 & 1 & 0 & 0 & 0 & 0 & 0 \\ 1 & 0 & 1 & 1 & 1 & 1 & 0 & 0 & 0 & 0 & 0 \\ 1 & 0 & 1 & 1 & 1 & 1 & 1 & 0 & 0 & 0 & 0 \\ 1 & 0 & 1 & 1 & 1 & 1 & 1 & 1 & 0 & 1 & 0 \\ 1 & 0 & 1 & 1 & 1 & 1 & 0 & 0 & 0 & 0 & 0 \\ 1 & 0 & 1 & 1 & 1 & 1 & 0 & 0 & 1 & 1 & 0 \\ 1 & 0 & 1 & 1 & 1 & 1 & 0 & 0 & 0 & 0 & 1 \end{bmatrix}$$

矩阵的层次化处理。根据可达矩阵 M，归纳整理各个因素之间的影响关系和被影响关系。其中，影响关系称为可达集，用 $R (F_i)$ 表示；被影响关系称为前因集，用 $A (F_i)$ 表示，如表 7-14 所示。在层次化的处理上，依据 $R (F_i) \cap A (F_i) = R (F_i)$ 为确定最高等级要素的条件。确定最高等级要素之后，将此要素从表中删去，再依据判断条件确定下一级要素，直至最后一级要素划分出来，并以此结果对可达矩阵 M 进行重新排列，完成层次化处理，如表 7-15 所示。

表 7-14　各因素之间的影响关系和被影响关系

影响因素	编号	$R (F_i)$	$A (F_i)$	$R (F_i) \cap A (F_i)$
外贸进出口额	F1	F1 F3 F4 F6	F1 F2 F3 F4 F5 F6 F7 F8 F9 F10 F11	F1 F3 F4 F6
外贸商品结构	F2	F1 F2 F3 F4 F5 F6	F2	F2
港口集装箱吞吐量	F3	F1 F3 F4 F6	F1 F2 F3 F4 F5 F6 F7 F8 F9 F10 F11	F5
港口城市及腹地 GDP	F4	F1 F3 F4 F6	F1 F2 F3 F4 F5 F6 F7 F8 F9 F10 F11	—
运输费用	F5	F1 F3 F4 F6	F2 F3 F4 F5 F6 F7 F8 F9 F10 F11	—
运输时间	F6	F1 F3 F4 F6	F1 F2 F3 F4 F5 F6 F7 F8 F9 F10 F11	—

① 汪应洛. 系统工程 [M]. 北京：机械工业出版社，2010.

续表

影响因素	编号	$R(F_i)$	$A(F_i)$	$R(F_i) \cap A(F_i)$
服务质量	F7	F1 F3 F4 F5 F6 F7	F7 F8	F7
相关标准统一	F8	F1 F3 F4 F5 F6 F7 F8 F10	F8	F8
铁路通道运输能力	F9	F1 F3 F4 F5 F6 F9	F9 F11	F9
港铁运输设施分离	F10	F1 F3 F4 F5 F6 F10	F8 F10	F10
港口地理位置	F11	F1 F3 F4 F5 F6 F9 F11	F11	F11

表 7-15　层次化矩阵

	F1	F3	F4	F6	F5	F2	F7	F9	F10	F8	F11
F1	1	1	1	1	0	0	0	0	0	0	0
F3	1	1	1	1	1	0	0	0	0	0	0
F4	1	1	1	1	1	0	0	0	0	0	0
F6	1	1	1	1	1	0	0	0	0	0	0
F5	1	1	1	1	1	0	0	0	0	0	0
F2	1	1	1	1	1	1	0	0	0	0	0
F7	1	1	1	1	1	0	1	0	0	0	0
F9	1	1	1	1	1	0	0	1	0	0	0
F10	1	1	1	1	1	0	0	0	1	0	0
F8	1	1	1	1	1	0	1	0	1	1	0
F11	1	1	1	1	1	0	0	1	0	0	1

　　构建解释结构模型。从层次化矩阵中可以看出，对角线上的每个单位矩阵构成了一个递阶结构层次，基于此，可以将海铁联运发展影响因素划分为四个层级：第一层级 F1、F3、F4、F6；第二层级 F5；第三层级 F2、F7、F9、F10；第四层级 F8、F11。根据各影响因素之间的相互关系，构建海铁联运发展影响因素的解释结构模型，如图 7-4 所示。

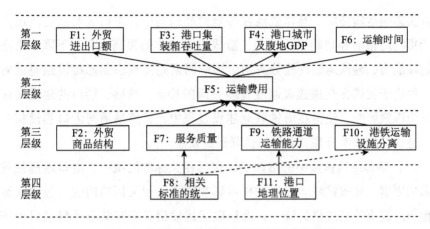

图 7-4 海铁联运发展影响因素解释结构模型

7.2.3 结果分析

根据海铁联运发展影响因素解释结构模型的输出结果，对其进行详细地分析解释。

（1）影响海铁联运发展的直接因素表现为解释结构模型中的第一层级，即外贸进出口额、港口集装箱吞吐量、港口城市及腹地 GDP、运输时间四个影响因素。具体来说，对外贸易进出口商品绝大多数会通过港口途径实现，而海铁联运作为一种海运、铁路相结合的综合运输体系，直接影响着海铁联运的发展。集装箱是海铁联运的货物运输载体，港口集装箱吞吐量的大小影响着海铁联运的运量，运量的不断增长促进着海铁联运的发展。港口所在城市及港口腹地 GDP，是经济发展水平的直接体现，GDP 的稳步增长会拉动贸易进出口额的提升，从而带动海铁联运需求的增长。运输时间则是选择运输方式时最主要的衡量标准，能有效地缩短海铁联运的运输时间，会使更多货主选择此种运输方式。

（2）解释结构模型中的第二层级、第三层级，是影响海铁联运发展的间接因素。其中，运输费用过高，会在一定程度上制约外贸进出口额、港口集装箱吞吐量、港口及腹地 GDP 的增长，而要缩短运输时间势必会造成运输成本提高。外贸商品结构、服务质量、铁路通道运输能力、港铁运输设施分离，会直接影响运输费用。具体表现在外贸商品结构中，中初级商品比例过高会降低货物适箱率和货箱平均价值，造成运输成本的提高，利润下降；铁路通道运输能力、港铁运输设施分离两个影响因素是海铁联运基础设施建设的体现，而由于我国在交通建设制度管理方面的特点，铁路、港口的建设往往受多方面因素影响，使得在海铁联运建设过程中，铁路通道与港口建设相互脱节，造成运输成本升高，制约海铁联运的发展。

（3）解释结构模型中的第四层级包括相关标准的统一、港口地理位置两个影响因素，是海铁联运发展的根本影响因素。相关标准的统一包含铁运集装箱与海运集装箱规格的统一，海铁联运运输信息交互共享系统接口的统一等，只有在政策引导下，有效推行标准的统一化，才能切实提高海铁联运的服务质量，促进港铁运输设施的高效整合，体现海铁联运的优势。港口地理位置的选择是发展海铁联运的根本，正确设置港口位置，可以在一定程度上最大化地与腹地铁路网络衔接，节约海铁联运的建设成本。

7.3 海铁联运下制造业集聚、转移选择模型

7.3.1 海铁联运对沿线区域的影响范围

新亚欧大陆桥沿线区域（如某节点城、镇）在中、远距离货物运输选择时，通常会有两个或者更多的港口可供选择。为简单起见，假设存在两个港口 M、N，O 是城镇分别沿着公路距离港口 M、N 的节点，距离分别为 d_1、d_2（见图 7-5），假设公路运费为：

$$r\ (x)\ =r_0\ (x) \tag{7-2}$$

其中，公路的行驶距离 M、O 的距离为 d_1，N、O 的距离为 d_2，O 到铁路线的距离为 d_3，P 到港口 M 的距离为 d_4（其中 $d_1>d_2$、d_3，$d_2>d_3$）。

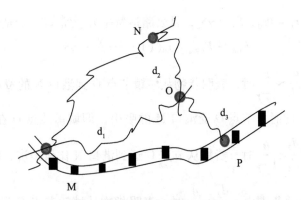

图7-5　港口海铁联运对城镇节点吸引示意图

在港口 M 没有开通海铁联运的情况下，节点 O 到港口 M 的运费（公路）为：

$$F_{OM} = \int_0^{d_1} r_0(x)\,dx \tag{7-3}$$

节点 O 到港口 N 的运费（公路）为：

$$F_{ON} = \int_0^{d_2} r_0(x)\,dx \tag{7-4}$$

$$F_{OM} - F_{ON} = \int_0^{d_1} r_0(x)\,dx - \int_0^{d_2} r_0(x)\,dx = \int_0^{d_1 - d_2} r_0(x)\,dx \tag{7-5}$$

显然 $d_1 > d_2$、$F_{OM} > F_{ON}$，即在港口 M 没有开通海铁联运的情况下，城镇节点 O 的货源都运往港口 N，节点 O 在港口 N 的港口腹地范围之内。

若现在考虑港口 M 开通了海铁联运 R_A，城镇节点 O 到铁路站点 P 的距离为 d_3，站点 P 到港口 M 的距离为 d_4，$d_3 < d_2$；海铁联运的运费率如下：

$$r(x) = r_1(x) \tag{7-6}$$

由于开通了海铁联运 R_A，其运费率远远低于公路的运费率，即 $r_1(x) < r_0(x)$，城镇节点 O 到港口 M 若通过铁路运输的费率为：

$$F_{OPM} = \int_0^{d_3} (x)\,dx + \int_0^{d_4} r_1(x)\,dx \tag{7-7}$$

此时，比较 O 到港口 M、N 间的运费差：

$$F_{ON} - F_{OPM} = \int_0^{d_2} r_0(x)\,dx - \left(\int_0^{d_3} r_0(x)\,dx + \int_0^{d_4} r_1(x)\,dx \right) \tag{7-8}$$

为了便于比较，假设运输相同货运量的海铁联运与公路运费率存在一定的比例关系：$r_1 = \theta r_0$，$S_3 = \gamma S_2$，且公路运费率 r_0 为常数，于是便有：

$$F_{ON} - F_{OPM} = r_0((1-\gamma)S_2 - \theta S_4) \tag{7-9}$$

因此，当 $\dfrac{d_2}{d_4} > \dfrac{\theta}{1-\gamma}$ 时，表明货物从城镇节点 O 到港口 N 的费用大于其到港口 M 的费用，此时，节点 O 受港口 M 的吸引，即城镇节点 O 在港口 M 的腹地范围内；当 $\dfrac{d_2}{d_4} < \dfrac{\theta}{1-\gamma}$ 时，货物从节点 O 运到港口 N 比较经济，即城镇节点 O 在港口 N 的腹地范围内；$\dfrac{d_2}{d_4} < \dfrac{\theta}{1-\gamma}$ 时，表明货物从城镇节点 O 运输到港口 M、N 两地的运费相等，即港口 M、N 对于城镇节点 O 的区位优势相同，此时，节点 O 的货物受到的 M、N 两港的吸引力分取决于运费以外的因素影响，如运输时效、运输安全保障、运输货损率等。

通过分析，一方面，港口开通了海铁联运，对中远距离港口腹地的吸引相对于公路具有较强的优势，这对于加强港口与新亚欧大陆桥沿线省域之间联系、拓展港口影响范围具有重要意义，集中体现在港口通过海铁联运保持有利的区位优势，吸引更多的货源；另一方面，对于经由港口进出口的中远距离货物，首先考虑成本因素来对运输方式及运输路径进行选择。因此，海铁联运对沿线区域范围的影响主要取决于基于成本因素的路径优选问题。

7.3.2　运输成本考虑的制造业转移模型

制造业产业转移，实质上是制造业企业由于区位优势的改变，为了能够追逐成本红利转移的一个经济现象。要研究制造业转移的动向及其规律，则需要从制造企业出发，研究成本视角下制造业企业的转移特征，并建立制造业企业转移模型来分析省域制造业企业的未来分布格局。

7.3.2.1　制造业企业转移影响因素分析

要研究制造业企业在一定区域内的转移分布情况，需要对存在转移趋势的制造业企业进行实际数据收集，从而建立制造业转移函数模型。但是鉴于数据的可获得性以及对企业调查实施的难度，本书采用文献综述的研究方法，收集了制造业转移的相关文献研究，对其影响因素进行统计分析。通过对文献分析发现，制造业转移的影响因素主要有：行为方式、基础设施引致的区位选择、市场化程度（或规模）、开放水平、城市化水平与经济发展、劳动力成本、科技水平、政府政策、全球价值链、产业结构、产业集聚程度、投资环境、物流运输费用和资源价格。

由 6.3 节研究结果可知，新亚欧大陆桥国内沿线省域存在制造业转移的是传统劳动密集型制造业和资本密集型制造业，主要出口至欧洲和中亚、东亚地区。因此，对于新亚欧大陆桥国内沿线区域的制造业产业而言，包括运输成本、劳动力成本、土地租金、投资环境以及政府优惠政策是其所考虑的主要因素。

7.3.2.2　制造业企业转入地选择模型

制造业转移，事实上是对转入地的各种区位因素进行综合决策的过程。根据随机效用理论，制造业转出与转入地区位所产生的效用有关，效用越大，产业转移的概率就越大。假设对于制造业企业 m，共有 n 个候选转入地，其选择候选转入地 n 的效用函数为：

$$U_n = I - C_n + \xi_n = A - (TC_n + LC_n + LR_n + LI_n) + \xi_n \qquad (7\text{-}10)$$

其中，U_n 是指制造业企业选择转入地 n 的总效用；I 是足够大的数；C_n 是制造业企业选择转入地的直接可测效用；xn 是随机误差项；ξ_n 是转入地 n 至港口的综合运输成本；TC_n 是转入地 n 的劳动力成本；LC_n 是转入地 n 的土地租金；LR_n 是转入地的投资环境。

当随机误差项 ξ_n 服从二重指数分布时，企业 m 选择转入地 n 的概率的计算公式为：

$$P_n = e^{I-Cn} / \sum e^{I-Cn} \qquad (7\text{-}11)$$

在明确转入地选择模型中各影响因素具体函数的情况下，通过该模型 [式（7-10）和式（7-11）] 可以得出该运输成本下新亚欧大陆桥国内沿线省域内制造业企业分布情况。

对于具备转移趋势的制造业来说，转移之前集聚于东部沿海发达地区，假设转移后大量制造业企业通过海铁联运方式内迁至其他省域。就沿海省域而言，这些制造业产成品由本省海铁联运运输至最近港口出口，对于内陆省域的港口而言，存在多种选择的可能。因此，对于转入地 n 的集装箱，有 p

个待选港口，则单位制造业产成品的运输成本 TC_{np} 的计算公式为：

$$TC_{np} = \theta_{n1}TC_{n1} + \theta_{n2}TC_{n2} + \cdots + \theta_{np}TC_{np} \tag{7-12}$$

$$\sum_{P=1}^{P} \theta_{np} = 1 \tag{7-13}$$

其中，TC_{np} 是单位制造业产品从候选转入地 n 通过海铁联运系统至港口 p 的综合运输成本；θ_{n1} 为由港口吸引力所决定的港口 p 被选择的概率，计算公式如下：

$$\theta_{n1} = \frac{E_p/t_{np}^2}{\sum_{p=1\cdots p} E_p/t_{np}^2} \tag{7-14}$$

其中，E_p 为港口 p 的竞争力，可以采用 $YANG$ 的方法计算；t_{np} 为转入地 n 到港口物流运输的单位成本。计算时，首先建立如图 7-6 所示的竞争力评价体系；其次利用层次分析法确定第一层评价指标的权重（W），然后用模糊熵权法确定第二层指标的权重（a_1，a_2，$\cdots$，a_{1p}），以及模糊评价矩阵（b_1，b_2，$\cdots$，b_p），最后采用式（7-15）计算各港口的竞争力。

$$E_p = W \cdot B = w \cdot (a_1b_1a_2b_2\cdots a_pb_p)^T \tag{7-15}$$

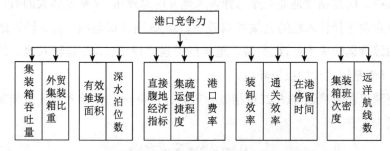

图7-6 集装箱港口竞争力综合评价指标体系

7.3.2.3 考虑成本的新亚欧大陆桥国内沿线省域制造业分布格局

1. 新亚欧大陆桥国内沿线省域海铁联运网络相关数据

目前，我国沿海港口至内陆省域综合运输主要以公路运输和铁路运输为主，但追逐运输成本红利下的制造业企业，逐渐选择低成本、长运距和高节能的铁路运输方式。因此，本书以中国铁路总公司所辖的区域铁路网为基础，并由此计算出新亚欧大陆桥国内沿线省域的省会城市至沿海各港口的最短铁路里程（见表 7-16），并根据《中国港口年鉴 2014》收集沿海主要港口竞争力的相关数据，具体如表 7-17 所示。

表 7-16 新亚欧大陆桥国内沿线各省域至沿海港口最短铁路里程 单位：千米

港口	江苏省	安徽省	河南省	甘肃省	陕西省	新疆维吾尔自治区
连云港港	260	505	559	1746	1070	3634
青岛港	1013	1156	1061	2248	1572	4192
上海港	315	457	914	2185	1509	4047
日照港	827	1235	710	1897	1221	3841
大连港	1937	2033	1961	3148	2472	5092
宁波港	647	616	1218	2405	1615	4267
深圳港	1707	1392	1902	3100	2099	4951
厦门港	1924	1053	1853	2774	2240	4902
广州港	2095	1410	1605	2792	2093	4680

表 7-17 沿海主要港口规模数据

项目	连云港港	青岛港	上海港	日照港	大连港	宁波港	深圳港	厦门港	广州港
集装箱吞吐量（万 TEU）	548.7	1552	3361.7	202.66	991.2	1677.4	2327.85	800.8	1550.45
外贸集装箱比重	71.74%	82.99%	78.64%	35.57%	37.05%	89.29%	91.53%	83.50%	49.59%
有效堆场面积（万平方米）	14.80	80.64	83.81	5.05	24.71	135.27	82.23	62.35	212.54
深水泊位数	54	49	123	7	36	128	79	79	89
直接腹地 GDP（亿元）	1388	7084	21402	1290	6310	7378	7886	5357	14550
直接腹地对外贸易额（亿美元）	82.4	34.9	4935.3	297.5	1455.2	1210.5	3329.1	799.6	1452.3
集疏运便利程度（百分制）	7.2	8.8	9.4	6.4	6.2	9.5	9.1	8.6	8.9
港口费率（元）	2091.2	1960.8	3531.8	2080.4	1041.3	2644.8	1825.5	2960.5	3196.9
装卸效率（TEU/时）	625	1771	3838	2261	1132	1915	2658	914	1769
通关效率（天）	10.2	11.1	10.9	6.4	3.2	11.8	7.9	12.2	12.0
船舶在港时间（天）	5.6	0.5	0.6	0.4	0.2	3.5	0.4	5.3	5.3
集装箱班次密度（班次/月）	157	724	1708	1006	504	1561	641	616	418
远洋航线条数（条）	15	278	726	428	214	205	435	88	71

数据来源：《中国港口年鉴 2014》。

2. 各省域其他成本数据

对于制造业企业而言，最理想的情况是以最低的成本获得足够的劳动力资源和土地租金（在不违反相关法律法规的条件下），但现实中最低工资水平有可能雇用不到足够劳动力。鉴于此，本书以新亚欧大陆桥国内沿线六省域2012 年平均制造业工资水平作为各省域的劳动力成本（假设各省域均存在足够的劳动力资源）；以 2006 年国家版本的《全国工业用地出让最低价标准》中，各省域最高的土地出让价作为土地的租金成本，并收集 2013 年全国各省域投资环境的优惠政策，具体数据情况如表 7-18 所示。

表 7-18　新亚欧大陆桥国内六省域其他成本数据

省域	劳动力成本（元/月）	土地租金（元/m^2）	投资环境优惠政策
江苏省	3143.33	600	税率 25%
安徽省	3029.58	480	西部大开发 （结合"一带一路"倡议）： 税率 15%
河南省	2501	384	
甘肃省	3026	336	
陕西省	2782.08	384	
新疆维吾尔自治区	3323.58	120	

3. 新亚欧大陆桥国内沿线省域制造业分布格局

根据建立的制造业企业转入地选择模型，利用收集的数据计算制造业企业转入地选择模型中的各项成本因素，并计算新亚欧大陆桥国内沿线六省域的产业分布格局。

综合运输成本，用式（7-5）计算综合运输成本，首先请 60 名专家对港口竞争力的第一层指标打分，然后结合一致性检验数据计算第一层指标权重 W，得到 W =（0.19，0.23，0.26，0.17，0.25）。第二层次指标，搜集《中国港口年鉴 2014》有关数据，同时请专家进行打分，计算各港口的评价指标的隶属度值和熵权值，最后用式（7-6）计算得到各港口竞争力如下：连云港港、青岛港、上海港、日照港、大连港、宁波港、深圳港、厦门港、广州港 分 别 为 0.286、0.085、0.197、0.098、0.022、0.183、0.067、0.042、0.013。

将港口竞争力和新亚欧大陆桥国内沿线省份省会城市到港口的铁路单位运输成本代入式（7-5），计算得到沿线六省域选择港口的概率（见表 7-19），接着代入式（7-3），并最终得出各省域的综合运输成本如下：江苏省、安徽省、河南省、甘肃省、陕西省、新疆维吾尔自治区分别为 573.58、1114.08、1233.21、3851.84、2360.52、8016.94。

表 7-19　各省域选择港口的概率

	连云港港	青岛港	上海港	日照港	大连港	宁波港	深圳港	厦门港	广州港
江苏省	0.39	0.06	0.31	0.09	0	0.14	0.01	0	0
安徽省	0.28	0.05	0.32	0.05	0	0.21	0	0.09	0
河南省	0.27	0.17	0.19	0.22	0	0.13	0	0	0.02
甘肃省	0.42	0	0.13	0.4	0	0	0	0	0
陕西省	0.45	0.07	0.09	0.39	0	0	0	0	0
新疆维吾尔自治区	0.44	0.07	0.12	0.41	0	0	0	0	0

新亚欧大陆桥国内沿线区域制造业转入地选择结果，根据所有涉及的制造业企业成本因素，最终可以得出，制造业细分行业在新亚欧大陆桥国内沿线各省域的制造业转入情况（见表 7-20），以及制造业企业转入地选择分布格局情况（见表 7-21）。

表 7-20　制造业细分行业转入省域一览表

行业	转入地	行业	转入地
C13	甘肃省、陕西省	C28	甘肃省、江苏省、陕西省、新疆维吾尔自治区
C14	安徽省、江苏省、陕西省	C33	安徽省、陕西省、新疆维吾尔自治区、河南省
C17	甘肃省、江苏省、河南省	C31	甘肃省、江苏省、陕西省
C18	安徽省、甘肃省、陕西省、新疆维吾尔自治区、河南省	C32	江苏省、陕西省、新疆维吾尔自治区、河南省
C19	安徽省、甘肃省、江苏省、陕西省、新疆维吾尔自治区、河南省	C34	安徽省、甘肃省、陕西省、新疆维吾尔自治区
C20	安徽省、江苏省、陕西省、新疆维吾尔自治区	C35	安徽省、甘肃省、江苏省、陕西省、新疆维吾尔自治区、河南省

行业	转入地	行业	转入地
C21	安徽省、甘肃省、陕西省	C37	江苏省、陕西省、新疆维吾尔自治区、河南省
C22	甘肃省、江苏省、新疆维吾尔自治区、河南省	C38	安徽省、甘肃省、陕西省、新疆维吾尔自治区、河南省
C23	安徽省	C27	甘肃省、江苏省、陕西省
C24	安徽省、甘肃省、陕西省、河南省	C39	安徽省、甘肃省、河南省
C29-1	甘肃省、江苏省、河南省	C40	江苏省、河南省
C29-2	河南省	C42	安徽省、甘肃省、江苏省、陕西省、河南省
C30	河南省	D44	安徽省、江苏省、新疆维吾尔自治区、河南省
C15	甘肃省、陕西省、新疆维吾尔自治区、河南省	D45	甘肃省、江苏省、新疆维吾尔自治区
C16	陕西省、新疆维吾尔自治区、河南省	D46	江苏省
C25	安徽省、江苏省、陕西省	C41	江苏省、新疆维吾尔自治区
C26	安徽省、江苏省、陕西省		

可以看出，制造业企业转移对转入地选择大多数还是集中在东部省份（如安徽省、江苏省），一些制造业细分行业（如 C13、C29-2、C30、C15、C16）中的企业，基于对运输成本的考虑，选择中西部省域（如河南省、陕西省、甘肃省、新疆维吾尔自治区）转入，使得这些省域成为制造业企业转移的主要承接地。

表 7-21 制造业企业转入地选择分布格局情况

省区	现状	优化	变化
安徽省	17.57%	11.17%	-6.4%
江苏省	27.78%	17.33%	-10.54%
河南省	21.84%	25.61%	+3.77%
陕西省	21.29%	23.38%	+2.09%
甘肃省	9.14%	8.99%	-0.15%
新疆维吾尔自治区	2.38%	13.52%	+11.14%

7.4 海铁联运影响制造业集聚与转移的实证研究

根据第 6 章对新亚欧大陆桥沿线省域制造业集聚程度的度量，选择 E-G 指数稳步上升的行业进行海铁联运促使产业集聚、推动产业转移的实证研究，具体行业见图 7-7。C28（化学纤维制造业）包含：化纤浆粕制造（指纺织生产用粘胶纤维的基本原料生产活动）、人造纤维（纤维素纤维）制造（指用化纤浆粕经化学加工生产纤维的活动）、合成纤维制造（指以石油、天然气、煤等为主要原料，用有机合成的方法制成单体，聚合后经纺丝加工生产纤维的活动）、其他合成纤维制造；C33（金属制品业）包含：指以铁、钢、铝等金属为主要材料的金属结构制造，金属门窗制造，金属工具制造，集装箱及金属包装容器制造，金属丝绳及其制品制造，建筑、安全用金属制品制造，金属表面处理及热处理加工，搪瓷制品制造，金属制日用品制造，其他金属制品制造（锻件及粉末冶金制品制造、交通及公共管理用金属标牌制造、其他未列明金属制品制造）；C40（仪器仪表制造业）包含：通用仪器仪表制造（工业自动控制系统装置制造，电工仪器仪表制造，绘图、计算及测量仪器制造，实验分析仪器制造，试验机制造，专用仪器仪表制造）、专用仪器仪表制造（环境监测专用仪器仪表制造，运输设备及生产用计数仪表制造，导航、气象及海洋专用仪器制造，农林牧渔专用仪器仪表制造，地质勘探和地震专用仪器制造，教学专用仪器制造，核子及核辐射测量仪器制造，电子测量仪器制造，其他专用仪器制造），光学仪器及眼镜制造。

根据中国最新的进出口贸易数据，C28、C33、C40 产业为我国主要的出口行业，具体数据如表 7-22 所示。

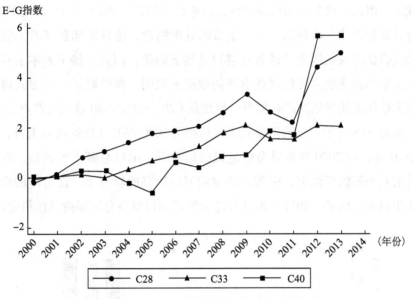

图 7-7 E-G 指数稳步增长的制造业行业

表 7-22 2014 年 1—5 月中国制造业主要出口产品种类 单位：亿元

商品种类	出口额	出口额同比	出口额占比
通信设备、计算机及其他电子设备制造业	13452.79	6.19%	25.50%
电气机械及器材制造业	5195.85	2.10%	9.85%
纺织服装、鞋、帽制造业	3593.01	1.38%	6.81%
纺织业	2996.09	2.91%	5.68%
通用设备制造业	2657.13	7.33%	5.04%
交通运输设备制造业	2534.12	2.32%	4.80%
金属制品业	2104.30	-15.49%	3.99%
专用设备制造业	1999.45	3.41%	3.79%
仪器仪表及文化、办公用机械制造业	1898.70	-9.41%	3.60%
化学原料及化学制品制造业	1880.40	13.51%	3.56%

数据来源：中国海关信息网，http://www.haiguan.info/.

C28、C33、C40 这三个细分行业恰恰是本书 6.2.2 小节实证分析中得到的 E-G 指数稳步升高的行业，这说明这三个细分行业在欧亚大陆桥沿线的 6 个省域发生了产业集聚的行为。又因为 C28、C33、C40 产业的产品需要出口到海外，而根据本书 5.1.1 小节的分析，海铁联运成本将低于海公联运的运输成本，因此，这些产品将通过铁路运输到港口后，再经过海洋运输到国外，即海铁联运方式。而根据 7.3.2 小节的分析结论，能够得知新亚欧大陆桥国内沿线省份海铁联运方式的首选港口是连云港港，因此，接下来本书将通过连云港港和新亚欧大陆桥沿线省域的数据来说明，海铁联运运输方式将带动欧亚大陆桥沿线省域的产业集聚，特别是 C28、C33、C40 这三大产业。

如图 7-8 所示，连云港外贸出口总额从 2000 年开始持续快速上升，一直到 2008 年，在 2009 年世界金融危机的影响下，出口总额出现回落，但在中国政府对经济的干预下，中国经济重新回到正确的轨道上，连云港的出口贸易也很快重新回暖，2011—2013 年连云港的出口贸易总额保持高位稳定。

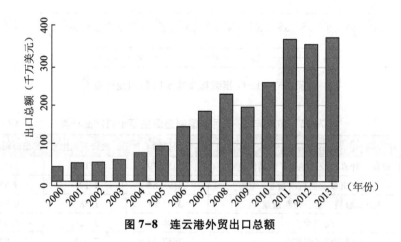

图 7-8　连云港外贸出口总额

如图 7-9 所示，连云港货物出口吞吐量从 2000 年开始持续快速上升，一直到 2008 年，在 2009 年世界金融危机的影响下，出口吞吐量出现回落，但在中国政府对经济的干预下，中国经济重新回到正确的轨道上，连云港的出口吞吐量也很快重新回暖，2009—2013 年连云港的出口吞吐量急速上升。

如图 7-10 所示，新亚欧大陆桥集装箱吞吐量从 2000—2005 年在低位维持，但从 2005 年开始持续快速上升，一直到 2008 年，在 2009 年世界金融危机的影响下，出口吞吐量出现暂时回落，但在中国政府对经济的干预下，中国经济重新回到正确的轨道上，新亚欧大陆桥集装箱吞吐量也很快重新回暖，2009—2011 年出口吞吐量急速上升，在 2012 年出现下行后又开始回到增长的轨道上。

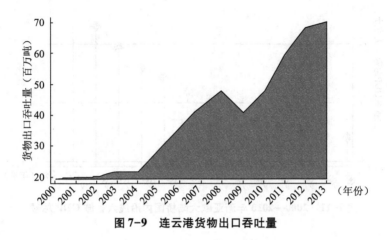

图 7-9　连云港货物出口吞吐量

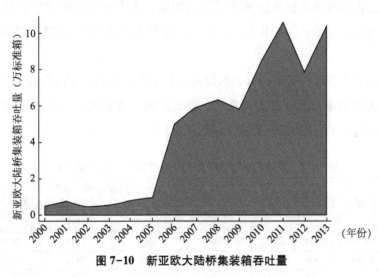

图 7-10　新亚欧大陆桥集装箱吞吐量

　　如图 7-11 所示，中国新亚欧大陆桥沿线的六省域 GDP 总额在 2000—2013 年由 20767 亿元增长到 141029 亿元，显示出强劲的增长态势。以往的实证研究表明，经济总量一直是影响产业集聚的主要经济变量之一，因此，可以预判，在经济快速增长的背景下，这六个省域具有自己的优势集聚产业。

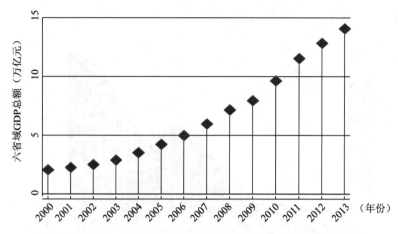

图 7-11 2000—2013 年新亚欧大陆桥国内沿线六省域 GDP 总额

经过提取影响海铁联运的主要影响因素，本书接下来的实证分析过程如下：设定因变量 E-G$_{C28}$、E-G$_{C33}$、E-G$_{C40}$ 分别为产业 C28、C33、C40 的 E-G 指数。

根据 7.2 节海铁联运因素分析结果，设定影响海铁联运的自变量 X$_1$、X$_2$、X$_3$、X$_4$ 分别为连云港外贸出口总额，连云港港口货物出口吞吐量，大陆桥集装箱吞吐量，六省域 GDP 总额，如表 7-23 所示。

表 7-23 海铁联运影响因素及制造业集聚与转移度量数据

年份	E-G$_{C28}$	E-G$_{C33}$	E-G$_{C40}$	出口总额（千万美元）	货物出口吞吐量（百万吨）	大陆桥集装箱吞吐量（万标箱）	六省域 GDP 总额（万亿元）
2000	-0.019	-0.008	0.001	38830	1937	4893	20767.27
2001	0.015	0.006	0.004	48768	1980	7526	22844.41
2002	0.084	0.013	0.027	50316	2009	4175	25215.35
2003	0.109	-0.003	0.024	57747	2178	5350	29062.59
2004	0.142	0.032	-0.018	76106	2133	8329	35389.87
2005	0.175	0.066	-0.059	93179	2884	9514	42482.03
2006	0.183	0.089	0.063	144793	3605	49892	49981
2007	0.204	0.122	0.039	184680	4301	59366	59809.14
2008	0.262	0.18	0.086	229158	4805	63946	71825.4
2009	0.333	0.209	0.091	195398	4066	58390	79834.99

续表

年份	E-G$_{C28}$	E-G$_{C33}$	E-G$_{C40}$	出口总额 （千万美元）	货物出口 吞吐量 （百万吨）	大陆桥集装 箱吞吐量 （万标箱）	六省域 GDP 总额 （万亿元）
2010	0.262	0.158	0.186	260142	4747	85366	96558.87
2011	0.218	0.155	0.172	373577	5959	106403	115484.67
2012	0.448	0.213	0.567	360255	6826	78149	128478.77
2013	0.501	0.205	0.571	378087	7033	104520	141029.94

分别对三个细分行业建立回归方程：

$$E-G_{C28} = A_1 + B_1X_1 + C_1X_2 + D_1X_3 + E_1X_4 + u_1 \qquad (7-16)$$

$$E-G_{C33} = A_2 + B_2X_1 + C_2X_2 + D_2X_3 + E_2X_4 + u_2 \qquad (7-17)$$

$$E-G_{C40} = A_3 + B_3X_1 + C_3X_2 + D_3X_3 + E_3X_4 + u_3 \qquad (7-18)$$

其中 A_i、B_i、C_i、D_i 和 E_i（$i=1$，2，3）分别为各个回归方程的回归系数，u_i（$i=1$，2，3）为误差项。运用 STATA 软件及其相应的产业数据，分别得到各自的回归模型（见表 7-26、7-27、7-28）。

那么回归方程为：$E - G_{C28} = -0.193 - 0.003X_1 + 0.012X_2 + 0.002X_3 + 0.067X_4$，相应的回归结果如图 7-12 所示。

```
Source |      SS       df       MS              Number of obs =      14
-------+------------------------------          F(  4,   9) =   28.80
 Model | .264388934    4  .066097234            Prob > F     = 0.0000
Residual| .02065628    9  .002295142            R-squared    = 0.9275
-------+------------------------------          AdjR-squared = 0.8953
 Total | .285045214   13  .021926555            RootMSE      = .04791

 egc28 |    Coef.   Std. Err.      t    P>|t|     [95% Conf.Interval]
-------+----------------------------------------------------------------
    x1 | -.0029324  .0010455    -2.80  0.021    -.0052975  -.0005673
    x2 |  .0121869  .0046982     2.59  0.029     .0015589   .0228148
    x3 |  .0024081  .0139662     0.17  0.867    -.0291857   .034002
    x4 |  .0668038  .0204624     3.26  0.010     .0205146   .1130929
  _cons| -.1934826  .0657919    -2.94  0.016    -.3423141  -.0446511
```

图 7-12　海铁联运影响 C28 集聚与转移结果示意图

结果显示，修正后的 R 值为 0.8953，说明自变量很好地解释了因变量的变化，C28 产业在新亚欧大陆桥沿线上的集聚行为能被海铁联运这种交通运输方式很好地解释。

那么运用 STATA 软件所得的回归方程为：$E - G_{C33} = -0.075 - 0.001X_1 +$

$0.005X_2+0.015X_3+0.015X_4$，相应的回归分析结果图 7-13 所示。

Source	SS	df	MS		
Model	.080144522	4	.02003613		
Residual	.013284692	9	.001476077		
Total	.093429214	13	.007186863		

Number of obs = 14
F(4 , 9) = 13.57
Prob > F = 0.0007
R-squared = 0.8578
Adj R-squared = 0.7946
Root MSE = .03842

egc33	Coef.	Std. Err.	t	P>|t|	[95%Conf. Interval]
x1	-.0010045	.0008385	-1.20	0.261	-.0029012 .0008922
x2	.0049609	.0037677	1.32	0.220	-.0035622 .0134841
x3	.0145501	.0112003	1.30	0.226	-.0107867 .039887
x4	.0146165	.0164099	0.89	0.396	-.0225053 .0517383
_cons	-.0746536	.0527621	-.41	0.191	-.1940097 .0447025

图 7-13　海铁联运影响 C33 集聚与转移结果示意图

结果显示，修正后的 R 值为 0.7946，说明自变量很好地解释了因变量的变化，C33 产业在新亚欧大陆桥沿线上的集聚行为能被海铁联运这种交通运输方式很好地解释。

那么运用 STATA 软件所得的回归方程为：$E-G_{c40}=-0.3701-0.002B_3X_1+0.013X_2-0.039X_3+0.078X_4$，相应的回归分析结果图 7-14 所示。

结果显示，修正后的 R 值为 0.8347，说明自变量很好地解释了因变量的变化，C40 产业在新亚欧大陆桥沿线上的集聚行为能被海铁联运这种交通运输方式很好地解释。

Source	SS	df	MS		
Model	.458942868	4	.114735717		
Residual	.059309989	9	.006589999		
Total	.518252857	13	.039865604		

Number of obs = 14
F(4, 9) = 17.41
Prob > F = 0.0003
R- squared = 0.8856
Adj R-squared = 0.8347
Root MSE = .08118

egc40	Coef.	Std. Err.	t	P>|t|	[95%Conf. Interval]
x1	-.0019581	.0017716	-1.11	0.298	-.0059657 .0020496
x2	.0126053	.007961	1.58	0.148	-.0054036 .0306143
x3	-.0338326	.0236656	-1.43	0.187	-.0873679 .0197027
x4	.0776355	.0346732	2.24	0.052	-.0008008 .1560718
_cons	-.3701041	.1114834	-3.32	0.009	-.622297 -.1179112

图 7-14　海铁联运影响 C40 集聚与转移结果示意图

7.5　本章小结

基于计算机算法，利用 EUREQA 软件拟合数据，对制造业 34 个细分行业的经济面板数据建立时间序列预测方程，分别预测新亚欧大陆桥国内沿线省域 2015 年、2017 年"工业总产值""分行业从业人员"数据（因 2016 年年鉴暂未公布，以 2015 年数据为预测数据），然后计算制造业集聚的区位熵、E-G 指数预测值。综合区位熵、E-G 指数预测值，取其交集为代表性行业，结合 GIS 技术将经济数据转化为地理数据进行可视化处理，以研判和预测新亚欧大陆桥制造业转移的未来趋势。

围绕我国集装箱海铁联运发展中的问题，从影响因素出发，在梳理文献的基础上，利用解释结构模型（ISM）对影响因素进行分析，得出外贸进出口额、港口集装箱吞吐量、港口城市及腹地 GDP、运输时间及费用等为主要影响因素。由于前述制造业集聚、转移都受运输费率（即运输成本）影响，建立基于运输成本的制造业集聚、转移模型，综合制造业转移的影响因素和搜集新亚欧大陆桥沿线省域运输里程等数据，根据随机效用函数计算新亚欧大陆桥沿线各省域选择国内有关港口的概率（并得出选择连云港的概率最大），以及各省域制造业选择分布的总体变化情况。

在前述基础上，综合海铁联运影响因素的分析结果和连云港的实际情况，挖掘连云港港口海铁联运实际影响因素，然后结合前述新亚欧大陆桥沿线六省域制造业集聚和转移的测度结果，建立计量经济学模型，研究海铁联运因素对制造业集聚与转移的影响。

第8章　结论与展望

通过对本书的全面回顾与概括，得出如下主要结论。

第一，海铁联运发展的各层影响因素。利用解释结构模型（ISM）对海铁联运的影响因素进行综合分析，得出外贸进出口额、港口集装箱吞吐量、港口城市及腹地 GDP、运输时间及费用等，为选择海铁联运运输方式的主要影响因素，并构成影响海铁联运发展因素的第一层级。而第二层级、第三层级是影响海铁联运发展的间接因素。其中，运输费用过高，会在一定程度上制约外贸进出口额、港口集装箱吞吐量、港口及腹地 GDP 的增长，而缩短运输时间势必会造成运输成本的提高。外贸商品结构、服务质量、铁路通道运输能力、港铁运输设施分离会直接影响运输费用。第四层级包括相关标准的统一、港口地理位置两个影响因素，是海铁联运发展的根本影响因素。

第二，新亚欧大陆桥国内沿线各省域选择国内海港进行海铁联运的概率。通过搜集新亚欧大陆桥沿线省域运输里程等数据，根据随机效用函数计算新亚欧大陆桥沿线各省域选择连云港出口产品的概率最大。通过分析制造业企业转移的影响因素，建立制造业企业集聚地选择模型，综合分析连云港港、青岛港、上海港、日照港、大连港、宁波港、深圳港、厦门港、广州港的集装箱吞吐量，外贸集装箱比重，有效堆场面积，深水泊位数，直接腹地 GDP，直接腹地对外贸易额，集输运便利程度、港口费率、装卸效率、通关效率、船舶在港时间、集装箱班次密度、远洋航线条数等各种重要港口指标，由此构建这些港口的竞争力综合评价指标体系。考虑新亚欧大陆桥国内六省域的劳动力成本、土地租金、投资环境优惠政策等重要成本指标，最终得出江苏省、安徽省、河南省、甘肃省、陕西省、新疆维吾尔自治区进行海铁联运的最优港口选择为连云港港口的结论，并且它们选择连云港港口进行海铁联运的概率分别为 39%、28%、27%、42%、45%、44%。

　　第三，新亚欧大陆桥国内沿线各省域制造业细分行业的产业转移方向。从对产业转移的实证研究来看，劳动密集型制造业多向安徽省和河南省转入，从甘肃省、陕西省和新疆维吾尔自治区转出的较多，而江苏转入转出的趋势不是很明显；资本密集型制造业多向江苏省和陕西省转入，安徽省、甘肃省、新疆维吾尔自治区和河南省的趋势不明显；技术密集型制造业多向江苏省和河南省转入，安徽省、甘肃省、陕西省和新疆维吾尔自治区趋势不明显。从具体细分行业角度来看，制造业细分行业转入东中部的有 C23（印刷和记录媒介复制业）、C29-1（橡胶制品业）、C30（非金属矿物制品业）、C40（仪器仪表制造业）；转入中西部的有 C13（农副食品加工业）、C18（纺织服装、服饰业）、C29-2（塑料制品业）、C15（酒、饮料和精制茶制造业）、C16（烟草制品业）；转入东西部两翼的有 C26（化学原料和化学制品制造业）、C31（黑色金属冶炼和压延加工业）、C32（有色金属冶炼和压延加工业）、C34（通用设备制造业）、C27（医药制造业）、D46（水的生产和供应业），其他行业虽然有细分行业的梯度转移，但存在转入后又转回到原先省域的情况（即"回流现象"）。

　　第四，新亚欧大陆桥国内沿线发生制造业集聚的细分行业。本书运用区位熵指数、空间基尼系数和 E-G 指数三种方法，分别详细计算出新亚欧大陆桥沿线的劳动密集型制造业、资本密集型制造业、技术密集型制造业下属的 34 个制造业细分行业的产业集聚指数。综合分析后发现，虽然区位熵指数、空间基尼系数等指标在实证中使用较为广泛，但由于没有考虑到企业规模对制造业集聚的影响，在进行跨制造业比较时往往造成较大误差。因此，最终选择运用 E-G 指数方法，测算产业集聚程度并发现：化学纤维制造业、仪器仪表制造业在新亚欧大陆沿线集聚优势明显（化学纤维制造业主要在江苏和新疆区域集聚、仪器仪表制造业主要在江苏和陕西区域集聚），对于金属制品、机械和设备修理业从细分行业角度来看具备集聚优势，但在新亚欧大陆桥国内沿线区域来看，集聚不是很显著，说明其具有较强的集聚潜力。综上所述，新亚欧大陆桥对化学纤维制造业、仪器仪表制造业，以及金属制品、机械和设备修理业产生了明显的拉动集聚效用。

第五，新亚欧大陆桥国内沿线发生制造业集聚和转移的细分行业发展态势。在海铁联运运输方式的影响下，制造业集聚优势明显的化学纤维制造业、仪器仪表制造业以及金属制品、机械和设备修理业开始集中在东中部，然后转移到中西部，最终形成东中西部都存在的格局，说明制造业集聚和转移并存，其他集聚不明显的制造业细分行业转移趋势较明显，其生产要素的流动便利性程度高。

除了得出上述五大结论外，本书还存在一些不足，希望在下一步的研究工作中进一步深入。在理论研究上，海铁联运运输方式对产业集聚和转移对影响和测度相关的基础理论还需要进一步挖掘，特别是海铁联运对空间经济学的影响是今后研究的基础重点领域。在实证研究上，本书所建立的模型所涉及的自变量都是采用国内的经济指标，属于经济学中的封闭经济模型。而进出口一直是拉动中国经济增长的"三驾马车"之一，国际贸易发展的格局和今后的发展趋势，会影响到中国经济的增长方式，自然也会对新亚欧大陆桥沿线的产业集聚和转移产生重要影响，因此，下一步的主要工作就是建立开放的经济学实证模型，以求更加科学客观地分析海铁联运这种运输方式对我国制造业集聚和转移的影响。

参考文献

［1］罗勇，曹丽莉. 中国制造业集聚程度变动趋势实证研究［J］. 经济研究，2005（8）：106-127.

［2］席艳玲. 产业集聚、区域转移与技术升级——理论探讨与基于我国制造业发展的经验证据［M］. 天津：南开大学，2014.

［3］汪彩君. 过度集聚、要素拥挤与产业转移研究［M］. 北京：中国社会科学出版社，2011.

［4］［日］藤田昌久，［美］保罗·克鲁格曼，［美］安东尼. J. 维纳布尔斯. 空间经济学：城市、区域与国际贸易［M］. 梁琦，译. 北京：中国人民大学出版社，2005.

［5］江激宇. 产业集聚与区域经济增长［M］. 北京：经济科学出版社，2006.

［6］史忠良，沈红兵. 中国总部经济的形成及其发展研究［J］. 中国工业经济，2005，206（5）：58-65.

［7］［德］约翰·冯·杜能. 孤立国同农业和国民经济的关系［M］. 吴衡康，谢钟准，译. 北京：商务印书馆，1986.

［8］［英］阿尔弗雷德·马歇尔. 经济学原理（上卷）［M］. 朱志泰，译. 北京：商务印书馆，2005.

［9］［德］阿尔弗雷德·韦伯. 工业区位论［M］. 李刚剑等，译. 北京：商务印书馆，1997.

［10］［德］奥古斯特·勒施. 经济空间秩序：经济财货与地理间的关系［M］. 王守礼，译. 北京：商务印书馆，2010.

［11］［美］埃德加·M. 胡佛. 区域经济学导论［M］. 王翼龙，译. 北

京：商务印书馆，1990.

[12] 黄曼慧，黄燕. 产业集聚理论研究述评 [N]. 汕头大学学报（人文社会科学版），2003（1）：49-53.

[13] [美] 沃尔特·艾萨德. 区位与空间经济——关于产业区位、市场区、土地利用、贸易和城市结构的一般理论 [M]. 杨开忠等，译. 北京：北京大学出版社，2011.

[14] [美] 沃尔特·艾萨德. 区域科学导论 [M]. 陈宗兴等，译. 北京：高等教育出版社，1991.

[15] F. PERROUX. Economic space：Theory and application [C]. Quarterly Journal of Econonics，64-89.

[16] 王缉慈. 创新的空间：企业集群与区域发展 [M]. 北京：北京大学出版社，2001.

[17] [瑞典] 冈纳·缪尔达尔. 亚洲的戏剧——对一些国家贫困问题的研究 [M]. 谭力文，张卫东，译. 北京：北京经济学院出版社，1992.

[18] 殷广卫. 新经济地理学视角下的产业集聚机制研究——兼论近十多年我国区域经济差异的原因 [M]. 上海：上海人民出版社，2011.

[19] [美] 迈克尔·波特. 国家竞争优势 [M]. 李明轩等，译. 北京：华夏出版社，2002.

[20] P. R. KRUGMAN. Increasing returns and economy geography [J]. Journal of Political Economy，1991，99（3）：483-499.

[21] E. ENGLMANN，C. Walz. Industrial centers and regional growth in the presence of local inputs [J]. Journal of Regional Science，1995，35（1）：3-27.

[22] R. E. BALDWIN，R. Forslid. The core - periphery model and endogenous growth：stabilizing and destabilizing integration [J]. Economica，2000（67）：307-324.

[23] R. E. BALDWIN，P. MARTIN. Agglomeration and regional growth，in J. V. Henderson& J. F. Thisse（ed.），Handbook of regional and urban economics：Cities and Geography [M]. Elsevier Press，2004（4）：2671-2711.

[24] 王洪光. 产业集聚与经济增长：一个含有移民和中间产品革新的模

型 [J]. 南方经济, 2007 (5): 22-31.

[25] [日] 藤田昌久, [比] 雅克—弗朗科斯·蒂斯. 集聚经济学: 城市、产业区位与区域增长 [M]. 刘峰等, 译. 成都: 西南财经大学出版社, 2004.

[26] A CICCONE, R. E HALL. Productivity and the density of economic activity [J]. The American Economic Review, 1996, 86 (1): 54-70.

[27] A. CICCONE. Agglomeration effects in Europe [J]. European Economic Review, 2002 (4): 213-227.

[28] M. BRÜLhart. Sectoral agglomeration economics in a panel of European regions [J]. Regional Science &Urban Economics, 2008, 38 (4): 348-362.

[29] 范剑勇. 产业集聚与地区间劳动生产率差异 [J]. 经济研究, 2006 (11): 72-81.

[30] A. MITRA, H. SATO. Agglomeration economies in Japan: technical efficiency, growth and unemployment [J]. Review of Urban and Regional Development Studies, 2007, 19 (3): 197-209.

[31] 童馨乐, 杨向阳, 等. 中国服务业集聚的经济效应分析: 基于劳动生产率视角 [J]. 产业经济研究, 2009 (6): 30-37.

[32] 原毅军, 宋洋. 服务业产业集聚与劳动生产率增长——基于中国省级面板数据的实证研究 [J]. 产业经济评论, 2011 (6): 50-61.

[33] 赵婷. 产业集聚与地区生产率增进: 理论分析及中国经验实证 [D]. 杭州: 浙江大学, 2012.

[34] M. BRÜLhart, F. SBERGAMI. Agglomeration and growth: cross - country evidence [J]. Journal of urban economics, 2009 (65): 48-63.

[35] M. CROZET, P. KOENIG, V. Rebeyrol. Exporting to risky markets: A firm-Level analysis [R]. BIS: Working papers, 2007.

[36] 周兵, 蒲勇健. 一个基于产业集聚的西部经济增长实证分析 [J]. 数量经济技术经济研究, 2003 (8): 143-147.

[37] 罗勇, 曹丽莉. 中国制造业集聚程度变动趋势实证研究 [J]. 经济研究, 2005 (8): 106-115.

［38］ K. FUTAGAMI , T. NAKAJIMA . Population aging and economic growth ［J］. Journal of macroeconomics, 2001, 23 （01）: 31-44.

［39］ P. RICE, A. VENABLES, E. Patacchini. Spatial determinants of productivity: analysis for the regions of Great Britain ［J］. Regional science & urban economics, 2004, 36 （6）: 727-752.

［40］ C. MIDELFART, K. H. KNARVIK, H. G. Overman, S. J. Redding, et al. The location of European industry ［R］. European commission economic papers, No 142, 2000.

［41］ 陈得文，苗建军. 空间集聚与区域经济增长内生性研究——基于 1995—2008 年中国省域面板数据分析 ［J］. 数量经济技术经济研究，2010 （9）: 82-93.

［42］ S. KIM. Economic integration and convergence: U. S. regions, 1840— 1987 ［J］. The journal of economic history, 1998, 58 （3）: 659-683.

［43］ M. BRÜlhart . Growing alike or growing apart? Industrial specialisation of EU countries ［C］. The impact of EMU on Europe and the developing countries, London: Oxford university press, 2001.

［44］ A. YOUNG. The razor's edge: distortions and incremental reform in The People's Republic of China ［J］. Quarterly journal of economics, 2000, 115 （4）: 1091-1135.

［45］ 白重恩，杜颖娟，陶志刚，等. 地方保护主义及产业地区集中度的决定因素和变动趋势 ［J］. 经济研究，2004 （4）: 29-40.

［46］ 梁琦. 中国制造业分工、地方专业化及其国际比较 ［J］. 世界经济，2004 （12）: 32-40.

［47］ 樊福卓. 地区专业化的度量 ［J］. 经济研究，2007 （9）: 71-83.

［48］ 苗长青. 中国地区专业化与经济增长关系的实证研究——基于工业两位数数据上的分析 ［J］. 产业经济研究，2007 （6）: 8-14.

［49］ 童牧，何奕. 地方专业化、空间经济结构与经济发展——基于中国省区面板数据的研究 ［J］. 宏观经济研究，2008 （10）: 32-36.

［50］ 蒋媛媛. 中国地区专业化促进经济增长的实证研究：1990—2007

年［J］. 数量经济技术经济研究, 2011 (10): 3-20.

［51］ CHANG HONG. Trade liberalization, wages and pecialization in China ［J］. Journal of international economies, 2012, 26 (4): 561-577.

［52］ G. ELLISON, E. GLAESER. Geographic concentration in U. S. manufacturing industries: a dartboard approach ［J］. Journal of political economy, 1997, 105 (5): 889-927.

［53］ F. MAUREL, B. SÉDILLOT. A measure of the geographic concentration in French manufacturing industries ［J］. Regional science and urban economics, 1999, 29 (5): 575-604.

［54］ M. P. DEVEREUXA, R. Griffith, H. Simpson. The geographic distribution of production activity in the UK ［J］. Regional science and urban economics, 2004, 34 (5): 533-564.

［55］ S. BARRIOS, L. BERTINELLI, E. STROBL, etal. Spatial distribution of manufacturing activity and its determinants: a comparison of three small European countries ［J］. Regional studies, 2009, 43 (5): 721-738.

［56］ A. LEAHY, K. A. PALANG, J. YONG. Geographical agglomeration in Australian manufacturing ［J］. Regional Studies, 2010, 44 (3): 299-314.

［57］ M. FUJITA, HU DAPENG. Regional disparity in China 1985—1994: The effects of globalization and economic liberalization ［J］. Annals of Regional Science, 2001, 35 (1): 3-37.

［58］ 文玫. 中国工业在区域上的重新定位和聚集 ［J］. 经济研究, 2004 (2): 84-94.

［59］ 路江涌, 陶志刚. 中国制造业区域聚集及国际比较 ［J］. 经济研究, 2006 (3): 103-114.

［60］ 王业强, 魏后凯. 产业特征、空间竞争与制造业地理集中——来自中国的经验证据 ［J］. 管理世界, 2007 (4): 68-77, 171-172.

［61］ 张卉. 产业分布、产业集聚和地区经济增长: 来自中国制造业的证据 ［D］. 上海: 复旦大学, 2007.

［62］ 赵伟, 张萃. 市场一体化与中国制造业区域集聚变化趋势研究

[J]. 数量经济技术经济研究, 2009, 26 (2): 18-32.

[63] 张萃. "二重开放"与中国制造业区域集聚: 理论与实证 [D]. 杭州: 浙江大学, 2009.

[64] 薄文广. 产业特征、空间差异与制造业地理集中: 基于中国数据的实证分析 [J]. 南方经济, 2010 (6): 51-64.

[65] 吴三忙, 李善同. 中国制造业集聚程度演变态势的实证研究——基于 1988—2007 年的数据 [J]. 山西财经大学学报, 2009 (12): 40-48.

[66] 王非暗, 王珏, 唐韵, 等. 制造业扩散的时刻是否已经到来 [J]. 浙江社会科学, 2010 (9): 2-10, 125.

[67] 贺灿飞, 潘峰华. 中国制造业地理集聚的成因与趋势 [J]. 南方经济, 2011 (6): 38-52.

[68] 吕国庆, 汤茂林. 我国沿海省市制造业集聚变动的实证分析 [J]. 城市发展研究, 2008 (6): 108-112, 69.

[69] 潘峰华, 贺灿飞. 江苏和浙江制造地理集聚对比研究 [J]. 世界地理研究, 2010 (2): 102-110.

[70] 高新才, 王科. 中国装备制造业空间集聚的实证研究 [J]. 经济问题, 2008 (7): 36-39.

[71] 赵玉林, 魏芳. 基于熵指数和行业集中度的我国高技术产业集聚度研究 [J]. 科学学与科学技术管理, 2008 (11): 122-126, 180.

[72] 贺灿飞, 朱彦刚. 中国资源密集型产业地理分布研究——以石油加工业和黑色金属产业为例 [J]. 自然资源学报, 2010 (3): 488-501.

[73] 陈景新. 制造业产业集聚理论的实证研究 [D]. 天津: 河北工业大学, 2014.

[74] 陈建军. 中国现阶段的产业区域转移及其动力机制 [J]. 中国工业经济, 2002 (08): 37-44.

[75] 陈刚, 刘珊珊. 产业转移理论研究: 现状与展望 [J]. 当代财经, 2006 (10): 91-96.

[76] 冯根福, 刘志勇, 蒋文定. 我国东中西部地区间工业产业转移的趋势、特征及形成原因分析 [J]. 当代经济科学, 2010 (02): 1-11.

［77］张公嵬，梁琦. 产业转移与资源的空间配置效应研究［J］. 产业经济评论，2010（09）：1-21.

［78］耿文才. 新经济地理学视角下中国纺织业区际转移的粘性分析［J］. 地理研究，2015，34（2）：259-269.

［79］赤松要. 世界经济论［M］. 东京：国元书房，1965.

［80］R. VEMON. International investment and international trade in the product cycle［J］. The quarterly journal of economics，1966，80（2）：190-207.

［81］［美］阿瑟·刘易斯. 国际经济秩序的演变［M］. 乔依德，译. 北京：商务印书馆，1984.

［82］［日］小岛清. 对外贸易论［M］. 周宝廉，译. 天津：南开大学出版社，1987.

［83］［阿根廷］劳尔·普雷维什. 外围资本主义危机与改造［M］. 苏振兴，袁兴昌，译. 北京：商务印书馆，1990.

［84］L. J. WELLS. Third world multinationals；the rise of foreign direct investment from developing countries［M］. Cambridge mass：MIT Press，1983.

［85］S. Lall. Technological capabilities and industrialization［J］. World development，1992，20（2）：165-186.

［86］J. CANDWELL，B. Andersen. A statistical analysis of corporate technological leadershiphistorically［J］. Economics of innovation & new technology，1996，4（3）：211-234.

［87］M. FUJITA et al. Regional integration in East Asia：from the viewpoint of spatial economics［A］. New York：Palgrave macmillan，2007.

［88］毛琦，梁董，锁成等. 我国产业转移的研究进展评述与展望——基于传统贸易理论与新经济地理学的比较［J］. 区域经济评论，2014（2）：138-147.

［89］卢根鑫. 国际产业转移论［M］. 上海：上海人民出版社，1997.

［90］魏后凯. 产业转移的发展趋势及其对竞争力的影响［J］. 福建论坛（社会经济版），2003（4）：11-15.

［91］朱华友，孟云利，刘海燕. 集群视角下的产业转移路径、动因及其

区域效应 [J]. 社会科学家, 2008, (7): 43-46.

[92] 刘辉煌, 杨胜刚, 张亚斌等. 国际产业转移的新趋向与中国产业结构的调整 [J]. 求索, 1999 (1): 4-9.

[93] 吴伟萍. 广东承接新一轮国际产业转移的策略研究 [J]. 国际经贸探索, 2003 (3): 73-77.

[94] 翟松天, 徐建龙. 中国东西部产业结构联动升级中的产业对接模式研究 [J]. 青海师范大学学报 (哲社版), 1999 (2): 1-6.

[95] 蒋文军, 孙宏军. 策应产业转移: 欠发达地区中小企业快速发展的重要举措 [J]. 云南科技管理, 2001 (6): 13-15.

[96] 曹荣庆. 浅谈区域产业转移和结构优化的模式 [J]. 中州学刊, 2001 (06): 111-113.

[97] 曹慧平. 发展中国家在承接国际产业转移过程中的模式选择 [J]. 经济问题探索, 2010 (4): 105-109.

[98] 张公嵬. 我国产业集聚的变迁与产业转移的可行性研究 [J]. 经济地理, 2010, 30 (10): 1670-1674.

[99] 刘红光, 王云平, 季路璐. 中国区域间产业转移特征、机理与模式研究 [J]. 经济地理, 2014 (1): 102-107.

[100] 贺曲夫, 刘友金. 基于产业梯度的中部六省承接东南沿海产业转移之重点研究 [J]. 湘潭大学学报 (哲学社会科学版), 2011 (9): 71-75.

[101] 李娅, 伏润民. 为什么东部产业不向西部转移——基于空间经济理论的解释 [J]. 世界经济, 2010 (8): 59-71.

[102] 周正柱, 孙明贵. 产业转移与区域商务成本变动的相关研究 [J]. 云南财经大学学报, 2012 (2): 89-95.

[103] 刘洪光, 刘卫东等. 区域间产业转移定量测度研究——基于区域间投入产出表分析 [J]. 中国工业经济, 2011 (6): 79-88.

[104] 陈建军, 叶炜宇. 关于向浙江省内经济欠发达地区进行产业转移的研究 [J]. 商业经济与管理, 2002 (4): 28-31.

[105] 李淑香. 河南省承接区域产业转移的实证研究 [D]. 开封: 河南大学, 2005.

［106］江霈. 中国区域产业转移动力机制及影响因素分析［D］. 天津：南开大学，2009.

［107］苏炜. 区际产业转移动力机制的理论与实证研究——以江苏为例［D］. 江苏大学，2010.

［108］赵祥. 广东区域专业化分工的特征及其政策含义［J］. 岭南学刊，2010（1）：77-83.

［109］张少军，刘志彪. 全球价值链模式的产业转移动力、影响与中国产业升级和区域协调发展的启示［J］. 中国工业经济，2009（11）：5-15.

［110］许崴，魏攀. 珠三角制造业产业转移与区位选择的影响因素分析［J］. 广州大学学报（社会科学版），2011（8）：56-59.

［111］张建升. 物流发展、产业集聚与产业转移［J］. 经济与管理，2011（5）：17-20.

［112］袁静. 产业区域转移与经济增长的实证研究［J］. 经济问题，2012（7）：51-53.

［113］王思文，祁继鹏. 要素流动性差异与地区间产业转移粘性［J］. 兰州大学学报（社会科学版），2012（2）：105-110.

［114］陈刚，陈红儿. 区际产业转移理论探微［J］. 贵州社会科学，2001（4）：2-6.

［115］石奇. 集成经济原理与产业转移［J］. 中国工业经济，2004（10）：5-12.

［116］王礼茂. 我国纺织工业东、西部合作与产业转移［J］. 经济地理，2000（6）：25-29.

［117］陈建军. 产业区域转移与东扩西进战略——理论与实证分析［M］. 北京：中华书局，2002.

［118］臧旭恒，何青松. 试论产业集群租金与产业集群演进［J］. 中国工业经济，2007（3）：5-13.

［119］郑文智. 国内制造业集群式转移趋势及其约束条件研究［J］. 中国软科学，2007（7）：136-141.

［120］陈耀. 东西部合作互动集群迁移与承接策略［J］. 天津：天津师

范大学学报，2009（1）：14-20.

[121] 张纯记. 我国区际产业转移的制约因素与对策 [J]. 经济纵横，2012（1）：76-79.

[122] 张继焦. 中国东部与中西部之间的产业转移：影响因素分析 [J]. 贵州社会科学，2011（1）：69-73.

[123] 刘新争. 比较优势、劳动力流动与产业转移 [J]. 经济学家，2012（2）：45-50.

[124] 刘友金，胡黎明. 产品内分工、价值链重组与产业转移——兼论产业转移过程中的大国战略 [J]. 中国软科学，2011（3）：149-159.

[125] 金祥荣，朱希伟. 专业化产业区的起源与演化——一个历史与理论视角的考察 [J]. 经济研究，2002（8）：74-82.

[126] 孙久文，彭微. 劳动报酬上涨背景下地区间产业转移研究 [J]. 中国人民大学学报，2012（4）：63-71.

[127] 张为付. 世界产业转移与南京制造业发展 [J]. 南京社会科学，2003（2）：147-153.

[128] 张东辉. 日韩产业转移与胶东半岛制造业基地建设 [J]. 东岳论丛，2005（3）：46-50.

[129] 陈蓉芳. 产业转移理论与国际纺织制造业中心的变迁 [J]. 华东经济管理，2005（12）：56-60.

[130] 戴宏伟. 中国制造业参与国际产业转移面临的新问题及对策分析 [J]. 中央财经大学学报，2007（7）：69-74.

[131] 曲建忠，张战梅. 国际产业转移对山东省制造业竞争力的影响分析 [J]. 山东大学学报（社科版），2008（5）：51-56.

[132] 何奕，童牧. 产业转移与产业集聚的动态与路径选择——基于长三角第二、三类制造业的研究 [J]. 宏观经济研究，2008（7）：50-57.

[133] 魏玮，毕超. 区际产业转移中企业区位决策实证分析——以食品制造业为例 [J]. 产业经济研究，2010（2）：46-54.

[134] 周世军，周勤. 中国中西部地区"集聚式"承接东部产业转移了吗？——来自20个两位数制造业的经验证据 [J]. 科学学与科学技术管理，

2012 (10)：68-79.

[135] 覃成林，熊雪如. 我国制造业产业转移动态演变及特征分析——基于相对净流量指标的测度 [J]. 产业经济研究，2013 (01)：12-21.

[136] 李新安. 中部制造业承接产业转移实施产业链整合的优势行业选择 [J]. 经济经纬，2013 (02)：77-82.

[137] W. W. WHITE, A. M. Bomerault. A network algorithm for empty freight car allocation [J]. IBM system journal, 1969 (8)：147-169.

[138] T. L. FRIESZ, F. J. Luque, R. L. Tobin, B. W. Wie. Dynamic network traffic assignment considered as a continuous time optimal control problem [J]. Operations research, 1989 (37)：58-69.

[139] N. PATTIC. Market area of rail-truck terminals [J]. Transportation research part A, 1997, 31 (2)：109-127.

[140] A. ZILIASKOPOULOS, W. Wardell. An inter modal optimum path algorithm for multimodal networks with dynamic are travel times and switching delays [J]. European journal of operational research, 2000, 125 (3)：486-502.

[141] H. MABLLLUDI, P. FLYNN. Rail vs truck transport of biomass [J]. Applied biochemistry and biotechnology, 2006, 3 (1)：88-103.

[142] S. LIMBOURG, B. JOURQUIN. Optimal rail-road container terminal locations on the European network [J]. Transportation resarch part E-Logistics and transportion review, 2009, 45 (4)：551-563.

[143] 何静，孙有望，刘小卉，陈欢. 我国港口海铁联运经济运距及合理分担率研究——上海洋山港海铁联运实例研究的启示 [J]. 价格理论与实践，2009 (6)：67-68.

[144] 黄浚源. 海铁联运合理运距及运输组织优化研究 [D]. 北京：北京交通大学，2011.

[145] 崔迪. 我国集装箱海铁联运物流枢纽加权网络特性研究 [J]. 中国水运，2011 (8)：43-45.

[146] C. F. DAGANZO. Some statistical problems in connection with traffic assignment [J]. Transportation research, 1977 (11)：385-389.

[147] M. BEN-KAVA. Dynamic network equilibrium research [J]. Transportation research, 1985 (2): 429-431.

[148] B. RAN, T. SHIMAZAKI. A general model and algorithm for the dynamic traffic assignment problems [J]. Proceedings of the fifth world conference on transport research, 1989 (8): 89-97.

[149] B. MICHEL. Freight transportation demand elasticity: A geographic multimodal transportation network analysis [J]: Transportation research, 2005 (37): 253-266.

[150] T. G. CRAINIE, K. H. KIM. Handbooksin operationsresearchandmanagement scienee [J]. OR&MS, 2007 (14): 467-484.

[151] C. PUETTMANN. Collaborative planning in intermodal freight transportation [J]. Gabbler, 2010 (6): 80-95.

[152] L. FAN, W. W. WILSON, D. TOLLIVER. Optimal network flows for containerized imports to the united states [J]. Transportation research part E-Logistics and transportation review, 2010, 46 (5): 735- 749.

[153] 崔迪, 陈桂洪, 于春雷. 我国煤炭海铁联运物流网络复杂性及安全可靠性研究 [J]. 物流技术, 2010 (6): 28-30.

[154] 吴仙丹. 基于双灰色模糊模型的海铁联运网络风险评价 [D]. 北京: 北京交通大学, 2012.

[155] 程朝. 大连港集装箱海铁联运网络配流研究 [D]. 大连: 大连海事大学, 2013.

[156] B. CHRISTIAN, M. FRANK. A fast heuristic for quay crane scheduling with interference constraints [J]. Journal of scheduling, 2009, 4 (12): 345-360.

[157] P. LEGATO, R. MARY, T. ROBERTO. Simulation - based optimization for discharged loading operations at a maritime container terminal [J]. OR speetrum, 2010, 3 (32): 543-567.

[158] G. FROYLAND, T. KOCH, N. MEGOW, E. DUANE, H. Wren. Optimizing the landside operation of a container terminal [J]. Or spectrum, 2008,

30（1）：53-75.

［159］王玥葳. 基于海铁联运的集装箱港口布局与运作问题研究［D］. 清华大学，2010.

［160］C. LEACHMAN，C. ROBERT，J. PAYMAN. Congestion analysis of waterborne，containerized imports from Asia to the United States［J］. Transportation research part E，2011（47）：992-1004.

［161］张戎，闫攀宇. 基于腹地沿线集装箱生成量分配的海铁联运运量预测方法研究［J］. 铁道学报，2007（4）：14-19.

［162］花亚峰. 洋山港集装箱海铁联运的系统分析［D］. 上海：上海海事大学，2007.

［163］孙国卿. 海铁联运运量预测与效益研究［D］. 大连：大连海事大学，2010.

［164］林珊仟，陈燕琴. 厦门港集装箱海铁联运量预测［J］. 集装箱化，2010（5）：31-33.

［165］黄霏茜. 基于低碳运输的大连港集装箱海铁联运效益分析［D］. 大连：大连海事大学，2012.

［166］黄霏茜，林玉山. 基于低碳经济的集装箱海铁联运效益分析［J］. 物流工程与管理，2011（5）：49-51.

［167］陈燕琴. 基于灰色理论和 BP 网络的集装箱海铁联运量预测［J］. 中国水运（下半月），2010（12）：74-76.

［168］赵毅. 物流一体化下的天津港集装箱海铁联运发展研究［D］. 大连：大连海事大学，2011.

［169］武慧荣，朱晓宁，钱继锋. 基于系统动力学的集装箱海铁联运运量预测研究［J］. 物流技术，2012（9）：205-207.

［170］陈经海. 基于运量预测及效益分析的青岛港集装箱海铁联运研究［D］. 青岛：中国海洋大学，2013.

［171］倪湘琴. 考虑经济周期的宁波港集装箱海铁联运运量预测模型研究［D］. 杭州：浙江工业大学，2013.

［172］林凌等. 中国三线生产布局问题研究［M］. 成都：四川科学技术

出版社，1992.

[173] 陈栋生. 区域经济学 ［M］. 郑州：河南人民出版社，1993.

[174] 杨海洋. 中国制造业向海外转移的区位分析 ［J］. 国际贸易问题，2013（4）：123-138.

[175] ［英］保罗·切希尔，［英］埃德温·S. 米尔斯. 应用城市经济学：区域和城市经济学手册（第3卷）［M］. 安虎森，译. 北京：经济科学出版社，2003（11）：120-123.

[176] 杨慧馨. 企业进入退山与产业组织政策 ［M］. 上海：上海人民出版社，2000.

[177] P. KRUGMAN. Increasing returns and economic geography ［J］. Journal of political geography, 1991, 49（3）：483-499.

[178] S. Sassen. The global city：New York, London, Tokyo ［M］. Princeton university press, 1991.

[179] 方磊，宗刚. 我国内陆地区自贸区建设模式研究 ［J］. 中州学刊，2016, 229（1）：31-35.

[180] O. E. WILLAMSON. The Economic Institute of Capitalism ［M］. New York：Free Press, 1985.

[181] 范剑勇，杨丙见. 美国早期制造业集中的转变及其对中国西部开发的启示 ［J］. 经济研究，2002（8）：66-74.

[182] 邵春福，秦四平. 交通经济学 ［M］. 北京：人民交通出版社，2008.

[183] 孙久文. 区域经济学 ［M］. 北京：首都经济贸易大学出版社，2006.

[184] 张秀生. 区域经济学 ［M］. 武汉：武汉大学出版社，2007.

[185] ［美］罗伯特·S. 平狄克，丹尼尔·L. 鲁宾费尔德. 微观经济学 ［M］. 高运，朱海洋，范子英等，译. 北京：中国人民大学出版社，2009.

[186] 方磊，杨正东，王刚，朱九龙. 基于生态足迹法的煤炭型城市可持续发展研究 ［J］. 安全与环境学报，2015, 15（5）：358-360.

[187] 郑鑫，陈耀. 运输费用、需求分布与产业转移——基于区位论的

模型分析 [J]. 中国工业经济, 2012, 287 (2): 57-67.

[188] P HAGGETT, AED CLIFF, A FREY. Locational analysis in human geography [J]. Geographical review, 1967 (1): 68. .

[189] C. GINI. Il diverso accrescimento delle classi sociali e la concentrazione della ricchezza [J]. Giornale Degli Economisti, 1909, 38 (20): 27-83.

[190] P. KRUGMAN. Geography and trade [M]. MIT Press, 1991.

[191] G. ELLISION, E. L. GLAESER. Geographic concentration in U. S. manuf acturing industries: a dartboard approach [J]. Journal of Urban Economics, 1997 (47): 115-135.

[192] 陈建军, 陈菁菁. 生产性服务业与制造业的协同定位研究——以浙江省 69 个城市和地区为例 [J]. 中国工业经济, 2011 (6): 141-151.

[193] 覃成林, 熊雪如. 我国制造业产业转移动态演变及特征分析 [J]. 产业经济研究, 2013, 62 (1): 12-21.

[194] 孙久文, 胡安俊. 产业转入、转出的影响因素与布局特征——基于中国城市四位数制造业的分析 [J]. 南开大学学报, 2013 (5): 97-104.

[195] 宗刚, 方磊. 基于 ISM 的海铁联运影响因素研究 [J]. 管理现代化, 2015 (03): 108-110.

[196] Y. B. YANG,, Z. Z. YANG. Evaluation of Competition ability and market sharefor container port [J]. Proceedings of the Eastern Asia Society for Transportation Studies, 2005 (5): 2483-2493.

[197] 许树柏. 层次分析法——种简易的新决策方法 [M]. 天津: 天津大学出版社, 1988.

[198] 高中奇, 赵一飞. 腹地型集装箱枢纽港发展潜力定量评价模型及应用 [J]. 集装箱化, 2007 (5): 25-28.

附　录

甘肃省制造业细分行业"工业总产值"预测如附表 1 至附表 3、附图 1 至附图 3 所示。

附表 1　甘肃省制造业劳动密集型细分行业工业总产值预测方程及拟合结果数据

行业	Solution(预测方程)	检验参数	A	B	C	D	E	F	G	H
农副产品加工业	$y(C13) = 11.5474113305463 + 5.28382316985 \times x + 0.00730494909984 \times x^4$		0.9955	0.9981	22.1662	50.9416	4.1167	3	15	0.0512
食品制造业	$y(C14) = 10.3637794174 + 0.091621357585 \times x^2 + 0.00148969391975591 \times x^4$		0.9837	0.9942	10.5750	9.7428	1.6500	3	17	0.0894
纺织业	$y(C17) = 12.1982822157948 + 5.2269279498 \times x + 0.09276269525748804 \times x^3 + 0.0014331227472261 \times x^4 - 0.0001685639506 \times x^5 - 1.4125652133704 \times x^2$		0.8992	0.9519	3.6560	2.2165	1.0610	6	41	0.2893
纺织服装、服饰业	$y(C18) = 2.0382072260043 + 1.4423967888724 \times x + 0.002255418700004316 x \times x^4 - 8.4886824113739 e^{-5} \times x^5 - 0.28909317900726 x \times x^2$		0.8650	0.9360	1.4718	0.2487	0.3026	5	33	0.2912

续表

行业	Solution(预测方程)检验参数	A	B	C	D	E	F	G	H
皮革毛皮羽毛及其制品和制鞋业	$y(C19) = 0.663198092187967 + 2.55088596793985 \times x + 0.00102333867603934 \ xx^4 - 0.265230305935173x^2$	0.9063	0.9540	5.1064	3.0031	1.0544	4	21	0.3667
家具制造业	$y(C21) = 2.50631430 + 0.022509 \times x^2 - 0.4064583 \times x - 0.41202041 \times \cos(x)$	0.8250	0.9100	0.4566	0.0539	0.1551	4	18	0.3510
造纸及纸制品业	$y(C22) = 4.9215874352 + 0.060306173 \times x^2 + 1.8321e{-}7 \times x^7 - 0.000377 \times x^4$	0.8820	0.9397	5.2879	2.8542	0.9856	4	33	0.4040
印刷和记录媒介复制业	$y(C23) = 3.68073511781436 + 0.00012620964887 1498 \times x^3 + 0.014132628051 \ 6551 \times x^2 \times \sin(3.56529842120941 \times x + x \times \sin(x) - 0.734056033106302x^2)$	0.9078	0.9528	0.7805	0.0846	0.2093	5	72	0.2910
文教工美体育和娱乐用品制造业	$y(C24) = 0.75859660488 \times x + 0.00977766147866 \times x^3 - 0.17056235483016x^2$	0.8436	0.9221	1.3318	0.2246	0.2681	3	17	0.3914
橡胶制品业	$y(C29{-}1) = 0.767 + 5.2364574e{-}7 \times x^6 + 5.284096e{-}5 \times x^4 \times \sin(x \times \sin(x))$	0.9816	0.9909	0.4949	0.0442	0.1430	3	72	0.1565
塑料制品业	$y(C29 - 2) = 29.100382689 + 1.67368331756028 \times x^2 + 0.0008414199321 \times x^5 - 7 .79613307564667 \times x - 2.4430416040838e - 6 \times x^7 - 0.15434296643725 \times x^3$	0.9088	0.9563	4.9730	3.1669	1.1152	6	47	0.2344

注：A 表示"R^2 Goodness of Fit"、B 表示"Correlation Coefficient"、C 表示"Maximum Error"、D 表示"Mean Squared Error"、E 表示"Coefficients"、F 表示"Complexity"、G 表示"Primary Objective"、H 表示"Fit(Normalized Primary Obj.)"，下同。

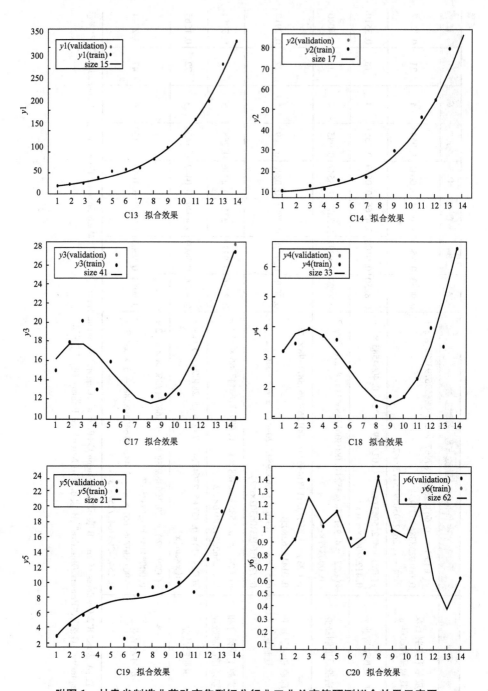

附图1 甘肃省制造业劳动密集型细分行业工业总产值预测拟合效果示意图

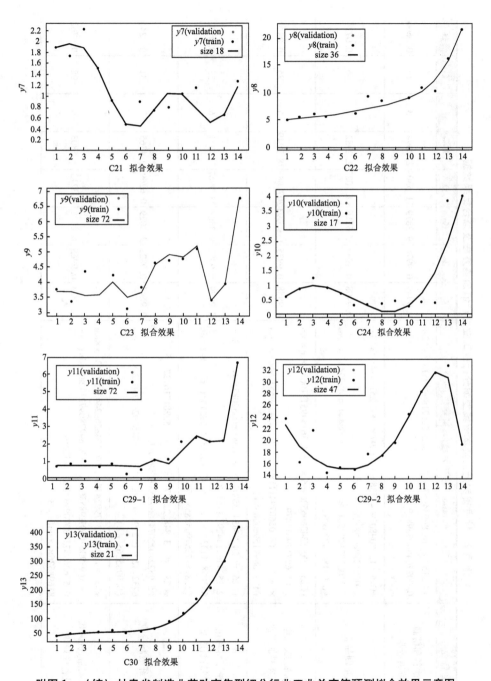

附图 1 （续）甘肃省制造业劳动密集型细分行业工业总产值预测拟合效果示意图

附表2 甘肃省制造业资本密集型细分行业工业总产值预测方程及拟合结果数据

行业	Solution（预测方程）检验参数	A	B	C	D	E	F	G	H
酒、饮料和精制茶制造业	$Y(C15) = 16.8903495720292 + 0.260257186994518 \times x^2 + 0.00270450036981988 \times x^4$	0.9949	0.9976	9.2879	11.5304	2.2094	3	17	0.0606
烟草制品业	$yC16 = 1.28098019741538 + 16.1297 \times x + 0.25736343 \times x^3 - 2.0165299e-5 \times x^6 - 3.31022071409561 \times x^2 - 5.08444140122745 \times \cos(0.021871422 \times x^3)$	0.9908	0.9954	9.6616	14.1027	2.2982	7	46	0.0734
石油加工、炼焦和核燃料加工业	$yC25 = 90.5343696526966 \times x + 4.36144951110633 \times x \times \sin(181.69717965 44479 \times x) - 68.0560794111898 - 90.5343696526966 \times \sin(193.689915960083 \times x)$	0.9858	0.9935	131.093	207.947	28.2249	6	25	0.0840
化学原料和化学制品制造业	$yC26 = 24.8485473521725 + 1.90760052 0875 \times x^2 + 2.252446514429/\sin(1.87 652098111334 \times x) + 47.1011371499514/(x^2 \times \sin(1.87573735790 5385 \times x^2))$	0.9979	0.9990	9.3303	23.9967	3.7971	6	33	0.0432
化学纤维制造业	$yC28 = 3.848322497 \times x + 5.281716927 \times \cos(5.95222022074366+x)-6.6890113 6732782 - 0.219984 \times x^2 - 0.50457926675012 \times x \times \cos(0.0985565 + x)"$	0.9644	0.9821	2.3029	0.6269	0.4365	7	31	0.1244
金属制品、机械和设备修理业	$yC33 = 17.291331799748 +0.0751048569244373 \times x^3 - x \times \sin(\sin(9.90670607 985362 \times x)) -2.69278097214285 \times \sin(x) - 0.576369571980709 \times x^2 - 0.77529168169862 6 \times x \times \sin(x)^3$	0.9923	0.9965	6.4543	6.3213	1.5803	6	98	0.0762

行业	Solution(预测方程)检验参数	A	B	C	D	E	F	G	H
黑色金属冶炼和压延加工业	$yC31 = 19.9257168+6.911303664×x^2−5.671167175174Ix x−0.1150293193×x^3−40.7672304353436×\cos(5.54696578+9.6070193×x^2−30.15546778×x)$	0.9910	0.9959	83.4283	897.42	416.2447	8	36	0.0605
有色金属冶炼和压延加工业	$yC32 = 41.6185051873069 × x + 3.5716825238I756 × x^2 − 101.835311112513×\cos(5.33996159089372 + 9.62063229584698 × x^2 − 30.1387125245443×x)$	0.9876	0.9938	101.5181	842.49	26.9419	6	26	0.0802
通用设备制造业	$yC34 = 13.672893983917I + 0.297909810395085 × x^2 + 0.859952283882685× x×\sin(3.9099827I1423088+x+\cos(5.08844718113343+x))$	0.9880	0.9941	5.3974	4.1441	1.2747	5	52	0.0774
专用设备制造业	$yC35 = 11.9479172800437 + 1.74489170704364 × x + 0.346358195521375×x^2 + 1.20920864326533×x×\sin(x + \sin(x^2))$	0.9820	0.9916	12.0329	15.4279	2.3886	4	56	0.0975
电气机械和器材制造业	$yC38 = 21.5646398818316 + 0.010848562541807 × x^4 × \sin(0.0118488663210 062×x^2×\sin(0.00861457385466213×x^2))$	0.9734	0.9867	57.8684	330.689	10.8026	4	60	0.1345

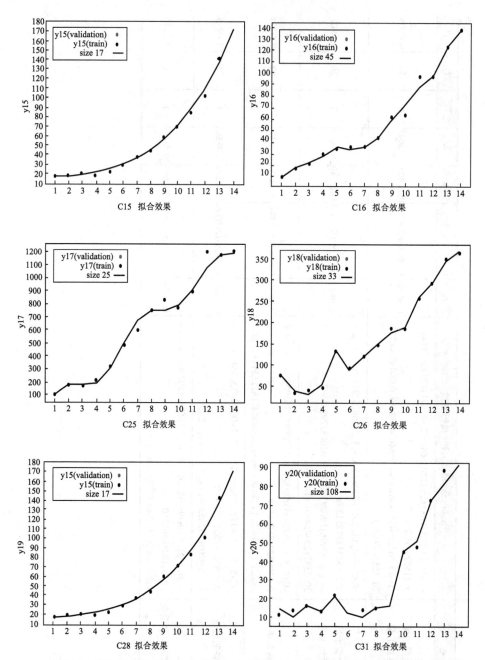

附图 2　甘肃省制造业资本密集型细分行业工业总产值预测拟合效果示意图

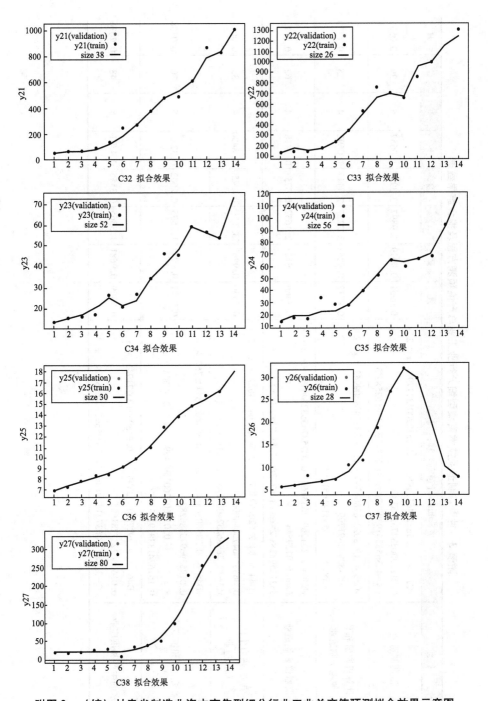

附图 2 **（续）甘肃省制造业资本密集型细分行业工业总产值预测拟合效果示意图**

附表 3　甘肃省制造业技术密集型集聚细分行业工业总产值预测方程及拟合结果数据

行业	Solution（预测方程）检验参数	A	B	C	D	E	F	G	H
医药制造业	$yC27 = 17.5679146114951 + 2.2510900131779 \times x^2 + 0.0123900332732863x - 4.3653341939090929x - 0.2794602537765525x^3$	0.9951	0.9979	5.9897	3.3923	1.0652	5	29	0.0551
计算机通信和其他电子制造业	$yC39 = 19.8923787806589 + 0.0689885834409943 \times x^2 + 5.0548397289179\,9\ e{-}6x^6 - 1.6565141661354\,3x$	0.9712	0.9862	3.2227	2.7117	1.0692	4	25	0.1770
仪器仪表制造业	$yC40 = 2.1313690026331\,65 + 0.0075874553234917\,1 \times x^2 - \sin(\sin(0.0129544\,8531259\,82 \times x^2 \times \cos(1.9742821755157\,2 \times x^3)))$	0.3466	0.6123	2.1657	0.3757	0.2818	4	62	0.5412
电力、热力生产和供应业	$yD44 = 84.276202693055 + 2.9402716439462\,7 \times x^2 + 0.0633506475084906x^3 + 12.2888625240887x \times \sin(x) - x^2 \times \sin(x)$	0.9930	0.9965	53.3535	383.450	11.8490	4	33	0.0611
燃气生产和供应业	$yD45 = 0.3958054844425767 + 0.3958054844425767 \times x + 0.0195396975586283 \times x^3 + 0.0156020260359745\,9 \times x^2 \times \sin(x) - 0.151624133819187x^2$	0.9971	0.9987	1.3595	0.2602	0.3259	5	30	0.0758
水的生产和供应业	$yD46 = 4.2927281333067 + 0.3139551007719\,45 \times x + 0.0166542237781635x^2 - 3.1237506372182x \times \cos(\sin(0.0255929579996568 - x))$	0.9369	0.9681	1.3365	0.3555	0.4391	5	48	0.2036

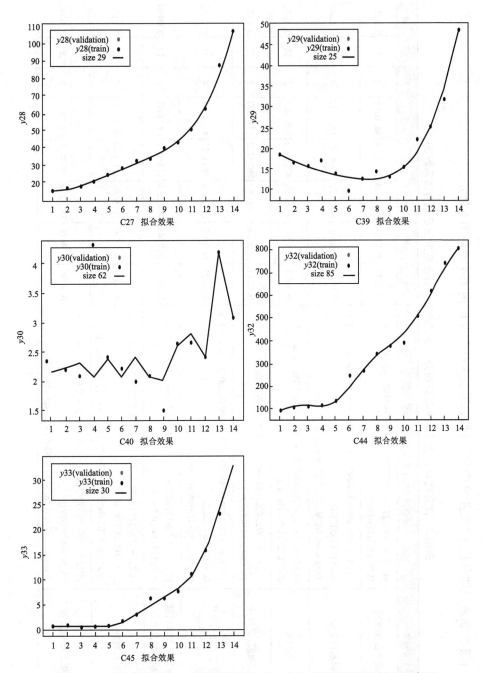

附图3 甘肃省制造业技术密集型细分行业工业总产值预测拟合效果示意图

江苏省制造业细分行业"工业总产值"预测如附表 4 至附表 6,附图 4 至附图 6 所示。

附录 4　江苏省制造业劳动密集型细分行业工业总产值预测方程及拟合结果数据

行业	Solution(预测方程)	检验参数							
		A	B	C	D	E	F	G	H
农副产品加工业	$yC13 = 447.2146511527\,89 + 0.2811961901745 \times x^4 - 0.01407510263 \times x^5$	0.9678	0.9854	659.014	35344.4	85.0105	3	23	0.1017
食品制造业	$yC14 = 97.0688994466618 + 6.25911890459766 \times x^2 + 0.5198333775673\,73 \times x^4 - 0.9098058473680\,26 \times x^3$	0.9655	0.9848	128.129	1568.88	18.6817	4	25	0.1247
纺织业	$yC17 = 1185.41787970015 + 52.5531237556 \times x^2 - 0.0107237138040\,5 \times x^5$	0.8397	0.9295	2433.07	47738.3	278.028	3	19	0.1912
纺织服装、服饰业	$yC18 = 372.42014624995 + 255.491743518 \times x \times \sin(0.0843684144815 \times x)$	0.9181	0.9628	1060.63	86537.2	131.537	3	12	0.1520
皮革毛皮羽毛及其制品和制鞋业	$yC19 = 121.276802486675 + 16.4789907100757 \times x^2 + 0.1157416918221\,9 \times x^4 - 2.5214285890\,0328 \times x^3$	0.9003	0.9500	173.655	3834.11	42.4561	4	25	0.2948
木材加工及木竹藤棕草制品业	$y6 = 83.6281378209995 + 5.45886766741641 \times x^2 + 0.0214371440015 \times x^4$	0.9659	0.9843	384.218	11216.7	44.9505	3	17	0.0990
家具制造业	$yC21 = 13.3927547018292 \times x + 13.3927547018292 \times \sin(13.603899338138\,7 \times x) + 0.408367497208858 \times x^2 \times \cos(\cos(x)) - x \times \sin(x)$	0.9053	0.9599	79.5866	471.632	8.6073	4	68	0.1502
造纸及纸制品业	$yC22 = 205.85573152715 + 7.21105087237648 \times x^2 + 63.5859846502978 \times \sin(2.28373741182583 + 7.52687875148929 \times x^2)$	0.9296	0.9678	382.257	12738.1	59.7522	5	20	0.1664

行业	Solution(预测方程)检验参数	A	B	C	D	E	F	G	H
印刷和记录媒介复制业	$yC23 = 67.0392700998957 + 0.8379366003557413 \times x + 0.63978563599 0727 \times x^2 + 0.00957349553188882 \times x^4$	0.9703	0.9854	81.1042	717.152	14.9280	4	21	0.1305
文教工美体育和娱乐用品制造业	$yC24 = 73.2862004354203 + 20.8648782694 \times x + 0.00170692222 \times x^5$	0.9287	0.9645	224.532	8723.29	53.9215	3	17	0.2318
橡胶制品业	$yC29 - 1 = 43.2296369014 + 42.54144947 \times x + 1.41853487658025e{-}6 \times x^8$	0.9345	0.9671	486.019	38812.3	117.979	3	23	0.2552
塑料制品业	$yC29 - 2 = 238.241677511296 + 13.27487116 \times x^2 - 0.033733603008 \times x^4$	0.8554	0.9393	586.279	26601.6	68.1414	3	17	0.1815
非金属矿物制品业	$yC30 = 464.15513065 7834 + 1.61274232558406 \times x^3$	0.9660	0.9859	776.14	58207.8	116.210	2	9	0.1150

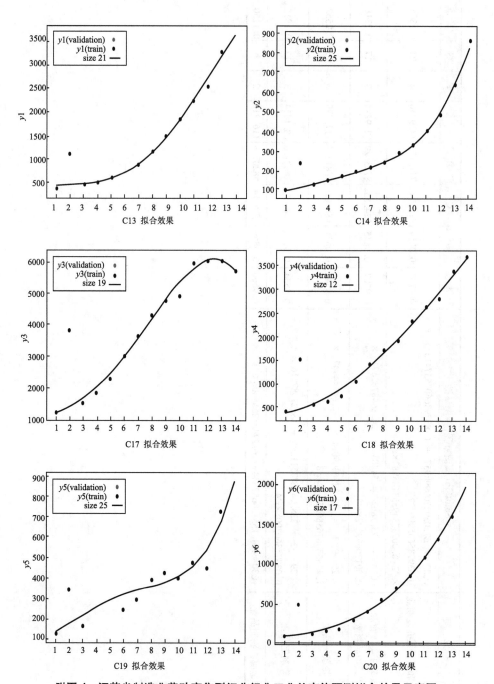

附图 4　江苏省制造业劳动密集型细分行业工业总产值预测拟合效果示意图

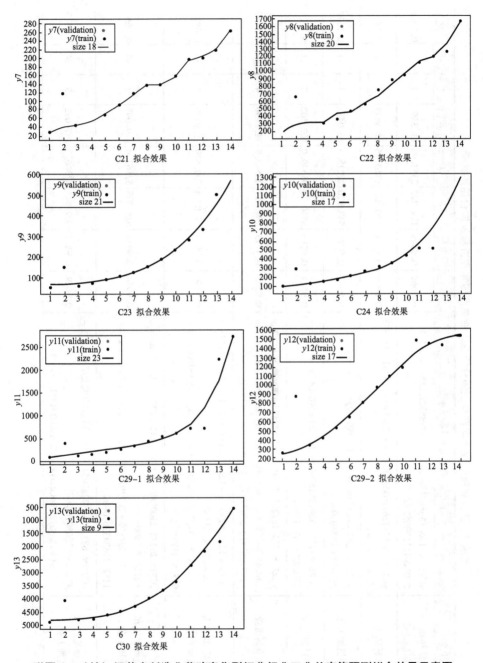

附图 4 （续）江苏省制造业劳动密集型细分行业工业总产值预测拟合效果示意图

"一带一路" 背景下海铁联运对制造业转移及集聚影响研究

附录 5　江苏省制造业资本密集型细分行业工业总产值预测方程及拟合结果数据

行业	Solution（预测方程）检验参数	A	B	C	D	E	F	G	H
酒、饮料和精制茶制造业	$yC15 = 146.85689019014 + 0.4778582756554 \times x^3 - 0.012015167305 7 \times x^4$	0.9669	0.9849	174.222	2352.98	21.3396	3	19	0.1016
烟草制品业	$yC16 = 36.4717262165 5 + 18.8134142445xx + 0.905161181553 xx^2 + \sin(x)$	0.8909	0.9521	151.17	1710.06	17.5847	3	16	0.1704
石油和核加工业	$yC25 = 263.46232365588 + 12.7892572402303 \times x - 26.4336423430506xx$	0.9387	0.9720	543.970	27218.3	86.0433	3	11	0.1637
化学原料制造业	$yC26 = 1253.62615815395 + 88.9040930209928 \times x^2 - 236.9307267 5363xx$	0.9517	0.9786	3540.10	95649.0	402.602	3	11	0.1124
化学纤维制造业	$yC28 = 353.7872213743 75 + 11.6488564030908 \times x^2 + 250.44708776489 3 \times \sin(\sin(\sin(\sin(\sin(14.7864185854 \times x)))))) / (352.96543328487 3 \times x))))))$	0.9593	0.9795	484.027	23543.7	94.2096	4	82	0.1540
金属制品,机械和设备修理业	$yC33 = 12.298936 \times x + 12817.748478/x + 18808.917/x^3 + - 30298.7640928554 /x^2 + 34.7439109635021 \times \cos(14.7864185854 \times x) - 918.82417559291$	0.9856	0.9928	79.0744	799.679	15.9179	7	35	0.0821
黑色金属冶炼和压延加工业	$yC31 = 26276.2500089 + -137674.51790237/x + 3.354726xx^3 + 218098.7500 13539/x^2 + 20739.923756/x^3 - 125828.613856/x^4 - 1152.3142320166xx$	0.9948	0.9974	526.393	52162.4	179.097	7	45	0.0662
有色金属冶炼和压延加工业	$yC32 = 685.4559 37287952 + 14.2485847198656 \times x^2 - 471.84743508076 4xsi n(462.40728588363 03xx + 17.8548004371331xx^3)$	0.9629	0.9814	609.941	47366.0	147.032	5	24	0.1523

续表

行业	Solution(预测方程)检验参数	A	B	C	D	E	F	G	H
通用设备制造业	$yC34 = 756.0427527725423 + 8.413692529775 \times x^3 - 0.4404531575185 \times x^4$	0.9533	0.9533	1957.87	45655.8	343.882	3	19	0.1880
专用设备制造业	$yC35 = 358.4206729066847 + 2.6047685101616187 \times x^3 - x^5 \times \sin(\sin(0.00035278243797283 \times x)))$	0.8360	0.9248	2066.23	42023.1	290.405	3	66	0.2089
汽车制造业	$yC36 = 3458.2452342493 + 52.453298966 \times x + 2.5884667 \times x^2 + 92.4607861$ $456018 \times \sin(5.4349485392 + 52.64230584364 \times x + 2.572990478 \times x^2)$"	0.9385	0.9717	333.896	9001.39	47.3540	7	28	0.1510
铁路船舶航空航天运输设备制造业	$yC37 = 614.018674197147 + 2221.45615293 \times \sin(x) + 27.8621841 \times x^2 + 154.3$ $90206308182 \times x \times \sin(x)^3 + 5.4506521456 \times x^2 \times \sin(x)^2 - 520.64 \times x \times \sin(x)$	0.9338	0.9695	1660.18	30824.4	324.395	6	58	0.1971
电气机械和器材制造业	$yC38 = 923.5823448902 19 + 3.77679408239653 \times x + 1.2963250961392 \times x^4 - 0.06857020286744289 \times x^5$	0.9594	0.9797	2482.55	80663.2	478.035	4	27	0.1388

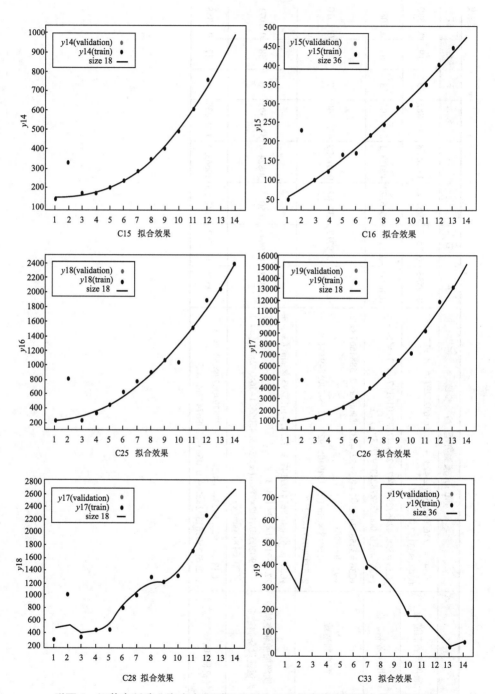

附图 5 江苏省制造业资本密集型细分行业工业总产值预测拟合效果示意图

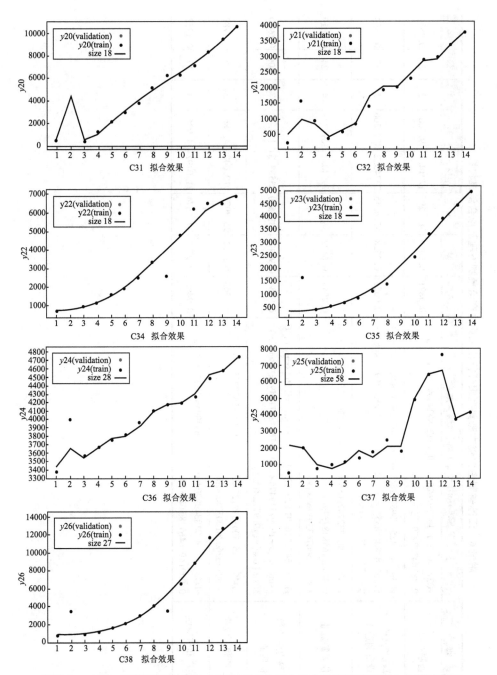

附图 5 （续）江苏省制造业资本密集型细分行业工业总产值预测拟合效果示意图

附录 6　江苏省制造业资本密集型细分行业工业总产值预测方程及拟合结果数据

行业	Solution（预测方程）检验参数	A	B	C	D	E	F	G	H
医药制造业	$yC27 = 261.130792625 + 0.73429892449 \times x^3 + 9.3818432327940e{-}5 \times x^6$	0.9821	0.9916	389.297	12014.8	49.7607	3	23	0.0830
计算机和其他电子设备制造业	$yC39 = 425.73987828426 + 463.293455007 \times x + 57.5678280418351 \times x^2 + \cos(4.28387699274081\ 393978.901967195 \times x)$	0.9053	0.9528	5516.15	23745.2	877.266	5	20	0.1894
仪器仪表制造业	$yC40 = 90.2322479655961 + 32.432965725662 \times x + 0.8652216584873399 \times x^3 + 17.5007633012669 \times x \times x \times \cos(x^2)$	0.2544	0.6102	3657.84	19540.1	369.748	4	24	0.4010
电力,热力生产和供应业	$yD44 = 645.316701 + 20.299719 \times x^2 + 1881.457162 \times x \times \sin(\cos(x + 19.97719475 \times x^2)) + 16.18971249 \times x^2 \times \sin(x)^3 \times \sin(\cos(x + 19.9772 \times x^2))^2$	0.9884	0.99427	383.530	23583.3	111.1	7	206	0.0960
燃气生产和供应业	$yD45 = 16.5003519127323 + 0.13163917543235 \times x^3 + 0.8013626076100052 \times x \times x \times \sin(x)$	0.9263	0.9651	95.8972	910.042	14.1867	3	18	0.1789
水的生产和供应业	$yD46 = 14.7183499208602 + 3.63389561311283 \times x + 0.0001497646928514435 \times x^5$	0.9495	0.9772	27.6574	71.0492	4.926	3	17	0.1753

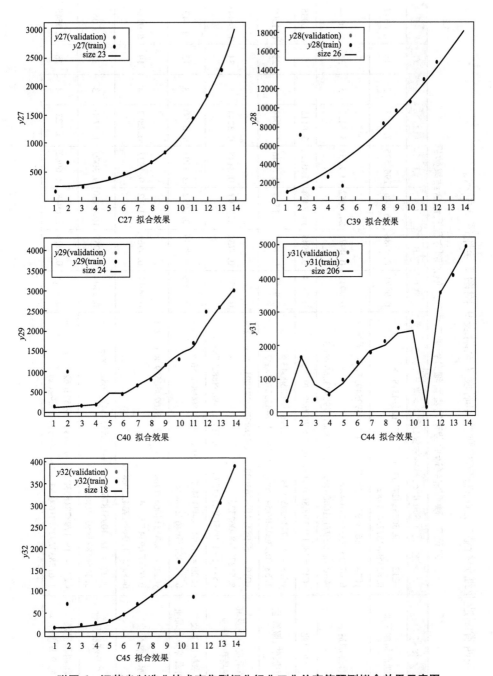

附图6 江苏省制造技术密集型细分行业工业总产值预测拟合效果示意图

陕西省制造业细分行业"工业总产值"预测如附表7至附表9、附图7至附图9所示。

附录7 陕西省制造业劳动密集型集聚细分行业工业总产值预测方程及拟合结果数据

行业	Solution(预测方程)检验参数	A	B	C	D	E	F	G	H
农副产品加工业	$yC13 = 39.50758327709 + 0.35531231418 \times x^3 - 0.82558626773 4355 \times x^2$	0.9971	0.9986	46.086	196.525	7.5033	3	15	0.0377
食品制造业	$yC14 = 16.5892718295495 + 4.9265995495746 \times x + 0.0731503352310704x x^4 - 0.00283971816606409 \times x^5 - 0.360107989832669 \times x^3$	0.9941	0.9971	24.1552	81.8154	5.5427	5	35	0.0594
纺织业	$yC17 = 48.1487300869141 + 0.0577897070806792 \times x^3$	0.9874	0.9945	14.3484	31.0122	3.6115	2	9	0.0935
纺织服装、服饰业	$yC18 = 5.17115095592814 + 0.0373967626250643 \times x^3 - 1.58238530048675e - 6 \times x^6 - 0.260932743332767 \times x^2$	0.9854	0.9927	4.1535	2.5346	1.1044	4	29	0.1502
皮革毛皮羽毛及其制品和制鞋业	$yC19 = 5.08412164363038 + 0.416997623710913 \times x^2 + 8.51897948406232e - 5 \times x^5 - 1.96510551113734 \times x - 0.0343874906888295 \times x^3$	0.9452	0.9758	1.7107	0.3145	0.3244	5	31	0.24443
木材加工及木竹藤棕草制品业	$yC20 = 1.94863431544738 + 0.0260331800904956 \times x^3 - 0.14945759646728 \times x^2$	0.9868	0.9936	3.1052	2.3594	1.0760	3	15	0.149
家具制造业	$yC21 = 4.35314066017648 + 0.0621731029980659 \times x^2 + 0.005576984779324 64x^3 - 1.0495273435968x x$	0.9919	0.9961	1.1812	0.1937	0.2887	4	19	0.0968
造纸及纸制品业	$yC22 = 18.1095187625615 + 6.8574647736829 \times x^2 + 0.3962769522062 \times x - 3.10686874850481 \times x$	0.9904	0.9957	10.2430	9.3009	1.5730	3	11	0.06
印刷和记录媒介复制业	$C23 = 19.17937318308 + 0.3962769522062 \times x^2 - 1.61383329261016 \times x - 1.8744919960688 \times \cos(x)$	0.9948	0.9975	3.6948	1.6962	0.823	4	18	0.0545

续表

行业	Solution(预测方程)检验参数	A	B	C	D	E	F	G	H
文教工美体育和娱乐用品制造业	$yC24=0.1106872602771176+1.46348203362168e-8×x^8-$	0.9019	0.9555	6.1088	3.2535	0.7742	2	19	0.2578
橡胶制品业	$yC29-1=7.0131168560185l×x+0.35480918296879×x^3-2.41874043732094-0.0133459378067718×x^4-2.67417386357026×x^2$	0.9803	0.9901	4.2763	3.3189	1.265	5	29	0.1656
塑料制品业	$yC29-2=x+0.0728864791309158×x^3+0.0007668664403011l3×x^6-.610433127866l73e-6×x^8-0.0062712490234615l9×x^5$	0.9946	0.9973	15.0447	39.9784	4.0951	4	53	0.0723
非金属矿物制品业	$yC30=38.3724956307615+0.1766492216665×x^2+0.0230576661042×x^4$	0.9975	0.9988	41.4298	199.508	8.0054	3	17	0.0384

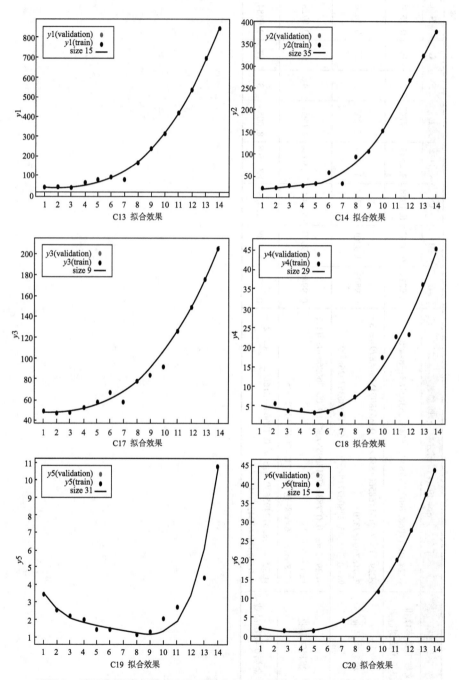

附图 7　陕西省制造业劳动密集型细分行业工业总产值预测拟合效果示意图

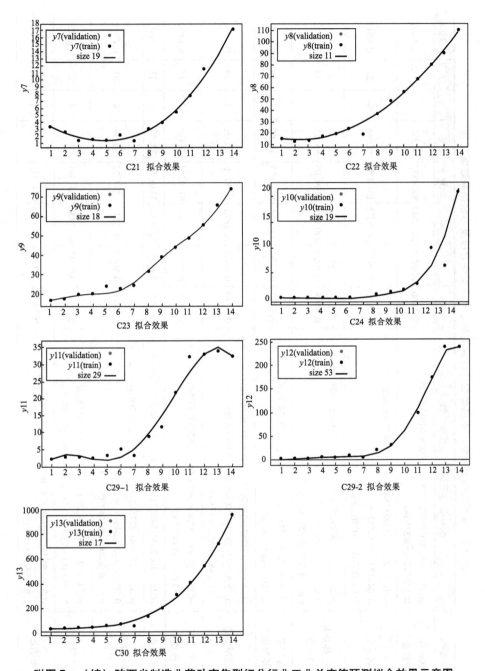

附图 7 （续）陕西省制造业劳动密集型细分行业工业总产值预测拟合效果示意图

附录8 陕西省制造业资本密集型细分行业工业总产值预测方程及拟合结果数据

行业	Solution(预测方程)检验参数	A	B	C	D	E	F	G	H
酒、饮料和精制茶制造业	$yC15 = 14.2067995027915 + 0.007670165028625 \times x^4 - 0.17273964583166 \times x^2$	0.9866	0.9934	28.3042	89.4373	4.752	3	17	0.0851
烟草制品业	$yC16 = 24.2225339217565 + x + 0.5287736846552 52 \times x^2 + 0.0471271923185326 \times x^3 + 0.00373202762281096 \times x^4$	0.9889	0.9945	34.9378	164.4155	8.068	4	27	0.0818
石油加工、炼焦和核燃料加工业	$yC25 = 70.1196791333238 + 0.918754861533388 \times x^3 + 0.00014211876892066 \times x^6 - 8.26693125754603e-8 \times x^9$	0.9848	0.9924	210.9868	7109.05	55.81	4	43	0.0942
化学原料和化学制品制造业	$yC26 = 51.8422872798852 + 1.53567413347602 \times x^2 + 0.1161782643108 \times x^3$	0.9773	0.9899	71.458	885.074	16.98	3	15	0.1077
化学纤维制造业	$yC28 = 4.2527641516547 \times x + 0.174498058301043 \times x^3 - 0.00606062588688858 \times x^4 - 1.48259082546378 \times x^2$	0.9279	0.9633	3.1873	1.7771	1.005	5	29	0.4514
金属制品、机械和设备修理业	$yC33 = 16.4448342409692 + 0.0073520337579498 \times x^4 - 1.49999151389755 \times x$	0.9863	0.9933	30.2861	91.3264	4.819	3	15	0.0863
黑色金属	$yC31 = 10.7464154915156 \times x + 0.2739109800000242 \times x^3$	0.983	0.9927	80.3748	1446.55	23.57	2	11	0.1004
有色金属冶炼和压延加工业	$yC32 = 28.9301277582358 + 0.137912460766468 \times x^4 - 0.0057480428046463 \times x^5 - 0.33884985840209 \times x^3$	0.9913	0.9957	78.7115	1537.72	30.58	4	31	0.0919
通用设备制造业	$yC34 = 22.3405063124229 + 1.78287413134259 \times x^2 - 0.171494396936924 \times x^3 - 0.00918790367483091 \times x^4$	0.9858	0.9935	48.7838	333.091	12.23	4	25	0.09255
专用设备制造业	$yC35 = 59.902661616 + 3.4828581 \times x^2 - 12.241282 \times x - 1.89659256 \times x \times \sin(x)$	0.9848	0.9926	65.3015	434.373	11.3	4	20	0.0785

续表

行业	Solution（预测方程）检验参数	A	B	C	D	E	F	G	H
铁路船舶航空航天和其他运输设备制造业	$\gamma C37 = 114.107808213589 + 24.25223828206 \times x + 3.366780234513 \times x^2 \times \cos(x^2) + (11.4545952545848 - 41.386340238798 \times \cos(x))/\cos(x^2) - 29.61938789225\ 16 \times x \times \cos(x)$	0.9601	0.9805	136.233	2806.82	28.62	6	44	0.1268
电气机械和器材制造业	$\gamma C38 = 33.0535756121827 + 2.9553149885857 \times x^2$	0.9711	0.9864	87.336	934.878	20.12	2	7	0.1314

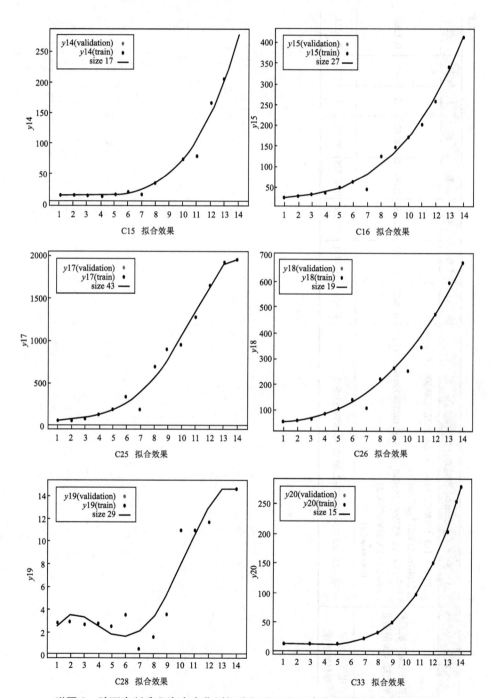

附图 8 陕西省制造业资本密集型细分行业工业总产值预测拟合效果示意图

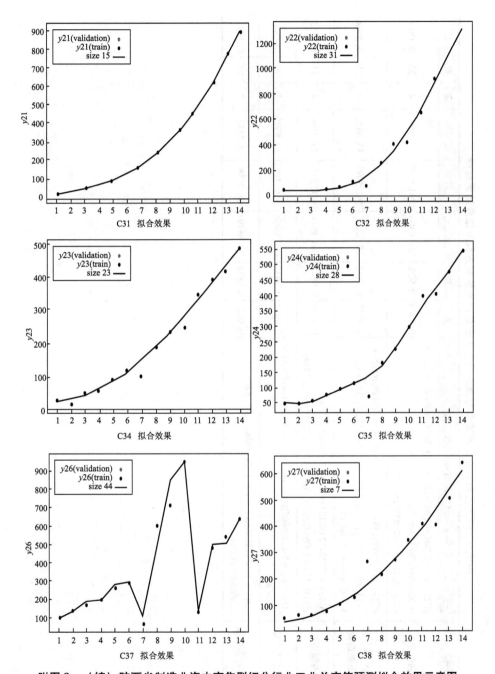

附图 8 **（续）陕西省制造业资本密集型细分行业工业总产值预测拟合效果示意图**

附录 9 陕西省制造业技术密集型细分行业工业总产值预测方程及拟合结果数据

行业	Solution(预测方程)检验参数	A	B	C	D	E	F	G	H
医药制造业	$yC27 = 49.7089966841182 + 13.16785669604 \times x + 0.00047841766177709937x - 0.31095858750356\lx^2$	0.8449	0.926	155.9306	1798.9166	15.797	4	23	0.1814
计算机通信和其他电子设备制造业	$yC39=117.65959239+2.0203925\times\cos(x)+0.7341926959\times x^2+21.80530171\cos(x\times\cos(x))+0.39641472x^3\times\cos(x)-3.7406074x^2\times\cos(x)$	0.9762	0.9881	28.9351	252.5098	13.6922	6	102	0.2048
仪器仪表制造业	$yC40=4.2522172152104\l+0.90778\l675809459x x^2+0.27876\l006576587x/\cos(x)-1.76754484638145xx$	0.9593	0.9805	140.3973	1618.8813	19.7196	4	21	0.1953
电力,热力生产业	$yD44=88.6704524600502+0.06174\times x^4-8.2869749716317e-7x^8$	0.9854	0.9932	117.5969	2519.7493	32.5695	3	29	0.094
燃气生产和供应业	$yD45=2.0391355666\times x+1.1078\l494621137e-6\times x^7-2.5504015459096$	0.9635	0.9836	27.6679	68.7558	4.2437	3	21	0.1651

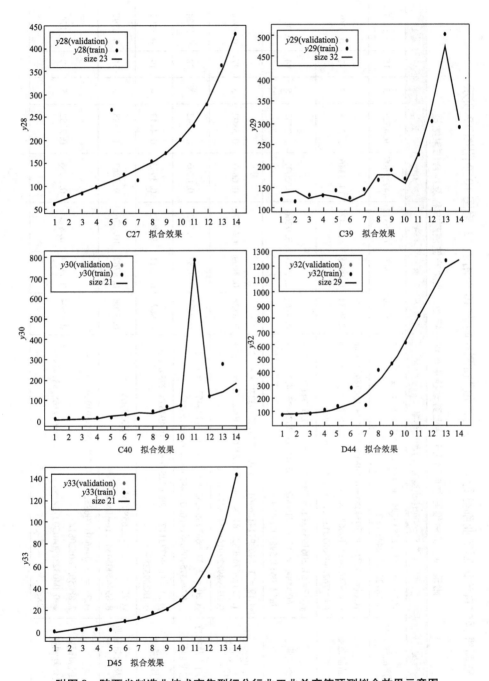

附图 9　陕西省制造业技术密集型细分行业工业总产值预测拟合效果示意图

新疆维吾尔自治区制造业细分行业"工业总产值"预测如附表10至附表12、附图10至附图12所示。

附录10　新疆维吾尔自治区制造业劳动密集型细分行业工业总产值预测方程及拟合结果数据

行业	Solution(预测方程)检验参数	A	B	C	D	E	F	G	H
农副产品加工业	$yC13 = 37.215530794 + 0.522482013505 \times x^2 + 0.0872261232448 \times x^3$	0.9628	0.982	75.6312	447.2407	9.4523	3	15	0.1051
食品制造业	$yC14 = 14.7124677034358 + 0.8481522 \times x^2 + 1.4784353/\sin(1.9705148211062 \times x) + 0.955299 \times x \times \sin(4.0762244806043+x) - 1.451719244242299 \times x$	0.9934	0.9968	11.2476	14.3346	2.3338	7	32	0.0598
纺织业	$yC17 = 64.3061958 + 1.417461775 \times x^2 + -0.5894171/\sin(\sin(60.00043 \times x)) - 7.216062 \times x - 0.037532352 \times x^3 - 4.061426 \times \sin(4.06142598397887 + x)$	0.9961	0.9981	3.9266	3.2001	1.2337	8	84	0.054
皮革毛皮羽毛及其制品和制鞋业	$yC19 = 1.546297141126461 + 0.020530013216348 \times x^2 + 1.29422676208281 \times \cos(1.2266777400233 \times x) + 0.0279498229164851 \times x^2 \times \cos(x)$	0.8828	0.9409	1.77471	0.6687	0.5802	5	27	0.2994
木材加工及木竹藤棕草制品业	$yC20 = 2.37396677399255 + 0.378009117754571 \times x^2 - 2.074937540581 \times \cos(0.00149230986992657 \times x^4)$	0.9301	0.9687	1.942	0.6303	0.4842	4	22	0.1824
家具制造业	$yC21 = 11.99773117 + -20.0325/x + 13.004945787278 4/x^3 - 0.1820952 \times x$	0.8624	0.9311	1.2875	0.3963	0.4447	4	19	0.3387
造纸及纸制品业	$yC22 = 3.24236580251 + 1.21462533106 \times x + 8.89465005484751e-14 \times x^{12}$	0.7708	0.8782	10.3765	9.7263	1.5588	3	31	0.2797
印刷和记录媒介复制业	$yC23 = 3.04860100068324 + 0.280809736919091 \times x + 2.88050558052081/x - 0.0403238904050092 \times x \times \sin(x) - 0.00861216578814796 \times x^2 \times \cos(x)$	0.9604	0.9814	0.8434	0.1066	0.2182	5	30	0.174

行业	Solution（预测方程）检验参数	A	B	C	D	E	F	G	H
文教工美体育和娱乐用品制造业	$yC24=0.0103903+5.99582812e-5\times\sin(-11.01274278\times x^2)/\sin(x^2\times\sin(-11.01274277776999\times x^2))-0.00034538424576\times\sin(-11.01274277776999\times x^2)-0.00017837609774041045\times\sin(x^2\times\sin(-11.01274277776999\times x^2))$	0.8198	0.911	0.0005	1.9679	7.4244	8	98	0.259
橡胶制品业	$yC29-1=4.44238256402253+0.0020916124352852\times x\times x^3+7.03692117710674e-5\times x^4\times\cos(4.3893725958573733\times x)$	0.7634	0.8827	4.2539	1.3579	0.4959	4	26	0.2879
塑料制品业	$yC29-2=3.5248176994870712\times x+5.98892070525235\times x+\sin(1.17098127787895+x)$ 5.3747954485071	0.8527	0.9281	32.2919	86.088	4.5681	4	14	0.2143

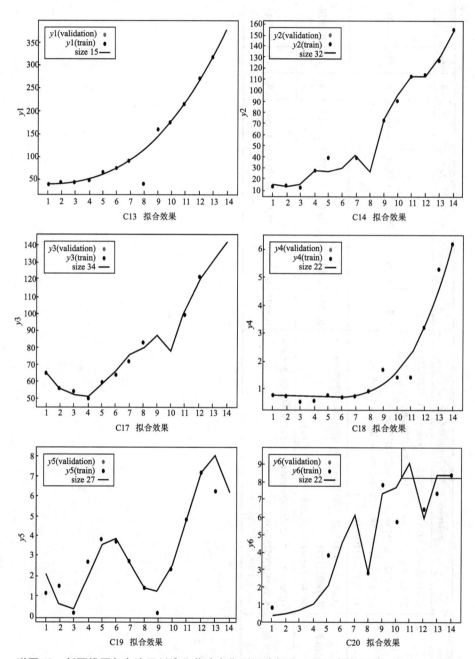

附图10 新疆维吾尔自治区制造业劳动密集型细分行业工业总产值预测拟合效果示意图

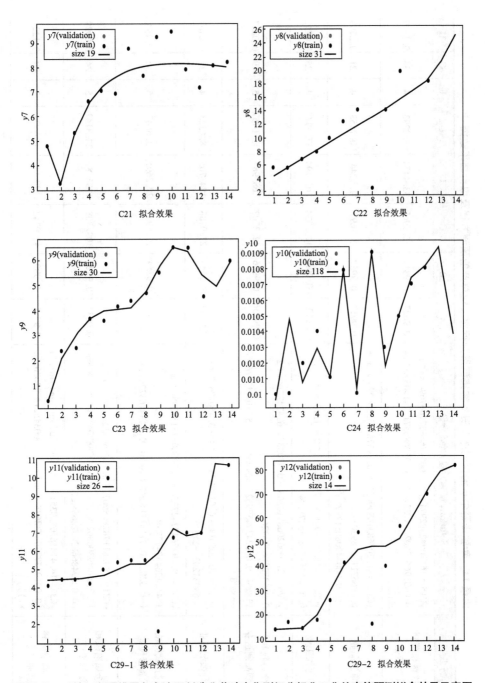

附图 10　（续）新疆维吾尔自治区制造业劳动密集型细分行业工业总产值预测拟合效果示意图

附录11 新疆维吾尔自治区制造业资本密集型细分行业工业总产值预测方程及拟合结果数据

行业	Solution(预测方程)检验参数	A	B	C	D	E	F	G	H
酒、饮料和精制茶制造业	$yC15 = 16.1094239297147 + 0.005176583716667694 \times x^4 - 0.0001966725002253722 \times x^5 - 0.0596865717141905 \times x^2 \times \sin(x)$	0.9627	0.9819	15.9969	33.4454	3.2293	4	34	0.1327
烟草制品业	$yC16 = 1.2036831689071 + 0.6957671552302274 \times x + 0.0866211510892021 \times x^2 + 0.000449080517872 \times x^4$	0.9912	0.9957	3.1697	1.5244	0.7558	4	21	0.0799
石油等加工业	$yC25 = 146.07379 + 4.071063 \times x^2 + 1.1876 \times x^3 - 0.0584019993851587 \times x^4$	0.992	0.996	115.034	202.194	37.5977	4	25	0.0742
化学原料和化学制品制造业	$yC26 = 22.0062068510363 + 0.570337786247427 \times x^2 + 0.00537210677725726$ $13 \times x^4 + 0.000242945995293829 \times x^6 - 1.15701094737666e - 6 \times x^8$	0.99136	0.9956	42.3202	268.987	12.0757	5	49	0.0837
化学纤维制造业	$yC28 = 10.105014 + 0.0148078 \times x^4 - 3.45010603 \times x - 5.63031203e - 5 \times x^6$	0.9089	0.9543	27.9788	184.705	8.6323	4	29	0.2467
金属制品、机械和设备修理业	$yC33 = 9.69756477427356 + 0.390806751593082 \times x^2 - 1.41842645747775 \times x - 0.328224037718341 \times x^2 \times \cos(0.026043916322618 \times x^5)$	0.9701	0.9854	10.5943	29.2691	3.6649	5	32	0.154
黑色金属冶炼和压延加工业	$yC31 = 89.811782808907 + 5.1101603320576 \times x^2 - 16.2329089306862 \times x - 9.69807883044348 \times x \times \cos(0.0269486682092268 \times x^2)$	0.9833	0.9929	109.708	1295.87	22.3142	5	24	0.0929
有色金属冶炼和压延加工业	$yC32 = 14.418185082035 1 + x^4 \times \sin(\sin(\sin(\sin(\sin(0.00194777202732678 + \sin(\sin(0.0003452147376205 36 \times x)))))))$	0.9751	0.989	42.0342	170.95	6.6606	3	80	0.1223

行业	Solution(预测方程)检验参数	A	B	C	D	E	F	G	H
通用设备制造业	$yC34 = 3.297938312 + 0.2138759 \times x + 0.03713831 \times x^2 + 0.98099641 \times x \times \sin(5.179736 + 0.153438196 \times x + 30.305824536083 \times x^3) - 6.0615462354245 \times \sin(5.1797359528585 + 0.153438195763979 \times x + 30.305824536083 \times x^3)$	0.9449	0.9722	2.907	1.0069	0.6468	11	51	0.2481
专用设备制造业	$yC35 = 9.7827724618319 \times x + 0.342095555758435 \times x^3 - 4.1010205581327.7 - 0.011406899677699 \times x^4 - 3.0312707476375.5 \times x^2$	0.962	0.9848	5.5397	5.3999	1.5251	5	29	0.1991
铁路船舶航空航天和其他制造业	$yC37 = 8.18327063953018 - 1.66723848441448 \times \cos(x) - 0.2405433137191.37$ $x x \times \sin(x \times \sin(-0.175536133305812 \times x^2)))$	0.5771	0.7651	3.5035	1.9364	0.824	4	60	0.5191
电气机械和器材制造业	$yC38 = 0.0258495701037297 \times x^4 + 1.5168571590.3293e - 11$ $x x^{12} - 1.0629430479651.9e - 6 x x^8$	0.9038	0.9516	93.111	1014.48	18.6807	3	53	0.2163

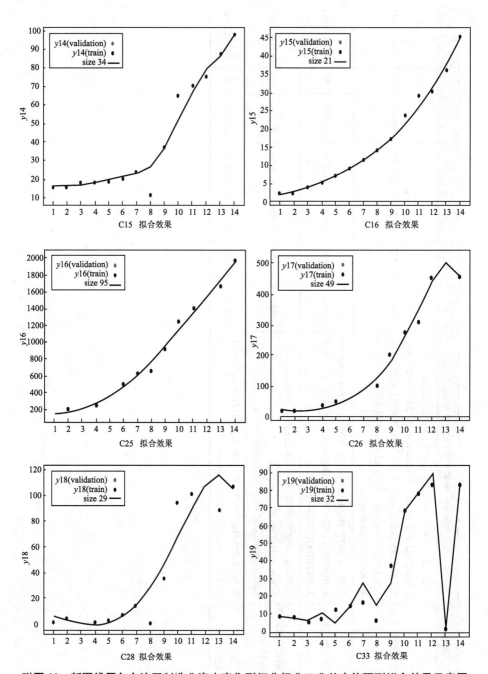

附图 11　新疆维吾尔自治区制造业资本密集型细分行业工业总产值预测拟合效果示意图

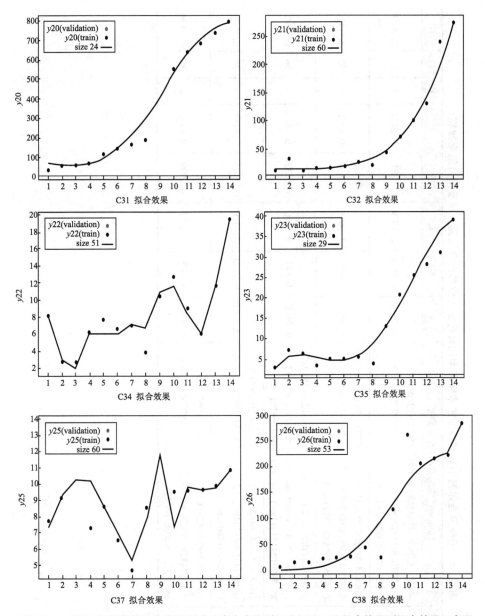

附图 11 （续）新疆维吾尔自治区制造业资本密集型细分行业工业总产值预测拟合效果示意图

附录12 新疆维吾尔自治区制造业技术密集型细分行业工业总产值预测方程及拟合结果数据

行业	Solution(预测方程)检验参数	A	B	C	D	E	F	G	H
医药制造业	$yC27 = 5.2659948456896 + 0.06792462711134031 \times x^2 + 2.72907850133209e-8 \times x^8 - 0.5200909725117773 \times x - 7.585367507506285e-12x^{11}$	0.9583	0.9794	2.5079	1.262	0.7447	5	53	0.2973
计算机通信和其他电子制造业	$y28 = 4.3858001852221 + 0.95332723081418 \times x^2 + 0.0003468300105888337 \times x^5 - 4.3969347336215 \times x - 0.0075176464013817x^4$	0.9907	0.9953	2.1666	0.7499	0.6481	5	53	0.141
仪器仪表制造业	$yC40 = \sin(0.31320231074041 \times \cos(5.9922814185988 + x + 0.29612654814919/\cos(5.9485301719362 + x)) - 87.78991271181911 \times x) - 0.11539851413629$	0.79357	0.894	0.4146	0.0217	0.0845	6	56	0.2992
电力,热力生产和供应业	$yD44 = 57.48561886589542 + 22.142473536687/x + 0.250135196641348 \times x^3 - 1.398987302176378 \times x \times \sin(1279.2465138388 \times x)$	0.9964	0.9982	31.7807	172.1431	8.8459	5	25	0.0509
燃气生产和供应业	$yD45 = 0.99057265 + 0.13878328 \times x + 0.000957381 \times x^4 + 0.13878327998249 \times x \times \cos(-17.539809076588 \times x) + \cos(-17.539809076588 \times x) - \cos(x)$	0.9742	0.9899	7.5583	4.2999	0.8491	6	38	0.1349

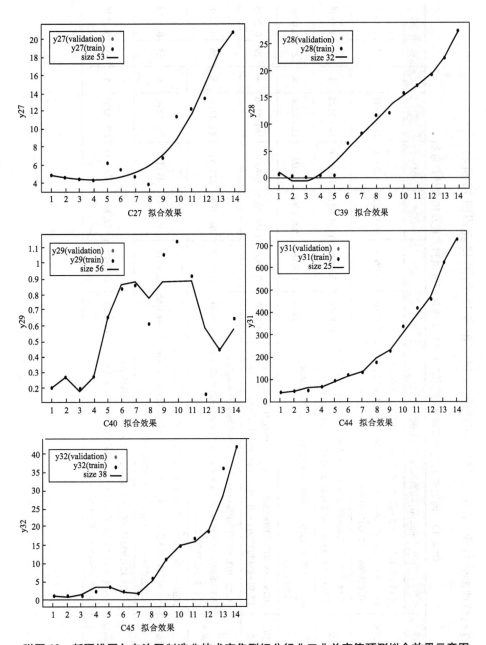

附图 12　新疆维吾尔自治区制造业技术密集型细分行业工业总产值预测拟合效果示意图

河南省制造业细分行业"工业总产值"预测如附表13至附表15、附图13至附图15所示。

附表13 河南省制造业劳动密集型细分行业工业总产值预测方程及拟合结果数据

行业	Solution(预测方程)/检验参数	A	B	C	D	E	F	G	H
农副产品加工业	$yC13 = 9.827816925 + 66.1129124 \times x^2 + 700.41190005 \times \sin(\sin(67.2224375236 \times x)) + (70.05450868 + x^2) / \cos(0.49806974 - 2.001678 \times x)$	0.9205	0.9606	3331.0332	1153.2	527.6837	7	72	0.1975
食品制造业	$yC14 = 222.752468557879 + 1.44368598482748 \times x^3 + 5.58157547933537 \times x^2 \times \sin(5.05118320245231 \times x)$	0.9546	0.9822	1134.4514	1102.66	186.5525	4	22	0.1638
纺织业	$yC17 = 257.885670 + 2.48924145108 \times x^3 - 7.020920200851 \times x^2 \times \sin(x)$	0.9865	0.99384	766.8268	5402.7	126.8266	3	20	0.0766
皮革毛皮羽毛及其制品业	$yC19 = 78.8783337060538 \times x + 0.000799807175691 5 \times x^6 - 27.9144347577569 - 0.091179685704413 1 \times x^4$	0.9135	0.9597	1044.1626	1070.03	161.8126	4	29	0.2615
木材加工及木竹藤棕制品业	$yC20 = 103.56997568 2814 \times x + 347.34064738 0071 \times \cos(x) - 394.868955993449 \times \sin(x) \times \cos(5.728739359 94048 + 114.26987819017 \times x)$	0.9784	0.9912	204.9079	822.519	61.4758	5	26	0.1218
家具制造业	$yC21 = 58.8740281 77 \times x + 34.50192070851 \times x \times \cos(0.91717477523 3272 \times x) + 83.55266242941 \times \cos(27.201761661622 \times x^2) - 58.5718258$	0.9604165	0.9803	145.7325	4914.4	50.7294	6	27	0.1763
造纸及纸制品业	$yC22 = 124.9351750911 + 1.988621205 \times x^3 + 0.0491205 \times x^4 / \sin(123.90347 \times x) - 10.04370830990077 \times x^2 \times \cos(2.0832342884 0582 \times x^4)$	0.9835	0.9919	1018.8968	1283.49	216.5256	6	100	0.1145

— 228 —

行业	Solution（预测方程）检验参数	A	B	C	D	E	F	G	H
印刷和记录媒介复制业	$yC23 = 30.2438050407488 \times x + 0.672423912 \times x^2 + -0.062350499 \times x/\cos s(x) + 0.22943002 \times x^3 \times \cos(0.80619504 + 0.04525777401 \times x^3) - 10.856032 - 1.4660945 \times x^2 \times \cos(0.80619503768798 + 0.0452578 \times x^3)$	0.997	0.9985	27.2726	148.596	8.2587	10	61	0.0546
文教工美体育和娱乐用品制造业	$yC24 = 4.28604310079415 + 4.28604310079415 \times x + 0.117647100262155 \times x^3 \times \cos(1.02592197451 + 0.0453328385 82 \times x^3) + 0.001489212077 87018 \times x^5 \times \cos(1.02592197451264 + 0.045332838582 0177 \times x^3)^2$	0.9871	0.9952	130.2515	1699.88	22.0609	10	64	0.1312
非金属矿物制品业	$yC30 = 1940.59955418159 \times x + 0.852348042302258 \times x^4 - 2797.61961485148 - 193.402366595703 \times x^2$	0.9562	0.9786	3309.913	1470.3	797.1534	4	21	0.1882

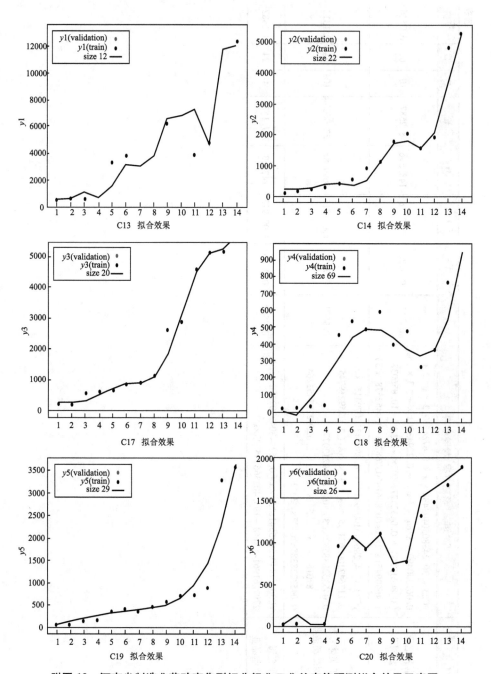

附图 13　河南省制造业劳动密集型细分行业工业总产值预测拟合效果示意图

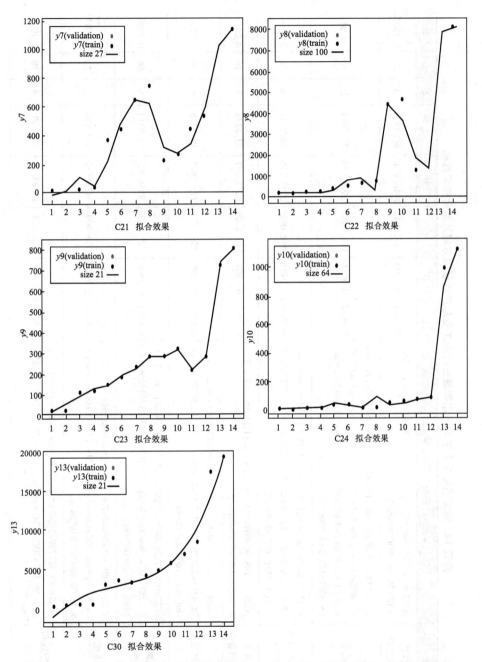

附图 13 （续）河南省制造业劳动密集型细分行业工业总产值预测拟合效果示意图

附录 14　河南省制造业资本密集型细分行业工业总产值预测方程及拟合结果数据

行业	Solution（预测方程）	检验参数							
		A	B	C	D	E	F	G	H
酒、饮料和精制茶制造业	$yC15 = 90.421194685494 + 1.10171350112148 \times x^3 - 0.00176555592806 0406 \times x^5$	0.9791	0.9903	193.6842	9448.1745	69.2778	3	21	0.1243
烟草制品业	$yC16 = 1326.9290183 + 0.1150167155 \times x^4 + 679.414137 \times \sin(5.990862 + 4.60064562 \times x^2) - 150.810394 \times x - 614.430545 \times \sin(19.8901845861388 \times x^3) - 53.976657316657 \times x \times \sin(5.5908615372 + 4.60064561555 \times x^2)$	0.9972	0.9986	112.0964	2506.539	27.7914	11	56	0.04
石油加工、炼焦和核燃料加工工业	$yC25 = 1076.70070308122 \times x + 3195.029587 \times \sin(\sin(910.32161 0686 \times x)) - 2632.1927822763 8 - 4164.552504967 \times \sin(4.5908595779859 39 \times x^2)$	0.8826	0.9481	4488.0095	2793.045	1017.47	6	58	0.2693
化学原料和化学制品制造业	$yC26 = 188.906907471 52 + 25.8276411758198 \times x^2 - 0.0005483023009486 \times x^5$	0.9962	0.9981	224.4309	8814.091	67.8238	3	19	0.0518
化学纤维制造业	$yC28 = 132.69740417 \times x + 0.84807177751119 \times x^3 - 78.4475451078076 - 19.2568294496748 \times x \times x \sin(164.216001036135 \times x)$	0.9385	0.9699	49.2505	773.3992	19.7748	6	30	0.2298
金属制品、机械和设备修理业	$yC33 = 66.726342049 \times x + 242.55016566 7338 \times \sin(\sin(x)) + 0.32571107430668 3 \times x^3 - 41.35611037 - 213.214616666 \times \sin(164.18362493623 \times x)$	0.9791	0.9896	221.367	8356.72	59.9314	6	66	0.1224
黑色金属冶炼和压延加工业	$yC31 = 80.3914289640274 + 28.296428948564 9 \times x^2 - 31.8599196262702 \times x \times \cos(x) - 74.3185147748038 \times x \times \cos(x) \times \sin(30.8693931878528 \times x)$	0.9748	0.9877	956.999	9473.622	177.329	5	32	0.1077
有色金属冶炼和压延加工业	$yC32 = 42.4677192242478 \times x^2 - 50.4090452428038 \times x \times \cos(x) - 89.8571708377245 \times x \times \cos(x) \times \sin(22.6227698723525 \times x)$	0.9777	0.99	998.028	15365.11	235.39	4	30	0.1085

续表

行业	Solution(预测方程)检验参数	A	B	C	D	E	F	G	H
通用设备制造业	$yC34=46.3404730134613+18.4945937206788 \times x^2$	0.975	0.9887	403.2002	3299.368	119.519	2	7	0.1214
专用设备制造业	$yC35 = 64.418546519 2827 + 96.33279118497 \times x + 0.0121210042645 \times x^5$	0.9378	0.9686	1501.8111	3598.25	352.056	3	17	0.2252
铁路船舶航空航天和其他制造业	$yC37 = 150.028156735042 + 0.455973698719314 \times x^4 + 2.52139221670368e-8 \times x^{10} - 0.00313195156015053 \times x^6 - 2.87409939242778 \times x^2$	0.855	0.9427	427.714	3567.166	127.141	5	53	0.3117
电气机械和器材制造业	$yC38 = 220.55594295314 \times x + 222.919660017641 \times \cos(x) + 1.75368176707778 \times x^3 - 126.40924178498 - 25.7607926487157 \times x^2$	0.9873	0.9937	172.2122	8407.3084	69.7687	5	26	0.1142

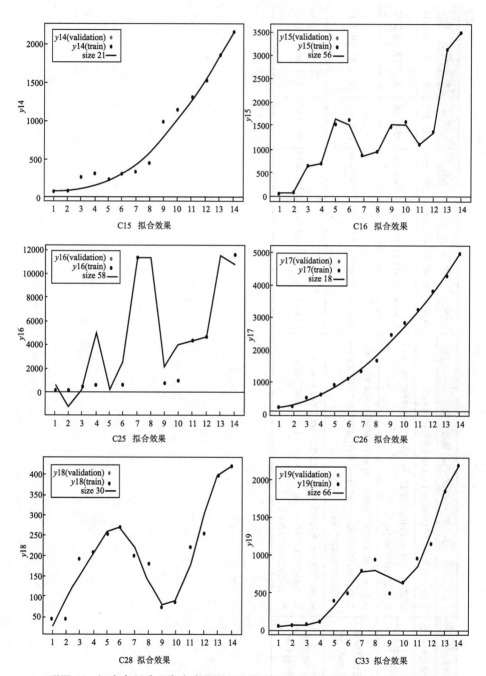

附图14 河南省制造业资本密集型细分行业工业总产值预测拟合效果示意图

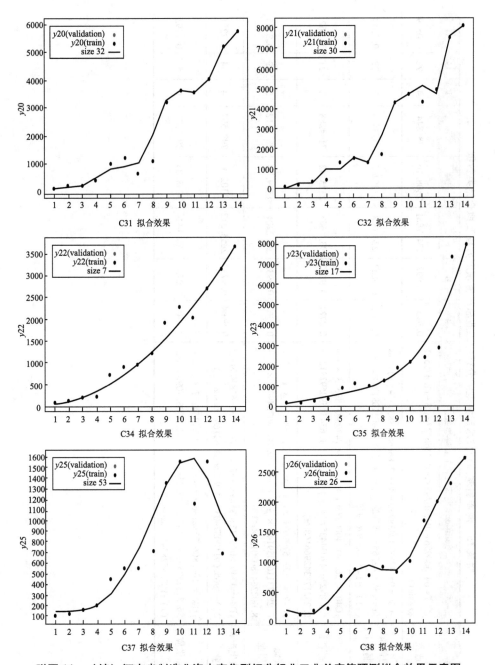

附图 14 （续）河南省制造业资本密集型细分行业工业总产值预测拟合效果示意图

附录 15　河南省制造业技术密集型细分行业工业总产值预测方程及拟合结果数据

行业	Solution(预测方程)检验参数	A	B	C	D	E	F	G	H
医药制造业	$yC27=64.600956+10.540795 \times x+0.7466723 \times x^3-11.479531 \times x \times \sin(x)$	0.9937	0.997	174.7861	2808.16	28.844	4	22	0.0529
计算机通信和其他电子制造业	$yC39=94.13884494389 \times x+407.718666637883 \times \cos(x)) \times \cos((395.48265613821 2/x)) \times \cos(264.968051099121 \times x \times \cos(x))-140.25519763948$	0.9312	0.9652	224.048	11252.3	75.3404	5	72	0.2344
仪器仪表制造业	$yC40=26.2413400057361 \times x+89.747969189313 \times \cos(0.89236647034357+x) \times \cos(1.63434593597812-0.29217834296668 \times x)$	0.8721	0.9372	93.4663	2325.42	31.4288	5	21	0.262
废弃资源综合利用业	$yC42=123.5790081984+69.2314813598577 \times x \times x^2+0.286731116059148 \times x \times x^4-179.790280704994 \times x-8.00226428020134 \times x^3$	0.7963	0.8933	99.2201	1599.79	28.5112	5	29	0.3535
电力、热力生产和供应业	$yD44=1349.80453325435 \times x \times \cos(\cos(57.37731663830 59 \times x^2))-1965.69110057903-179.356831691697 \times x \times \cos(x)$	0.9464	0.9737	2853.312	1102.4	799.507	4	54	0.2251
燃气生产和供应业	$yD45=164.80677732136 \times \cos(x)^2-25.258175 \times x-51.95082709 \times x \times \cos(x)+2.91344267 \times x^2+56.8731525 \times x \times \cos(x)^2-107.3528345 \times \cos(x)^2$	0.9303	0.9732	150.1446	3438.05	39.1377	6	51	0.2795

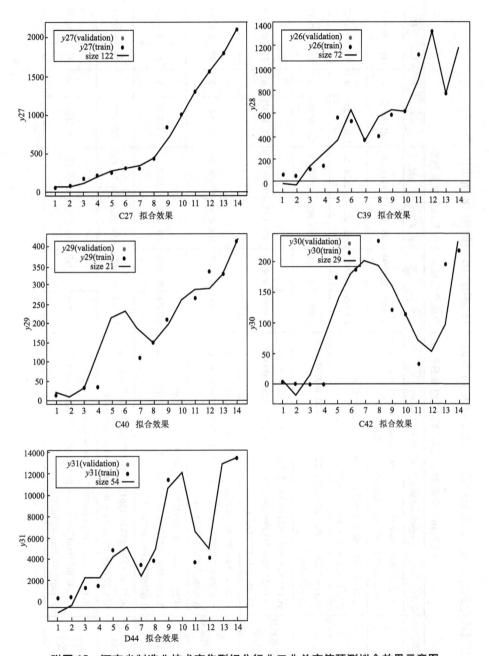

附图 15　河南省制造业技术密集型细分行业工业总产值预测拟合效果示意图

全国制造业细分行业"工业总产值"预测如附表16至附表18、附图16至附图18所示。

附录16 全国制造业劳动密集型细分行业工业总产值预测方程及拟合结果数据

行业	Solution（预测方程）检验参数	A	B	C	D	E	F	G	H
农副产品加工业	$yC13 = 4643.86641960977 + 496.003207561872 \times x^2 - 1398.03033372871 \times x - 4.84853597319966 \times x^3$	0.9986	0.9994	1297.581	4711.56	501.8032	4	19	0.032
食品制造业	$yC14 = 1673.04315505137 + 164.178124689986 \times x^2 - 370.641232904437 \times x - 2.98756422263522 \times x^3$	0.9986	0.9993	561.8653	43329.297	130.48223	4	19	0.02823
纺织业	$yC17 = 5685.75891 + 595.6073262 \times x^2 - 1120.142902 \times x - 25.63963 \times x^3$	0.9903	0.9955	2185.999	10707.9	749.61184	4	19	0.0813
皮革毛皮羽毛及其制品和制鞋业	$yC19 = 836.091784714 + 359.61538 x + 47.66288281 \times x \times \cos(x) + 22.01889413094463 \times x^3 \times \cos(0.03213737722009481 \times x)) - 17.236353922554 \times x^3$	0.9978	0.9989	419.935	28008.889	135.17025	6	37	0.0459
木材加工及木竹藤棕草制品业	$yC20 = 799.298407952612 + 44.7110434246207 \times x^2 - 190.389703573638 \times x - 8.01950917074748 \times x^3 + 0.400629608536786 \times x^4$	0.999	0.9995	219.4585	13806.285	91.64	5	29	0.0285
家具制造业	$yC21 = 604.771709072798 + 101.668795805238 \times x^2 - 299.259581710933 \times x - 0.0293444487974087 \times x^5 + 0.636603018898467 \times x^4$	0.9974	0.9988	271.4982	10837.97	73.353	5	33	0.0415
造纸及纸制品业	$yC22 = 1720.93302015613 + 160.879702448278 \times x^2 - 334.223526895322 \times x - 0.402916441444826 \times x^4$	0.9945	0.9972	836.2824	92643.482	197.227	4	21	0.0541
印刷和记录媒介复制业	$yC23 = 521.795859441 92 + 88.0431164581813 \times x + 1.07853014318172 \times x^4 + 8.75955491417512e - 7 \times x^9 - 0.0961576043883453 \times x^5$	0.9989	0.9995	115.1868	2965.196	37.226	5	47	0.0279

续表

行业	Solution（预测方程）检验参数	A	B	C	D	E	F	G	H
文教工美体育和娱乐用品制造业	$yC24 = 478.0141338274 + 182.552591803797 × x + 0.587044109343744 × x^4 + 25.0671429436835 × x^2 × cos(0.149007042419675 × x^3) − 4.360938\ 8256723 × x^3 − 70.5281044349041×x×cos(0.149007042419675×x^3)$	0.9986	0.9994	286.933	17511.72	87.6444	8	55	0.0407
非金属矿物制品业	$yC30 = 5414.67444959593 + 480.988384951059 × x^2 − 1741.97845307706×x − 0.413246587580543×x^4$	0.9981	0.999	1778.097	5007.25	479.709	4	21	0.0346

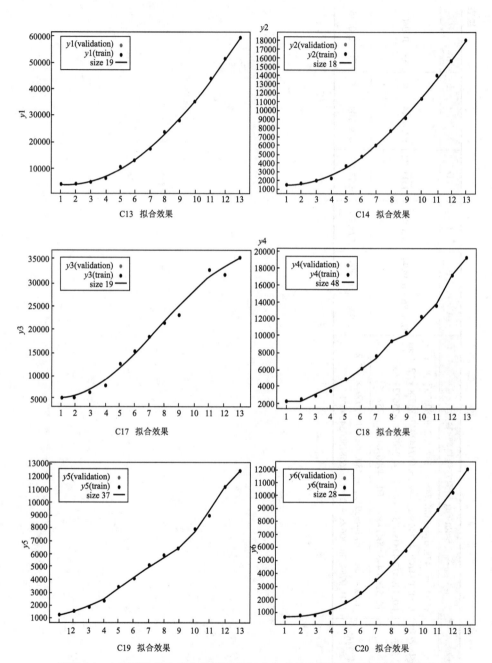

附图 16　全国制造业劳动密集型细分行业工业总产值预测拟合效果示意图

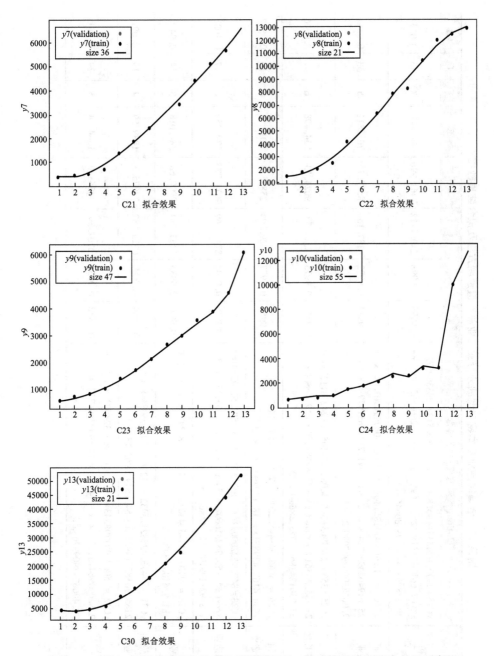

附图 16 （续）全国制造业劳动密集型细分行业工业总产值预测拟合效果示意图

附录17 全国制造业资本密集型细分行业工业总产值预测方程及拟合结果数据

行业	Solution（预测方程）检验参数	A	B	C	D	E	F	G	H
酒、饮料和精制茶制造业	$yC15=1913.0248351+95.8601101\times x^2+0.5124424336 9572\times x^3+7.661367384\times x^2\times\cos(98.80645\times x)-260.5835802\times x-40.14805\times x\times\cos(98.80645\times x)$	0.9996	0.9998	240.7712	7461.996	48.741	8	43	0.0131
烟草制品业	$yC16 = 1274.74741851408 + 159.78087014901 \times x + 25.6194624957224 \times x^2 + 0.0641173224651579 \times x^4 - 0.00183906293708962\times x^5$	0.9984	0.9992	187.15	8537.71	70.2811	5	33	0.0362
石油和核加工业	$yC25=3535.2904963+365.460820154405\times x+242.811278\times x^2+935.35561\times x\times\cos(x)-97.84688379\times x^2\times\cos(x)-37.23012488634417\times x^2\times\cos(x)^2$	0.9945	0.9975	2373.53	9024.13	554.498	6	47	0.0506
化学原料和化学制品制造业	$yC26 = 6666.94844502608 + 774.71248761167 \times x^2 - 1694.41633439851\times x-18.14949071677\times x^3$	0.9953	0.9977	4029.304	25846.4	1019.9	4	19	0.0517
化学纤维制造业	$yC28=849.962200092+61.10233045 4434\times x+501.5290530168 \times\cos(x)+59.7583166020603\times x^2-2.21775033177\times x^3-1.83921199105312\times x^2\times\cos(x)$	0.979	0.9902	871.4169	9077.773	179.259	6	37	0.1028
金属制品业	$yC33 = 2107.6446043072 + 452.155381347 \times \cos(x) + 181.5964082598\times x^2$	0.997	0.9985	1365.584	2900.68	380.018	3	14	0.0452
黑色金属冶炼和压延加工业	$yC31 = 5473.42582118932 + 1266.98399105084 \times x^2 - 2185.90183515903\times x- 54.1549809629973\times x^3$	0.9869	0.994	6310.882	73075.3	1889.59	4	19	0.091
有色金属冶炼和压延加工业	$yC32 = 5008.99779834314 + 1341.2969328603 \times x^4 - 3934.89992894277 \times x - 2.82000964764221 \times x^2 + 99.4066247099976\times x^3$	0.9872	0.9936	3707.39	24365.9	1084.74	5	29	0.091

续表

行业	Solution（预测方程）检验参数	A	B	C	D	E	F	G	H
通用设备制造业	$yC34=8931.889735+-3123.56969827611/x+814.9661722×x^2-3575.4365487004 1×x-2.0039285760440582×x^4-2.333584×x^3×\cos(2.0632991×x)$	0.9993	0.9997	875.4693	1485.82	251.678	7	41	0.0194
专用设备制造业	$yC35=1104.02148352239+197.98567206049 2×x^2+9.66295582147687×x^2×\cos(4424.34751931036×x^2)$	0.9981	0.9992	1082.905	1965.54	293.999	4	22	0.0333
铁路船舶航空航天和其他运输设备制造业	$yC37=5698.707626+538.0462872×x^2-725.99094×x-0.08243196×x^5×\cos(4477.37998713266×x^2)×0.1533558×x^5×\cos(4477.37998713266×x^2)^2$	0.9987	0.9995	2147.776	4203.21	322.098	8	62	0.0235
电气机械和器材制造业	$yC38=6839.5156384389+1022.6353803568 1×x^2-2957.92795397364×x-36.3068329669959×x^3$	0.9966	0.9984	2825.959	12625.1	757.842	4	19	0.0447

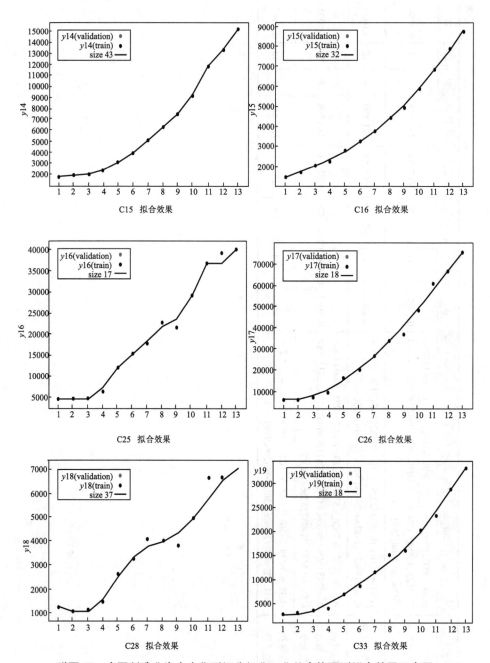

附图 17　全国制造业资本密集型细分行业工业总产值预测拟合效果示意图

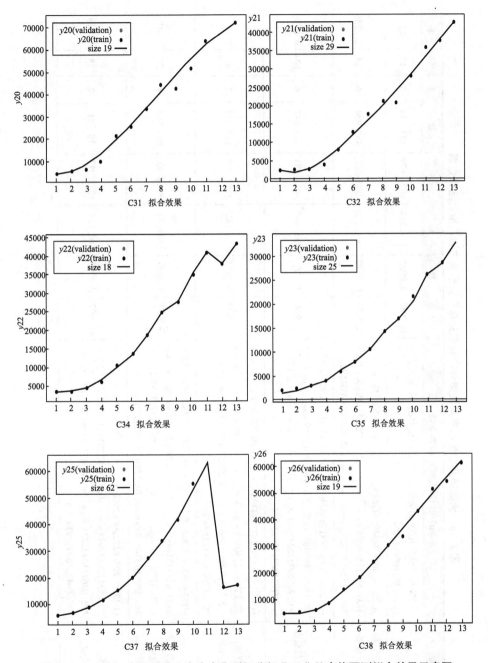

附图 17 （续）全国制造业资本密集型细分行业工业总产值预测拟合效果示意图

附录18　全国制造业技术密集型细分行业工业总产值预测方程及拟合结果数据

行业	Solution（预测方程）检验参数	A	B	C	D	E	F	G	H
医药制造业	$yC27 = 1685.7032097956 + 88.2961031661 \times x ^ 2 + 0.12329239086\,2\times x^4$	0.9983	0.9992	767.334	6021.672	133.114	3	17	0.0276
计算机通信和其他电子设备制造业	$yC39 = 880.24549574\,2619 + 4585.8453070092\,4 \times x + 3137.5772351009\,8\times\cos(x) + 103.0218961174\,93 \times x^2 - 385.1172480132\,76\times x\times\cos(x)\times\cos(120.424473370041\times x)$	0.9983	0.9992	2466.625	8921.87	459.934	6	34	0.0238
仪器仪表制造业	$yC40 = 516.788178337493 + 4.0024907173710\,6 \times x + 88.1699188924892\times x^2+206.4400397692\,57\times\cos(x\times\cos(x)) + 0.2452892223433\,42 \times x ^ 3 \times \cos (x \times \cos (x)) - 0.2970242044119\,83\times x^4$	0.994	0.997	531.764	3441.851	115.642	6	104	0.0549
废弃资源综合利用业	$yC42 = 1300.26774943967 + 210.8912285620\,43 \times x + 32.1187602540536\times x^3 + 1.6604009080464\,5 \times x^2 \times \cos (262.0193993809\,6 \times x) - 1.2795790372\,67\ 66 \times x ^ 4 - 206.378676641123\times x^2$	0.9628	0.9814	529.1325	3752.969	112.239	7	42	0.1452
电力、热力生产和供应业	$yD44 = 4039.7289505661\,5 \times x + 56.4787327259119 \times x^2 + 3451.8233151449\,9/x ^ 2 + 2989.5370276924\,6 \times \sin (70.3791035706\,22 \times x) - 5625.1571475352\,7 - 169.862507580674\times x\times\sin(70.3791035706\,22\times x)$	0.9971	0.9987	2619.71	8919.62	559.248	8	38	0.037
燃气生产和供应业	$yD45 = 298.8232366682692 + 31.9337805249844 \times x ^ 2 + 20.7531128237948 \times x \times \sin (26.6526954813298 \times x^2) - 113.0862114732\,23 \times x - 83.6771577880\,01\ 29 \times \sin (26.6642216897893\times x^2)$	0.9992	0.9997	101.829	1375.213	19.741	7	35	0.018

续表

行业	Solution(预测方程)检验参数	A	B	C	D	E	F	G	H
水的生产和供应业	$yD46 = 270.29668485275 + 16.9833271126641 \times x^2 + 52.9720483800936 \times x \times \cos(0.78313295767067629 - x) + 0.83073481018508 \times x^3 \times \cos(0.783132\ 957670629 - x) - 0.8447601400105566 \times x^3 - 13.6854984502054 \times x^2 \times \cos(0.78313295767067629 - x)$	0.9993	0.9996	27.126	98.666	6.4095	9	54	0.0197

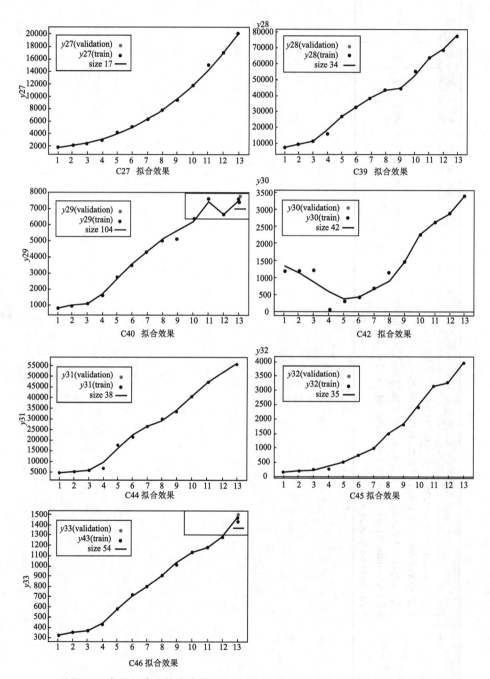

附图 18　全国制造业技术密集型细分行业工业总产值预测拟合效果示意图

索　引